"十三五"国家重点出版物出版规划项目

南水北调东线一期工程文物保护项目
山东省考古发掘报告
第 ❷ 号

胶东调水考古报告集

山东省文物考古研究院

编 著

科学出版社
北 京

内 容 简 介

《胶东调水考古报告集》收录了山东省胶东地区引黄调水工程9个遗址或墓地的考古发掘资料，是胶东地区第一部因一项工程而出版的考古报告集，展示了胶东地区上下五千年的历史面貌，对于胶东地区考古学文化体系的完善增添了新的材料。

本书适合于从事人类学、考古学、历史学等方面的专家、学者以及大专院校相关专业师生参考、阅读。

图书在版编目（CIP）数据

胶东调水考古报告集 / 山东省文物考古研究院编著. —北京：科学出版社，2020.9

（南水北调东线一期工程文物保护项目山东省考古发掘报告；第2号）

"十三五"国家重点出版物出版规划项目

ISBN 978-7-03-063897-7

Ⅰ.①胶… Ⅱ.①山… Ⅲ.①考古发掘–发掘报告–山东 Ⅳ.①K872.520.5

中国版本图书馆CIP数据核字（2019）第293800号

责任编辑：雷 英 / 责任校对：邹慧卿

责任印制：肖 兴 / 封面设计：陈 敬

科学出版社 出版

北京东黄城根北街16号

邮政编码：100717

http://www.sciencep.com

中国科学院印刷厂 印刷

科学出版社发行 各地新华书店经销

*

2020年9月第 一 版 开本：889×1194 1/16
2020年9月第一次印刷 印张：18 1/2 插页：34
字数：655 000

定价：**298.00元**

（如有印装质量问题，我社负责调换）

"13th Five-Year Plan" National Key Publications Publishing and Planning Project

Reports on the Cultural Relics Conservation
in the South-to-North Water Diversion Project
Shandong Vol.2

Collection of archaeological reports on Jiaodong Water Diversion Project

Shandong Provincial Institute of Cultural Relics and Archaeology

Science Press
Beijing

前　言

　　山东省胶东地区引黄调水工程，西起潍坊市昌邑宋庄分水闸，经平度、莱州、招远、龙口、栖霞、蓬莱、福山区、莱山区、牟平区，东达威海市米山水库，新辟输水线路322千米。以龙口黄水河分水闸分为东西两段，西段长160千米，东段长162千米。工程分为明渠、暗渠、渡槽三种形式，莱州以西多经过胶莱平原，以明渠为主要形式，招远以东由于穿越胶东丘陵地区，不少区段采用暗渠的形式。

　　山东省胶东地区引黄调水工程的文物保护工作可以分为两个阶段：2003～2006年，主要由山东省文物考古研究所（现山东省文物考古研究院，下同）负责，组织沿线的调查及初步勘探工作，与工程部门进行沟通与协调。2006～2007年底，对沿线文物点进行考古勘探及发掘。一共勘探了35处文物点，并对其中10处进行了发掘。

　　为加强胶东地区引黄调水工程文物保护工作的组织，从2006年下半年开始，山东省文化厅党组决定由厅南水北调文物保护工作办公室负责该项工程文物保护的组织协调。2006年10月，山东省文化厅与山东省胶东地区引黄调水工程建设管理局签订《山东省胶东地区引黄调水工程文物保护工作协议书》，11月山东省文物考古研究所开始对平度市埠口遗址进行勘探发掘工作。2007年3月，山东省文化厅在青岛召开"胶东调水工程文物保护工作会议"，考古业务单位及相关地市文物部门领导参加了会议。对胶东地区引黄调水工程的文物保护工作做出全面的安排。会后，厅南水北调文物保护工作办公室分别与项目承担单位及协作单位签订了协议。

　　为规范山东地区引黄调水工程的文物保护工作，考古勘探发掘工作采取了中期检查、定期监理和项目验收等制度，一批考古方面的专家通过以上方式参与了文物保护工作的管理。地方文物管理部门以项目协作方的身份参与工程施工中的巡查和考古工地筹备、工地安全保障等工作，调动了各地文物部门的积极性。为加强考古发掘成果的认定和宣传，先后举办了招远老店遗址及威海崮头集墓地专家论证会，及时总结工作成果，调整工作方案，大大提高了引黄调水工程文物保护工作的水平。

　　胶东地区引黄调水工程文物保护工作，考古勘探面积60余万平方米，考古发掘面积8100平方米。发现了从大汶口文化至明清不同时期的文化遗存，为胶东地区古代历史研究提供了丰富的实物资料。其成果就体现在这本《胶东调水考古报告集》中，总的来说，主要有以下几个方面：

　　一是史前考古有重要收获。在莱州路宿遗址、芦头东南遗址和招远老店遗址发现的大汶口文化晚期和龙山文化时期遗存，丰富了胶东史前考古研究的资料。其中招远老店遗址发现了胶东地区第一个龙山文化时期的环壕聚落，促进了该地区文明进程的研究。该遗址地处渤海南岸，文化堆积丰厚。从2007年4月开始，山东省文物考古研究所对该遗址进行了勘探发掘工作，发现龙山文化时期环壕和夯土台基（或城墙）等重要遗迹。复原可知，环壕聚落平面大体呈方形，面积约7万平方米。在北壕沟发现的柱洞表明，壕沟上部有类似栈桥式的通道。胶东地区目前还没有发现龙山城址，超过5万平方米以上的龙山遗址也不多见，老店遗址龙山环壕的发现说明这不是一处普通的村落。

二是东夷文化研究增添新资料。胶东地区在夏商周时期主要有岳石文化、珍珠门文化、南黄庄文化等不同时期的文化，是东夷文化的代表。此次在莱州路宿遗址的新发现，为研究胶东地区的岳石文化提供了资料。老店遗址也发现了珍珠门文化的遗存。虽然清理遗迹不多，但H202规模大，坑壁、底部都比较规整，经过修整加工，废弃前应属于窖穴。坑内陶器均为夹砂红褐陶、夹砂黑褐陶，未见泥质陶和其他色调的陶器。器型主要有甗、罐、盆、碗、盘、钵、鼎等器类，以圜底四乳足器最具特色，一定程度加深了我们对珍珠门文化的认识。

三是汉代考古获得重要发现。工程沿线发现很多汉代墓葬，经过发掘的有莱州碾头墓地、莱州水南墓地（未收录）、龙口望马史家墓地等，此外在龙口芦头遗址也发现少量战国至汉代的墓葬。据不完全统计，几个墓地发掘的汉代墓葬约110座，均为小型墓葬，墓葬之间很少有打破关系。莱州碾头墓地、水南墓地的墓葬年代都从西汉延续到东汉。从埋葬方式和随葬品看，胶东地区汉代墓葬（特别是西汉时期）主要受到江苏、山东日照等东南沿海地区的影响，而与以临淄为中心的齐地有明显的区别。这些工作都为胶东地区汉代墓葬研究提供了丰富的资料。

四是北朝至元明考古有新的突破。发掘的这一时期遗址和墓葬主要有平度埠口遗址、莱州后趴埠墓地和威海文登崮头集墓地。平度埠口遗址为北朝至隋代的遗存，尽管遗迹较少，但发现了一批小型窖藏。窖穴较小，埋藏有铁器和陶器，多为一个坑穴埋藏1件铁鼎或铁斗，有的埋藏1件铁鼎和1件陶罐，个别铁器数量达40余件。器类有农具、木工用具、生活用具、车马用具等，应为一全套农家铁质生产工具。发掘者认为这类遗存或与战乱有关。莱州后趴埠墓地和文登崮头集墓地尽管时代大致一致，但埋葬习俗存在明显的差异，反映了唐宋元明时期胶东地区人群的交流。文登崮头集墓地是一处晚唐至明代的重要墓地，发掘墓葬40座。这批墓葬多以石板构筑墓室，石板上多有画像。画像不仅线条简洁流畅，时代风格鲜明，而且题材丰富，有神兽动物、植物、人物以及服饰、家具、日用器皿等品类。随葬品数量较少，以瓷器为主，多为淄博窑产品。崮头集墓地历经晚唐、五代、宋、金、元、明等历史时期，前后延续了四五百年的时间。墓地形制独特，表现出与南方地区较密切的联系，某些墓葬也具有一些少数民族墓葬的特点，与山东其他地区同时期墓葬有明显的差异。

五是发掘了一批明末至清代的墓地。发掘的10处文物点中5处有清代墓地，分别是莱州水南36座、莱州路宿18座、莱州碾头2座、招远磁口16座、龙口望马史家19座。发现的明末至清代墓葬多为夫妻合葬墓，随葬品相对简单。各个墓地中既有时代共性，也表现了明显的差异性。如招远磁口的洞室墓不见于其他墓地。路宿遗址发现的18座清代墓葬中，有9座瓦棺葬，内埋葬小孩，这种埋葬习俗在其他墓地少见。由于目前对清代墓葬研究较少，因此对这些墓地之间和墓葬之间产生差异的原因还缺乏明确的解释。清代墓葬与现代居民关系较紧密，对其全面分析研究将有助于对明清以前墓地的理解与研究。

胶东地区考古工作始于20世纪五六十年代，主要是山东省和烟台市文物部门结合课题研究和配合工农业生产进行的考古调查和发掘，发现了紫荆山、杨家圈、前河前等重要遗址，对胶东古代文化有了初步的认识，为后来考古工作的开展提供了重要线索；20世纪70年代末至80年代初，北京大学考古专业、中国社会科学院考古研究所山东队等在当地文物部门配合下，为寻找"东夷文化"的本源以及结合教学实习在胶东地区开展了一系列考古调查和发掘工作，通过对白石村、邱家庄、北庄、杨家圈、珍珠门、芝水、南黄庄等遗址的发掘和研究，建立了胶东地区史前至商周时期文化发展序列。20世纪90年代至今，除少数科研院所围绕课题对部分遗址进行调查勘探外，胶东地区的考古工作主要是结合基本建设工程而进行的，楼子庄遗址、海洋嘴子前墓群、蓬莱古船项目等都取得重要收获，并以专著或科学报告等形式出版、发表，极大丰富了胶东考古发现和研究的实物资料。《胶东调水考古报告集》是胶东地区第一部因一项工程而出版的考古报告集，向我们勾画了胶东地区上下五千年的历史画卷。研读报告及相关资料，我们还会注意到以下几个问题：

第一，胶东地区独特的地理环境造就了相对独立的文化面貌。在史前时期，胶东地区从白石文化、邱家庄文化到龙山文化，其文化面貌都与鲁北、鲁南地区有明显的区别，从而形成三分山东的文化格局。在夏商周时期，胶东是东夷文化延续最长的地区，以至在其后的汉唐至明清，文化习俗与鲁北、鲁南地区还有明显的差异。

第二，胶东地区古代文化的交流是多元的。在东西方向，沿泰沂山系北侧古济水流域与齐、鲁及中原文化有广泛的交流；在南北方向，通过沿海的海疆廊道，与东北地区及日照、江苏东部沿海有密切的联系。不同历史时期，不同区域文化对胶东地区文化的影响程度是不同的。

第三，胶东复杂的地理环境决定了其文化的多样性。相对独立的胶东文化在不同区域也存在文化差异，社会的变迁、人群的迁徙使这种文化的多样性更加明显。

步入新时代，立足新起点。希望通过《胶东调水考古报告集》的出版，引起考古学界对胶东地区考古学研究的重视，引起社会各界对半岛蓝色经济区和海疆历史文化廊道建设中文物保护利用的关注。

感谢参加胶东地区引黄调水工程文物保护工作的各位领导、专家、同仁们，大家不会忘记胶东调水考古调查、勘探、发掘和资料整理的日日夜夜！

王守功

目　录

莱州市路宿遗址考古发掘报告

山东省文物考古研究院

莱 州 市 博 物 馆

一、地理位置与自然人文环境

遗址位于山东烟台莱州市城港路街道办事处路宿村南约600米，村前南北向公路的西侧，胶东调水工程东北—西南向穿过该遗址，南距莱州县城约12千米。这里地处胶东半岛的北侧、莱州湾的东岸，西距大海约6千米（图一、图二）。为沿海平原地带，地势平坦，土地肥沃，适合人们生活居住。

莱州自古以来经济繁荣，人口较密集，分布着不同时期的文化遗址。多年来发现了大量的古代文化遗存，文峰镇的蒜园子遗址、土山镇的中杨遗址发现了烟台白石村文化的遗物，说明在莱州大地有新石器时代早期的文化遗存分布。文峰镇的关家桥遗址发现了大汶口文化的遗物，文昌街道的蒲家洼遗址发现了龙山文化的遗物。著名的岳石文化发现与命名地即在县城南侧20余千米的平度东岳石村，说明在胶东地区的平度莱州一带岳石文化遗存较为丰富。商周时期这里古国发达，东夷古

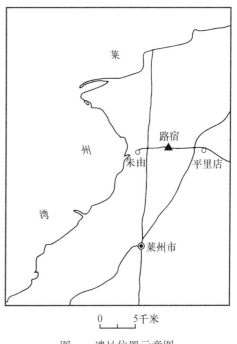

图一　遗址位置示意图

国过国即分布在莱州的北部，三山更为齐国八神之一，是齐国著名的祭祀圣地。汉代莱州是东莱郡，著名的曲城遗址位于遗址的东北。

近年来，随着考古工作的深入，在莱州发掘了地点众多、面积较大的遗址和墓地。在配合大（家洼）—莱（州）—龙（口）铁路施工建设时，对东朱呆战国墓地进行了发掘，发现墓葬40余座。配合烟潍高速公路建设时，发掘了沙河镇的黑羊山周代遗址，发掘面积达2000多平方米，发现了较为丰富的周代文化遗存，发现周代墓葬56座。在驿道镇的朱汉村发掘汉代墓葬近300座。2007年，配合胶东调水工程的施工建设，又发掘了路宿遗址、碾头汉代墓地、水南墓地、后趴埠宋代墓地。众多古代遗址和墓地的发掘，发现了较为丰富的文化遗物，为莱州市古代文化面貌和习俗的研究提供了丰富的材料。

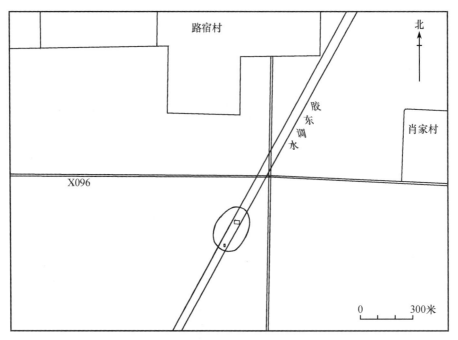

图二　遗址位置与分布示意图

二、遗址与发掘工作概况

　　遗址地势略高，较周围地貌隆起，百姓传说原为高台地，人们整地时人为破坏下挖较多。地面散落较多的陶片（图版一）。

　　2003年为配合山东省胶东地区引黄调水工程的施工建设，山东省文物考古研究所、烟台市博物馆、莱州市博物馆对工程沿线进行了徒步调查，在这里发现了大量陶片，初步断定为周代至汉代文化遗址。2004年春及2007年春对该遗址进行了详细的考古勘探，确定了遗址的分布范围和文化堆积状况。遗址东西200米，南北240米，现仅存遗址的底部。

　　2007年4～5月，山东省文物考古研究所与莱州市博物馆对该遗址进行了联合发掘，在遗址的东北部文化堆积较为密集的部分，布5米×10米探方10个（T132～T136、T142～T146），探方南北两排，每排东西向各布5个探方，发掘面积500平方米，发掘区西南角坐标北纬37°16′53.7″，东经119°58′39.9″（图版二，1）；在遗址的西南部，距离东发掘区100米的地方，布2米×10米探沟2条，发掘面积40平方米，发掘区西北角坐标北纬37°16′53.7″，东经119°58′36.1″（图版二，2）。共发掘540平方米。探方与探沟皆为正方向。留东、北隔梁，以便于行走、取土与剖面图的测绘。发掘工作得到了专家领导的关心和支持（图版三）。

　　遗址的发掘，发现了史前时期文化、岳石文化、周汉代文化遗存，有灰坑83个，灰沟4条，水井1口，柱洞4个，陶窑3座。并发现清代墓葬18座。出土了较为丰富的遗物，有陶器、石器等。

三、文 化 堆 积

由于人们整修土地，遗址上部破坏严重，现遗址仅存底部。文化堆积共分三层。

1. T132～T136北壁剖面（图三）

第1层：耕土层。分布于整个发掘区。厚15～25厘米。灰褐土，疏松，多砂石颗粒、植物根系。为现代耕土层。

第2层：较纯的黄褐土层。分布于整个发掘区。距地表深15～25、厚10～30厘米。土质较为紧密，多粗砂粒、草木灰、烧土颗粒，内出较多的陶片，可辨器形有豆、罐、板瓦等。为汉代文化层。

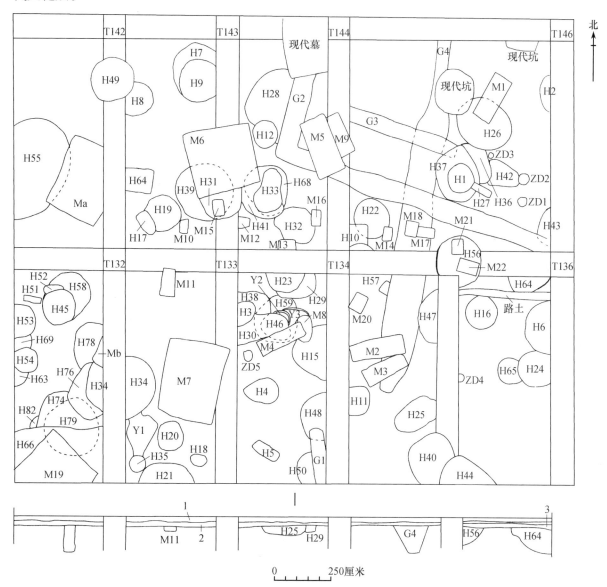

图三　T132～T136平面及北壁剖面图

第3层：浅灰褐土。分布在东发掘区的东南部。距地表47～50、厚50厘米。出土少量陶盆、钵、豆残片。为战国文化层。

2. TG1西壁剖面（图四）

第1层：耕土层。分布全探沟。厚15～25厘米。灰褐土，疏松，多砂石颗粒、植物根系。为现代耕土层。

第2层：深灰褐色土。分布全探沟。距地表深15～25、厚10～30厘米。土质较为紧密，多粗砂粒、草木灰、烧土颗粒，内出较多的陶片，有陶豆、罐、板瓦等。为汉代文化层。

探沟内没有第3层堆积的分布。

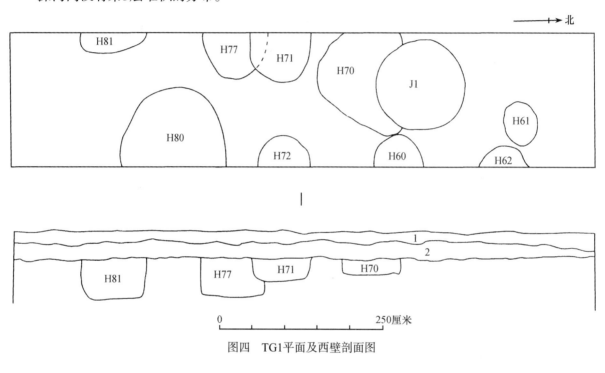

图四　TG1平面及西壁剖面图

四、史前时期文化遗存

（一）遗迹

在遗址的第2、3层下，发现少量史前时期的灰坑，出土少量陶器、石器等文化遗物，没有发现该时期的文化层堆积。出土标本较多的单位有H19、H22、H24、H40和H55。

H19　位于T143的西南部，开口于方内第3层下。平面呈圆形，直壁，平底。口径1.66、底径1.7、深0.4米。坑内填土为灰褐色砂土，土质疏松。含草木灰，出有较多的陶片（图五，1；图版四，1）。

H24　位于T136的东部，开口于方内第3层下，被H6打破。平面近圆形，口径1.8米，斜壁内收，底部平整，深1.26米。坑内填土为灰褐色粉砂土，土质较为紧密，内含烧土块、草木灰、木炭颗粒。出有较多的陶片。

H40　位于T135内，开口于方内第3层下。平面形状呈圆形，被H44打破。坑口直径2.2米，直壁，平底。底部直径2.15、坑深0.8米。坑内堆积为灰褐色砂土，内含草木灰。出土少量陶片（图五，2；图版四，2）。

H55　位于T142的西半部，开口于方内第2下。平面形状呈椭圆形，斜壁，平底。坑口长径4.62、短径暴露部分2.5、深0.9米。坑内堆积为粉砂状灰褐土，内含烧土块、碎石、草木灰。出土少量陶片。

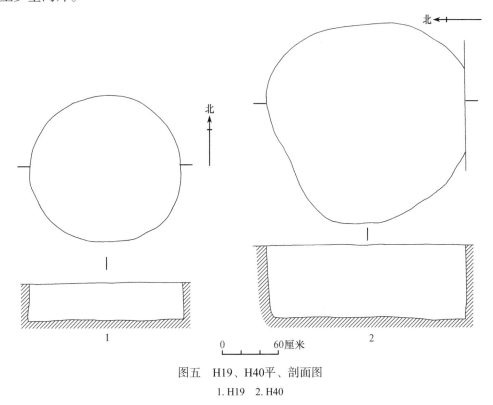

图五　H19、H40平、剖面图
1. H19　2. H40

（二）出土遗物

这时期遗迹单位发现较少，出土遗物也较少。

陶器陶质以夹滑石红陶、红褐陶、灰褐陶为主，另有夹云母红陶、红褐陶、灰褐陶，夹砂陶较少；存在较多的泥质红陶、灰褐陶和黑皮陶。纹饰以素面为主，有较多的凸弦纹、凹弦纹和附加堆纹。器形有鼎、鼎足、豆圈足、器盖、罐口沿、罐圈足、甑腰、带孔陶片等。

1. 陶器

鼎　少见完整器物。共9件。依整体器形分为三型。

A型　7件。侈口，窄折沿，尖圆唇。H55：5，夹砂灰褐陶。圆唇较厚，曲腹较深，下部残。素面。残高6.8厘米（图六，6）。H55：14，夹砂灰褐陶。尖圆唇，深腹微外曲，下部内

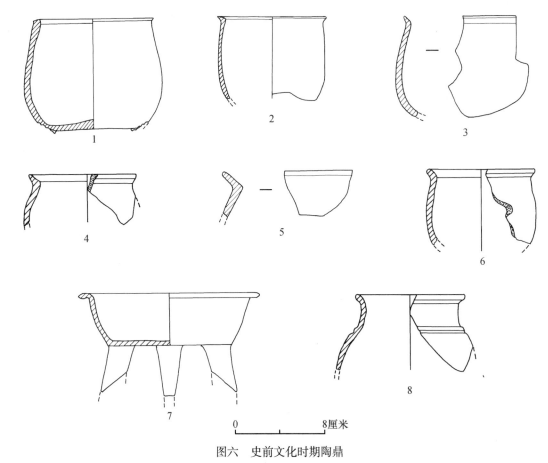

图六 史前文化时期陶鼎

1~6.A型（H24：5、H55：4、H55：14、H55：27、H55：11、H55：5） 7.B型（H40：3） 8.C型（H55：15）

曲收。底部残。素面。残高8.8厘米（图六，3）。H55：4，夹砂灰褐陶。尖圆唇，腹较深，曲腹内收，底部残。复原口径9.6、残高7.6厘米（图六，2）。H24：5，夹砂褐陶。折沿残，腹较深，下腹略外鼓，底部较平，三足残，残高10.2厘米（图六，1）。H55：11，夹砂灰褐陶。圆唇，素面。残高4厘米（图六，5）。H55：6，夹砂灰褐陶。圆唇，腹较深，残。素面。复原口径14.6、残高5.8厘米（图一〇，2）。H55：27，圆唇，沿面微凹，腹外鼓，残。素面。复原口径9.8、残高4.4厘米（图六，4）。

B型 1件。H40：3，盆形鼎。夹滑石红陶。敞口，卷沿，圆唇，斜曲腹，大平底，三扁凿形足外弧。素面。口径17、底径10.5、残高8.9厘米（图六，7）。

C型 1件。H55：15，夹砂褐陶。侈口，圆唇，束颈，卷沿，鼓腹，下腹残。颈下有一周凸棱。残高6.5厘米（图六，8）。

鼎足 10件。分为四型。

A型 4件。圆柱形足。素面。H24：10，夹砂红褐陶。略扁，残高5.1厘米（图七，3）。H24：3，夹砂红褐陶。下端较细。残高8.8厘米（图七，4）。H55：8，夹砂红陶。残高5.5厘米（图八，1）。H55：7，夹砂红褐陶。素面。残高6.4厘米（图八，2）。

B型 1件。H22：1，夹砂红陶。圆锥形足，截面呈圆形，足跟较细。外侧面有一道深的刻划凹槽。残高7.2厘米（图八，6）。

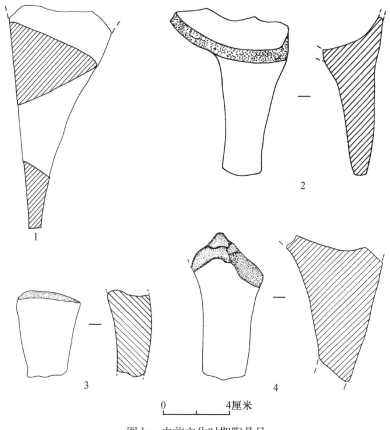

0   4厘米

图七　史前文化时期陶鼎足

1. D型（H24∶9）　 2. C型（H24∶7）　 3、4. A型（H24∶10、H24∶3）

C型　4件。横截面呈扁圆形。H24∶7，夹砂褐陶。残高9.8厘米（图七，2）。H55∶9，夹砂红褐陶。足较矮，上宽下尖，足内侧扁平，横截面呈扁圆形，素面。足残高4.4厘米（图八，3）。H55∶16，夹砂褐陶。足横截面呈上宽下窄的扁圆形。残高5.2厘米（图八，4）。H40∶1，夹滑石红陶。残高8.8厘米（图八，5）。

D型　1件。H24∶9，夹砂红褐陶。横截面呈扁方形。足外侧面平整，横截面上部呈三角形、下部呈扁方形。残高13.3厘米（图七，1）。

器盖　共6件。分为三型。

A型　2件。平顶盖。H55∶22，夹砂褐陶。口部残，斜壁，平顶。顶盖周边有一周花边状附加堆纹，饰一周刻划纹。残高2.2厘米（图九，3）。H24∶1，夹砂褐陶。敞口，圆唇，斜直壁，平顶中部微下弧。素面。口径8.5、顶径4.2、高3厘米（图九，6；图版八，5）。

B型　1件。H55∶3，夹砂褐陶。大敞口，叠唇。叠唇外侧饰两周指甲纹。盖的外侧有数道刮痕（图九，4）。

C型　3件。H22∶3，夹砂灰陶。大敞口，尖顶，圆唇，窄折沿，沿面微凹。沿上内束。盖斜面下弧，小平顶，残。素面。残高6.6厘米（图九，5）。H55∶29，夹砂灰陶。厚圆唇，盖外近口部微下弧曲。饰一周附加堆纹。残高4.3厘米（图九，1）。H40∶4，夹砂褐陶。厚方唇，沿外折，顶盖弧曲。盖上饰附加堆纹。残高3.8厘米（图九，2）。

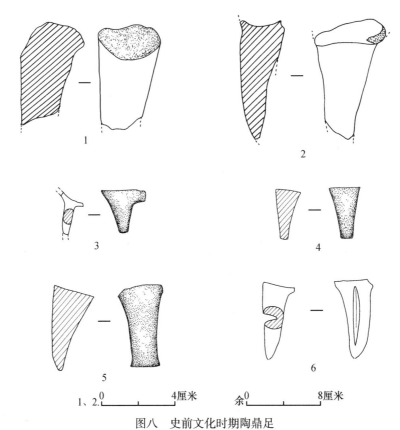

1、2. 0 ⊢———⊣ 4厘米　　　余 0 ⊢———⊣ 8厘米

图八　史前文化时期陶鼎足

1、2. A型（H55：8、H55：7）　3~5. C型（H55：9、H55：16、H40：1）　6. B型（H22：1）

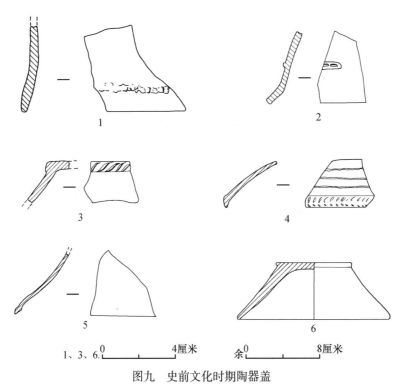

1、3、6. 0 ⊢———⊣ 4厘米　　　余 0 ⊢———⊣ 8厘米

图九　史前文化时期陶器盖

1、2、5. C型（H55：29、H40：4、H22：3）　3、6. A型（H55：22、H24：1）　4. B型（H55：3）

罐口沿　6件。侈口,鼓腹,宽折沿,沿面下卷。H24:4,夹砂红陶。口沿残,腹较深,下腹外鼓,残,复原口径30.4、残高6.4厘米(图一〇,1)。H24:6,夹砂褐陶。敛口,圆唇,曲腹,下部残。残高5.9厘米(图一〇,6)。H55:1,夹砂红陶。圆唇,沿略下卷,沿面较厚。素面。复原口径21.8厘米(图一〇,3)。H55:18,夹砂红褐陶。圆唇,沿面向上弧曲,折沿较窄。素面。复原口径18.3、残高5.6厘米(图一〇,4)。H55:19,敛口,圆唇,沿面微下凹。素面。残高3.8厘米(图一〇,5)。

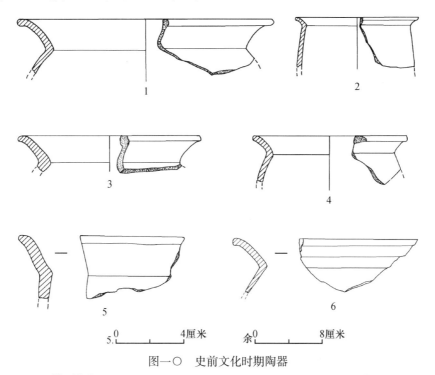

图一〇　史前文化时期陶器

1、3~6.罐口沿(H24:4、H55:1、H55:18、H55:19、H24:6)　2.A型鼎(H55:6)

罐圈足　2件。H55:10,夹蚌红褐陶。喇叭状圈足,跟部外敞,足跟向外翻卷,圈足较高。素面。复原足径26、残高5.5、圈足高4厘米(图一一,3)。H55:12,泥质灰陶。喇叭状圈足,跟部外敞,足跟向外翻卷,圈足较高。素面。复原足径19、残高6、圈足高5.5厘米(图一一,5)。

豆圈足　1件。H40:2,泥质灰陶。喇叭口圈足,圆唇,高圈足,柄较细。残高7厘米(图一一,6)。

甗腰　1件。H55:38,夹砂红褐陶。束腰,腰部饰一周附加堆纹。残高7、复原腰部直径14厘米(图一一,2)。

带孔陶片　1件。H55:37,夹砂褐陶。用陶片打击而成,中部有一圆孔。孔径0.3厘米(图一一,4)。

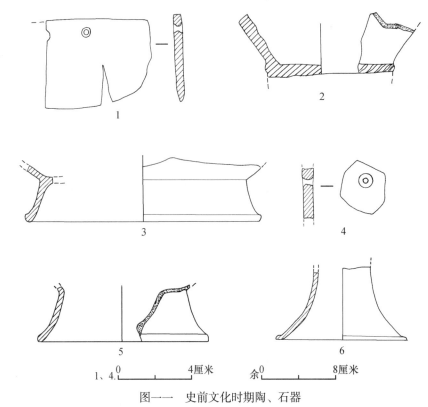

图一一　史前文化时期陶、石器

1. 双孔弯刃石刀（H24∶2）　2. 甗腰（H55∶38）　3、5. 罐圈足（H55∶10、H55∶12）　4. 带孔陶片（H55∶37）

6. 豆圈足（H40∶2）

2. 石器

双孔弯刃石刀　1件。H24∶2，刀背较直，刃部弯曲，刀身较薄，厚0.5厘米。近刀背处钻有二圆孔，孔径0.2、两孔相距1.7厘米。残长6、残高4.8厘米（图一一，1；图版八，6）。

五、岳石文化遗存

（一）遗迹

岳石文化时期的文化遗存仅发现部分灰坑，未发现文化层堆积。

H39　位于T143，开口于方内第2层下，被M6、H31打破。平面呈圆形，口径2.45米。曲壁，中部内束，平底，底部直径2.4、坑深2.4米。坑内堆积分3层，第1层：浅灰褐黏土，土质坚硬，较纯，内出少量陶片；第2层：黄褐细砂土，较纯，未见遗物；第3层：疏松的灰土，内含大量的灰屑、烧土颗粒，出土大量陶片、鱼骨、兽骨（图一二；图版四，3）。

H56　位于T136西北部，开口于方内第3层下。平面呈圆形，口径2.2米。灰坑分上下两部分，上部坑壁内斜，中部为内束的台阶状，台宽0.12～0.26、高0.56米，坑深0.8米。坑内堆积为灰褐色粉砂土，内含草木灰、烧土颗粒。出土大量陶片、少量石器（图一三；图版四，4）。

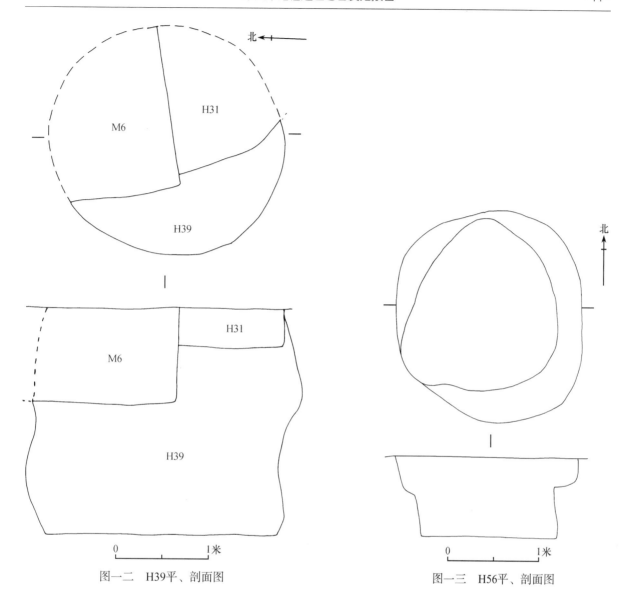

图一二　H39平、剖面图　　　　　　　　图一三　H56平、剖面图

　　H68　位于T144内，开口于方内第2层下。平面呈不规则圆形，口径2.2米。坑壁下部较直，略外斜，高0.62米。上部坑壁向外弧曲，可能为塌陷所致。底部平整。坑内堆积为青灰细砂土。内出骨针2枚、少量陶片（图一四）。

　　H58　位于T132内，开口于方内第2层下。灰坑分上下两部分，上部为椭圆形平底灰坑，口部呈椭圆形，长径2.38、短径1.78、深1.08米。在灰坑底部的西南部，下挖一椭圆形坑，口部长径1.8、短径1.28米、深0.94米。西南部坑壁和上部一致，在北半部形成圆弧形台，台宽0~0.6、下面外掏0.4米，底部平整。从灰坑南壁看，应该为一次挖成，坑内填土上下一致（图一五；图版四，5）。

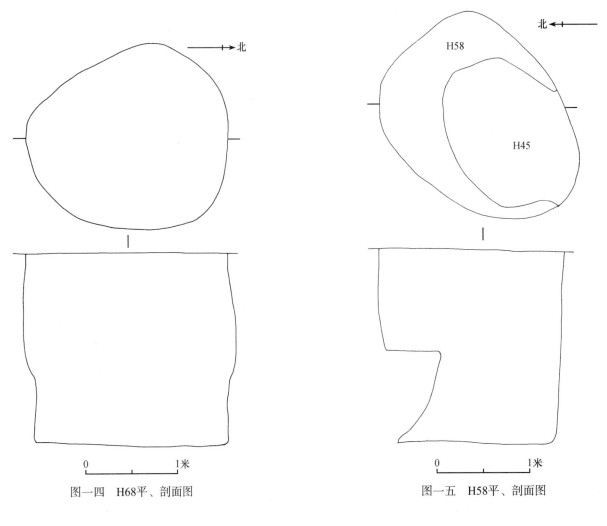

图一四　H68平、剖面图　　　　　　　图一五　H58平、剖面图

（二）文化遗物

　　岳石文化遗物较为丰富，有陶器和石器。陶器多为泥质灰陶，少量为夹砂褐陶。器形有豆、尊形器、罐、小罐、瓮、器耳、纺轮、网坠、甗、器盖等。石器较少，有凿、磨石、残石器等。

1. 陶器

　　罐　6件。有夹砂罐和泥质罐。分为三型。

　　A型　2件。侈口，叠唇，束颈，鼓腹。H39：12，夹砂红陶。厚圆唇，卷沿，底部残。素面。复原口径12.5、残高6.8厘米（图一六，2）。H39：41，夹砂红陶。厚圆唇，卷沿，素面。复原口径12.5、残高6.7厘米（图一六，1）。

　　B型　1件。H39：2，泥质灰陶。侈口，圆唇，卷沿，鼓腹，大平底。中腹有两周凹弦纹。口径12.4、腹径13.6、底径8.2、高11.4厘米（图一七，2）。

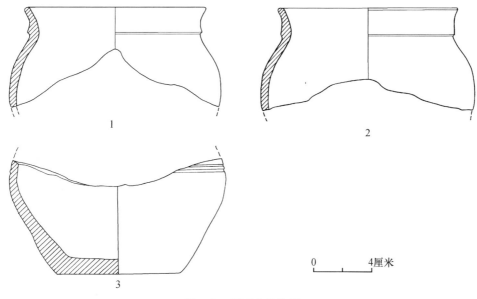

0   4厘米

图一六　岳石文化陶器

1、2.A型陶罐（H39∶41、H39∶12）　3.罐底（H39∶9）

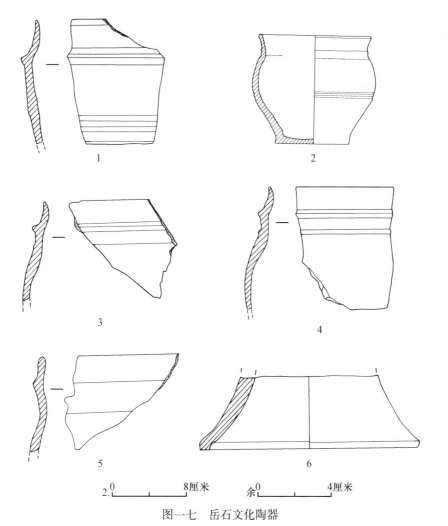

2. 0   8厘米　　余 0   4厘米

图一七　岳石文化陶器

1、3～5.尊形器（H39∶24、H39∶31、H39∶20、H39∶33）　2.B型罐（H39∶2）　6.豆圈足（H39∶19）

C型　3件。侈口，卷沿，束颈，鼓腹。H56∶6，夹砂灰陶。口沿翻卷，厚圆唇，大鼓腹，肩部有两道凹槽，器表有刮痕。复原口径22.5、残高8厘米（图一八，1）。H56∶9，夹砂灰褐陶。素面。残高7.6厘米（图一八，2）。H56∶25，夹砂灰陶。素面。复原口径12、残高3.5厘米（图一八，6）。

罐底　1件。H39∶9，泥质红陶。鼓腹，下腹内斜收，平底。中腹有二周凹槽。素面。底径8.5、残高7.6厘米（图一六，3）。

小罐　2件。H78∶1，夹砂黑褐陶。敛口，圆唇，曲腹，圜底。腹中部有一圆孔，孔径0.8厘米。素面。口径4.1、高5.9厘米（图一八，3；图版八，1）。H25∶1，夹砂灰褐陶。敛口，圆唇，斜直壁，腹下部内斜收，平底。素面。口径6、底径3.8、高6.2厘米（图一八，9）。

尊形器　4件。H39∶24，泥质磨光黑陶，灰胎。侈口，圆唇，子口较高，口沿微曲，口下一周高凸棱，腹部较直，微外曲。外壁有数道凸棱。残高6.8厘米（图一七，1）。H39∶31，泥质灰陶。子口微侈，尖圆唇。口下一周凸棱，上腹微内束，饰一周凸棱，下腹向外弧曲，底

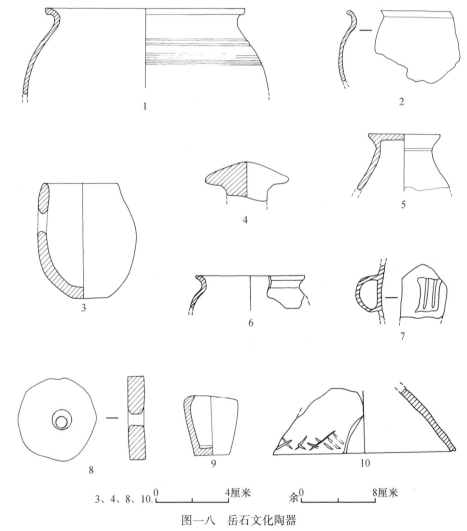

图一八　岳石文化陶器

1、2、6. C型罐（H56∶6、H56∶9、H56∶25）　3、9. 小罐（H78∶1、H25∶1）　4. 豆盖纽（H80∶2）
5. B型器盖（H39∶7）　7. 器耳（H56∶26）　8. 纺轮（H80∶1）　10. A型器盖（H39∶10）

部残。残高5.3厘米（图一七，3）。H39：20，子口微侈，尖圆唇，口沿微外卷，子口下一周高凸棱，上腹内束，有一周凸棱，下腹外弧曲。残高6.5厘米（图一七，4）。H39：33，泥质灰陶。子口内敛，圆唇，口外一周高凸棱，曲腹，底部残。残高5厘米（图一七，5）。

豆盖　5件。皆为子口，弧曲顶盖，上部纽残。H68：3，泥质灰陶。子口较高，折处一周高凸棱。顶部饰弦纹。口径15、残高4.3厘米（图一九，2）。H56：22，夹砂灰陶。子口较矮，凸棱高凸。顶盖饰数道凹弦纹。纽残。复原口径15.6、残高3.2厘米（图一九，1）。H39：13，泥质灰陶。子口较高，凸棱较矮。盖上饰数周凹弦纹。复原口径14.6、残高4.4厘米（图一九，9）。H68：5，泥质灰陶。子口较矮，顶盖较高，纽残。盖上饰数周凹弦纹。复原口径14.6、残高4.5厘米（图一九，4）。H68：13，泥质黑皮陶。子口较高。复原口径13.5、残高4厘米（图一九，8）。

豆盖纽　4件。皆为蘑菇状盖纽。H39：39，泥质黑陶。蘑菇纽，纽顶面微下凹。纽上及顶盖上饰数周凹弦纹。残高3.5厘米（图一九，3）。H39：23，泥质黑褐陶。顶部弧曲，顶面微下弧曲。上饰一周凹弦纹。残高2.7厘米（图一九，6）。H56：15，泥质黑衣灰陶。顶部弧曲，纽较小。残高3厘米（图一九，7）。H80：2，泥质褐陶。顶部弧曲。残高2.1厘米（图

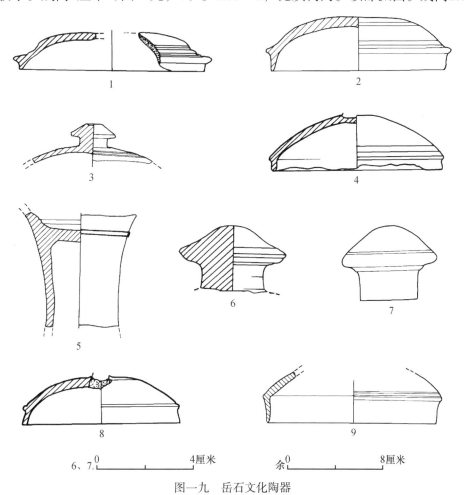

图一九　岳石文化陶器

1、2、4、8、9. 豆盖（H56：22、H68：3、H68：5、H68：13、H39：13）　3、6、7. 豆盖纽（H39：39、H39：23、H56：15）　5. 豆柄（H68：6）

一八，4；图版八，2）。

豆柄　1件。H68：6，泥质灰皮红褐陶。豆盘残，盘底呈喇叭形外敞，内底心下凹，近底心处一周凸棱。豆柄中部内斜曲收。豆柄外壁豆柄近豆盘处一周凸棱。残高9.2厘米（图一九，5）。

豆圈足　1件。H39：19，泥质黑陶。喇叭口状圈足，圈足较粗，足跟内侧微凹曲。残高3.8、足径12.2厘米（图一七，6）。

瓮口沿　4件。H39：47，夹砂红陶。侈口，宽折沿，厚圆唇，沿面微上曲。残高4.6厘米（图二〇，1）。H39：29，夹砂红陶。侈口，尖圆唇，卷沿，鼓腹。素面。复原口径11.2、残高4.2厘米（图二〇，2）。H19：15，夹砂红陶。侈口，方唇，宽折沿，沿面卷曲较厚，鼓腹。素面。残高7.7厘米（图二〇，3）。H39：8，夹滑石红陶。侈口，厚圆唇，宽折沿，沿面斜直。素面。残高7厘米（图二〇，7）。

瓮底　1件。H56：7，夹砂红陶。平底，腹近底部向上外敞，素面。底径12.2、残高3.6厘米（图二〇，4）。

甗口沿　7件。分为二型。

A型　4件。敞口，叠唇。H68：7，夹砂红陶。厚圆唇，口部向下翻卷。腹部较直。叠唇

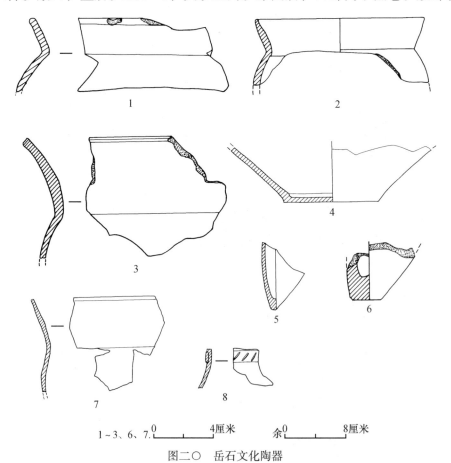

图二〇　岳石文化陶器

1～3、7.瓮口沿（II39：47、H39：29、H19：15、H39：8）　4.瓮底（H56：7）　5、6.甗足（H56：8、H68：11）
8.甗腰（H68：12）

外饰斜向刻划纹。复原口径19、残高8.2厘米（图二一，4）。H39：16，夹蚌红褐陶。圆唇，唇面较平。腹部较斜直。唇面外侧饰斜向刻划纹。残高4.5厘米（图二一，3）。H39：30，夹蚌灰皮陶。大敞口，厚圆唇。斜腹内斜曲收。外壁残余部分饰两周横向凹槽，饰三周斜向刻划纹。复原口径16、残高4厘米（图二一，2）。H39：25，夹砂红褐陶。大敞口，厚圆唇。唇面外侧饰斜向刻划纹，卷沿，束颈，沿下饰斜向刻划纹。残高4.2厘米（图二一，5）。

B型　3件。子口，厚圆唇，口下一周凸棱。H39：3，夹砂黑灰陶。子口微内敛，凸棱下颈部微内束，下腹略外鼓。颈部饰两周凹槽，后饰斜向刻划纹。复原口径17、残高7厘米（图二一，1）。H39：5，夹砂红褐陶。子口较直，上腹部饰两周凹槽、一周指甲纹。残高5.2厘米（图二一，6）。

甗腰　1件。H68：12，夹砂红陶。仅存小部。束腰，下部外弧。腰部饰一周宽的附加堆纹，上面饰斜向刻划纹。残高4.8厘米（图二〇，8）。

甗足　2件。H56：8，夹砂褐陶。袋状足较细尖。素面。残高8.8厘米（图二〇，5）。H68：11，夹砂灰陶。空心足，足跟较粗高。素面。残高3.7厘米（图二〇，6）。

器盖　3件。分为三型。

A型　1件。H39：10，夹砂褐陶。大敞口，厚方唇，唇面微内凹。盖呈弧曲状，外侧近口部饰交叉刻划纹。残高7厘米（图一八，10）。

B型　1件。H39：7，夹砂灰褐胎红皮陶。平顶，顶下呈斜坡状。残高5.6厘米（图一八，5）。

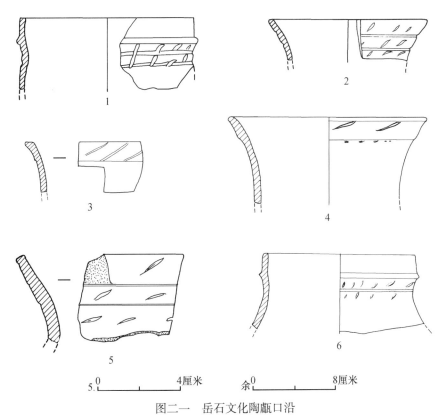

图二一　岳石文化陶甗口沿

1、6.B型（H39：3、H39：5）　2～5.A型（H39：30、H39：16、H68：7、H39：25）

C型　1件。H56∶13，夹砂褐陶。圆形，盖顶部平整，微下凹，台面周围饰一周指甲纹附加堆纹，下部略向外撇，残。残高2.1厘米（图二二，3）。

器耳　1件。H56∶26，泥质灰褐陶。宽扁状器耳，耳上饰两道竖向凹槽。残高5.5厘米（图一八，7）。

纺轮　2件。H80∶1，夹蚌灰陶。用陶片打制而成。圆形，直径4.4、厚0.9厘米。中心有一双面钻圆孔，孔径0.6厘米（图一八，8）。H56∶27，泥质灰陶。圆形，四周较薄。中部较厚，径5.4、厚0.4厘米。中心有一圆孔，直径0.5厘米（图二二，6）。

网坠　7件。用陶土烧制而成，皆为一端略细的圆球形，中心有一通透的细眼。H39∶1-2，夹砂红陶。呈长椭圆形，形体较细高。高7.5、孔径1.3厘米（图二二，2）。H39∶1-3，夹砂灰陶。高4.9、径4.8、孔径1厘米（图二二，5；图版八，3）。H39∶1-1，夹砂红陶。用手捏制而成。高4.9、孔径0.4厘米（图二二，7；图版八，3）。H39∶1-5，夹砂灰陶。形体较矮，略呈圆球形。高4.9、孔径1.1厘米。H39∶1-4，夹砂红陶。高5、内孔直径0.5厘米。H9∶1，夹砂褐陶。形体瘦高。高5.4、径4.8、孔径1.2厘米。H13∶1，夹砂灰陶。形体矮变。高3.5、径5.5、孔径0.5厘米。

2. 石器

凿　1件。H39∶2，用石头打磨而成。整体瘦长，通体打磨光滑，有打击疤痕。刃端两面弧曲，刃部较为锋利。高9.1、宽2.4、厚1.8厘米（图二二，8；图版八，4）。

磨石　1件。H68∶10，底面较为平整，上面因磨砺呈下凹状。残长9、宽5.7、厚2.4厘米（图二二，1）。

残石器　1件。H56∶29，整体呈半月形，残。一侧厚，一侧扁薄。通体打磨光滑。残高3.3厘米（图二二，4）。

六、周代文化遗存

周代文化遗存较为丰富，遗迹有灰坑、灰沟、陶窑、水井、墓葬等。出土遗物有陶器、石器等。

（一）遗迹

1. 灰坑

有圆形斜壁内收平底灰坑、圆形直壁平底灰坑、圆形斜壁下部外侈平底灰坑、椭圆形直壁平底灰坑、椭圆形斜壁内收平底灰坑、长方形直壁平底灰坑、不规则形斜壁平底灰坑等。

圆形斜壁内收平底灰坑　2个。H1，位于T146内。平面近圆形，斜壁弧曲，底部弧曲不平。口径1.2、深0.22米（图二三，2）。H45，位于T132内，开口于方内第2层下。平面形状近

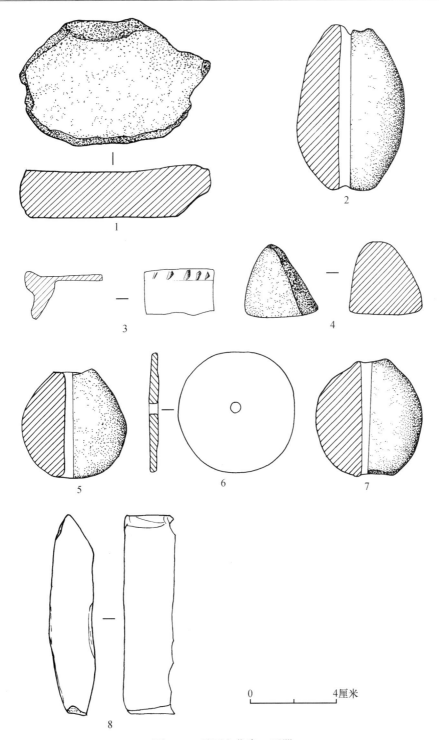

图二二　岳石文化陶、石器

1. 磨石（H68：10）　2、5、7. 陶网坠（H39：1-2、H39：1-3、H39：1-1）　3. C型陶器盖（H56：13）

4. 残石器（H56：29）　6. 陶纺轮（H56：27）　8. 石凿（H39：2）

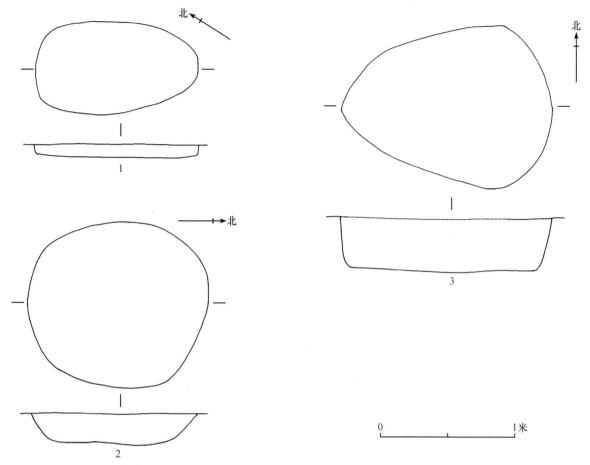

图二三　周代灰坑平、剖面图
1. H17　2. H1　3. H4

圆形，口部长径1.54米。坑壁斜而弧曲，坑深0.36米。平底，底部直径1.12米。坑内堆积为较密的灰褐色粉砂土，内含少量草木灰，出有少量陶片（图二四，2）。

圆形直壁平底灰坑　4个。H20，位于T133，开口于方内第2层下。平面形状呈圆形，口径1.3米。直壁，坑深0.34米。底部平整。坑内堆积为灰褐色粉砂土，内含草木灰、少量烧土颗粒。出有少量陶片（图二五，1；图版四，6）。H7，位于T143，开口于方内第2层下。平面形状呈圆形，口径2.39米。直壁，坑深0.2米。底部平整，坑内堆积为灰褐色粉砂土，内含少量烧土颗粒（图二五，2）。H49，位于T142东隔梁下，开口于方内第2层下。平面形状呈圆形，口径1.9米。直壁，坑深0.9米。底部平整。坑内堆积为灰褐色砂土（图二五，3；图版五，1）。H16，位于T136内，开口方内第3层下。平面形状呈圆形，口径1.4米。直壁，坑深0.68米。底部平整。坑内堆积为灰褐色粉砂黏土，内含草木灰烧土颗粒（图二五，4）。

圆形斜壁下部外侈平底灰坑　3个。H9，位于T143内，开口于方内第2层下。平面形状呈圆形，口径1.9米。壁斜直，下部外侈，底部平整，底部直径2.2、坑深0.66米。坑内堆积为疏松灰土。内含少量石块、烧土块、草木灰。出少量陶片、陶网坠、残石器（图二六，1）。H19，位于T143内，开口于方内第2层下。平面呈圆形，口径1.84米。壁斜直，下部外侈，坑

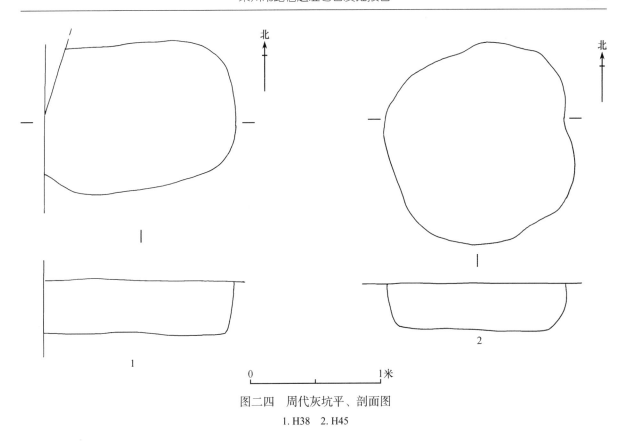

图二四　周代灰坑平、剖面图
1. H38　2. H45

深0.4米。底部平整，底径1.88米。坑内堆积为灰褐色粉砂土，内含少量灰屑碎石块、兽骨。H57，位于T135内，开口于方内第3层下。平面形状呈圆形，口径2米。壁斜直，加工规整，下部外侈，坑深2.02米。底部平整，底部直径2.4米。坑内堆积为灰褐色粉砂土，内含烧土颗粒、草木灰、木炭（图二七）。

椭圆形直壁平底灰坑　1个。H59，位于T134，开口于第3层下。平面形状呈椭圆形，长径2.1、短径1.9米。直壁，坑深1.58米。底部平整。坑内堆积为灰褐色细砂土，内含大量草木灰。出少量陶片（图二六，2；图版五，2）。

椭圆形斜壁内收平底灰坑　1个。H17，位于T143内。长径1.24、短径0.68、深0.12米（图二三，1）。H38，长径1.5、短径1.12、深0.4米（图二四，1）。

长方形直壁平底灰坑　2个。H51，位于T132内，开口于方内第2层下。平面形状呈长方形。长0.9、宽0.26米。直壁，深0.14米。底部平整。坑内堆积为灰褐色细砂土（图二八，1）。H64，位于T143内。平面形状呈长方形。长1.24、宽1米。直壁，坑深0.56米。底部平整。坑内堆积为灰褐色土（图二八，2）。

不规则形斜壁平底灰坑　1个。H4，位于T135内，开口于第3层下。平面呈不规则形。长1.6、宽1.2米。斜壁，下部向外斜弧，底部平整。坑内堆积为灰褐砂土，内含草木灰。出土少量陶片（图二三，3）。

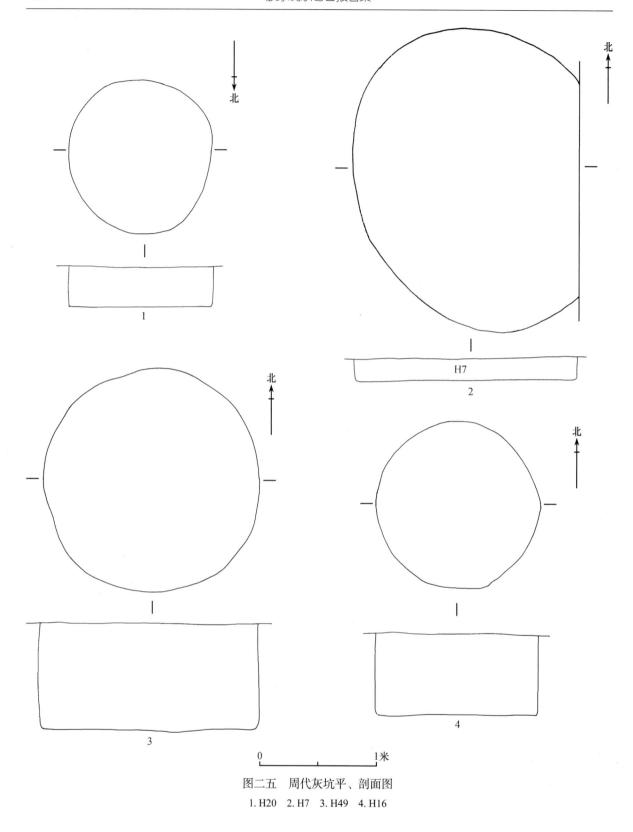

图二五　周代灰坑平、剖面图

1. H20　2. H7　3. H49　4. H16

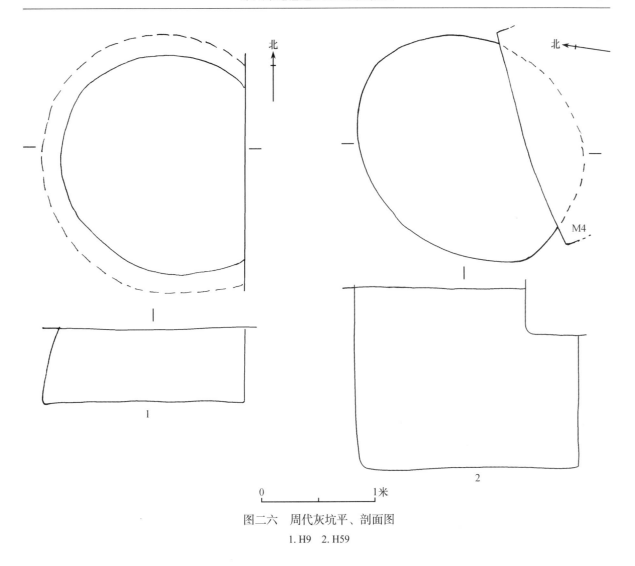

图二六　周代灰坑平、剖面图
1. H9　2. H59

2. 灰沟

共4条。

G2　分布在T145和T146，向东延伸到T146以东。为方形拐角状长沟。东南西北走向部分呈长条状，长12.9、宽0.66～0.9米。南北部分长7米，宽0.82米。沟的剖面呈喇叭形，底部平整，宽0.2米左右；下半部两壁较直，深0.16米；上半部呈口宽底窄的倒梯形，口宽0.9米左右，下部宽0.2米左右，深0.3米。沟通深0.5米左右。沟由东南向西北倾斜，至西端向北倾斜。沟内堆积为灰褐色粉砂土，内含少量的草木灰、烧土颗粒，沟的底部有较薄的淤沙土。沟内出土少量陶片、碎石块。应为人为加工的规整的排水沟（图版五，5）。

G4　大部位于T145的东半部。为东北—西南向长条状深沟。南半部为较宽的长条状深沟，口部宽0.65～1.4、底部宽约0.7、深约0.96米，呈口宽底窄的倒梯形。北半部口部较窄，沟壁较直，口部宽0.54～0.7、底部宽约0.25米。沟的底部南部较高，北部较低，由南向北倾斜。沟内堆积分为5层，第1层：浅灰褐土，内含陶片、草木灰、烧土颗粒；第2层：浅黄褐粉砂土，土质疏松，包含物较少；第3层：灰褐粉砂土，内含少量陶片；第4层：较为疏松的浅灰

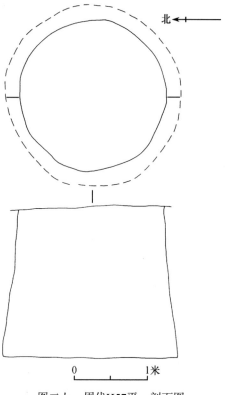

图二七　周代H57平、剖面图

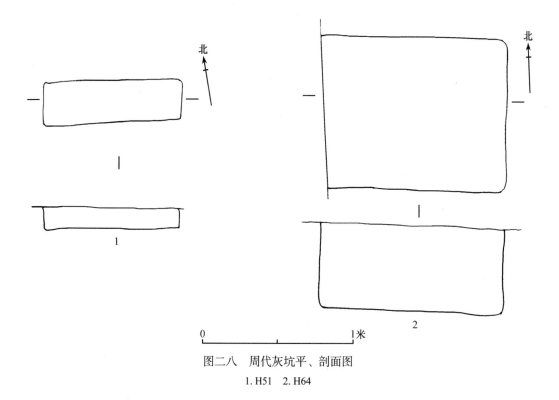

图二八　周代灰坑平、剖面图
1. H51　2. H64

褐细砂土，内含水锈，陶片较少；第5层：浅灰色砂土，含沙较多，包含物较少，为水淤积形成。其性质为泄水沟（图版五，6）。

G3 位于T145的中部。为西北—东南向长条状深沟，南半部被晚期灰坑打破。沟口部宽0.6～0.7米、底部宽0.16、深约0.48米，沟的截面呈倒梯形。沟长5米。沟内堆积灰褐土，内含少量陶片、烧土颗粒和草木灰。

3. 陶窑

共3座。仅存陶窑的底部。

Y1 位于T133的西部。仅残存陶窑的底部，结构不清楚。残存有工作间、火塘。工作间位于陶窑的北部，呈簸箕形，宽约1.4、进深约1.15米。火塘部分呈不规则形，西侧壁呈弧状，东侧壁呈不规则拐角形。南北长约1.7、东西宽约1.35米，底部为红烧土，部分呈青灰色，烧土厚2～3厘米。在火塘一端呈开放状，未见烧烤面，其南为圆形直壁小坑，口径0.8、深0.4米，坑的北部与火塘相通，坑的底部与火塘底部平，可能是陶窑的南部窑室部分。但是在灰坑的底部和周壁上未见烧烤情况。南侧小坑的用途还有待推定（图二九，1；图版五，3）。

Y2 位于T134的北部。仅存火塘底部。呈不规则的圆形，长径1.75米。底部略凹，立壁较直，残深进0.08米，底部为较厚的烧烤面，烧土厚0.1米（图二九，2）。

Y3 位于T134内。仅存火塘部分。平面形状呈圆形，直壁，立壁部分被火烧烤呈红色，烧土厚0.08厘米。火塘底部有少量草木灰（图二九，3；图版五，4）。

4. 水井

1眼。J1位于TG1的中部。口部呈圆形，直径1.4米，直壁，下挖至2.4米处停止。

5. 墓葬

共4座。皆为瓮棺葬。用陶盆、陶瓮相扣作葬具。

M11 位于T133，开口于方内第2层下。长方形土坑竖穴墓。长1、宽0.6、深0.23米。墓内填土为灰褐花土。方向7°。土坑内用陶瓮和陶盆相扣作葬具，内葬婴儿（图版六，1）。

M13 位于T144内，开口于方内第2层下。长方形土坑竖穴。长0.85、宽0.5、深0.31米。墓内填土为黄褐花土。方向273°。土坑内用陶瓮和陶盆相扣作葬具，内葬婴儿（图三〇，1；图版六，2）。

M20 位于T135内，开口于方内第2层下。长方形土坑竖穴。长0.75、宽0.65、深0.29米。墓内填土为灰褐花土。方向27°。土坑内用陶瓮和陶盆相扣作葬具，内葬婴儿（图版六，3）。

M22 位于T136内，开口于方内第2层下。长方形土坑竖穴。长0.45、宽0.3、深0.2米。墓内填土为灰褐花土。方向273°。土坑内用陶瓮和陶盆相扣作葬具，内葬婴儿（图三〇，2，图版六，4）。

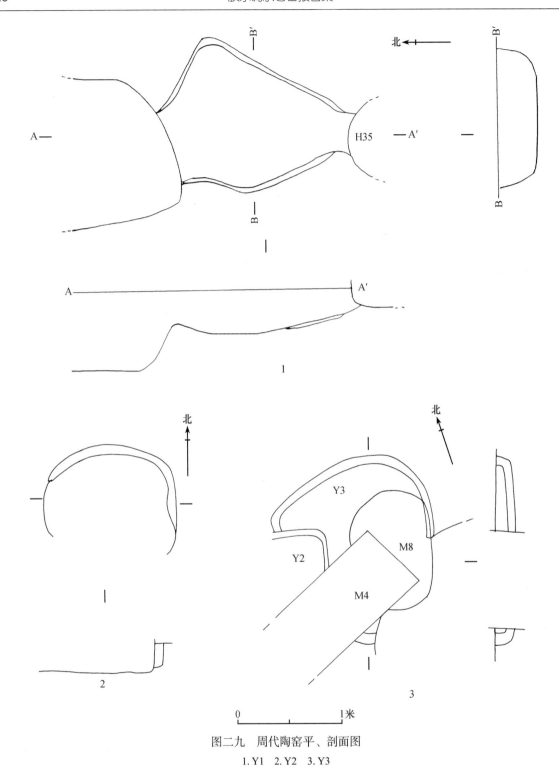

图二九　周代陶窑平、剖面图

1. Y1　2. Y2　3. Y3

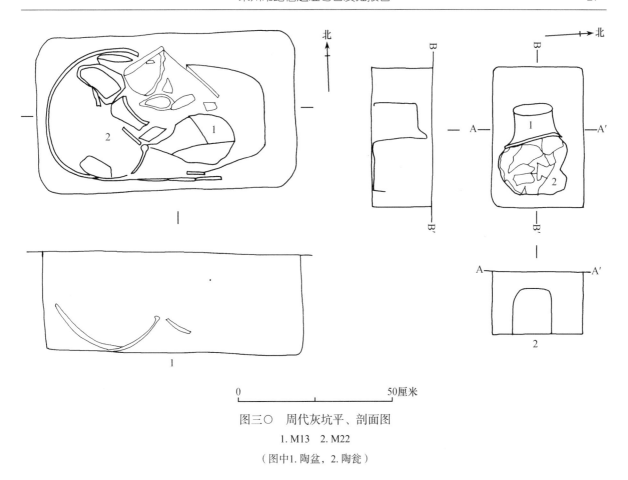

图三〇　周代灰坑平、剖面图
1. M13　2. M22
（图中1.陶盆，2.陶瓮）

（二）遗物

1. 陶器

盆　共5件。分为二型。

A型　4件。宽折沿盆。宽折沿，沿面下凹。G3：1，泥质红陶。厚方唇，宽折沿，沿面下凹，折沿处一周凸棱，腹部微曲。残高5.8厘米（图三一，3）。H79：3，泥质灰陶。敞口，厚圆唇。宽折沿，沿面下凹，沿折处一周高凸棱。腹斜内收。饰细绳纹。下部残。复原口径66、残高6.8厘米（图三一，2）。H73：3，泥质灰陶。厚方唇，沿面下凹。腹部饰竖向细绳纹。残高8厘米（图三一，4）。M22：1，敞口，方唇，宽折沿，沿面下弧，斜直壁呈瓦棱状，圈底。口径37.8、底径21.4、高17.4厘米（图三一，1）。

B型　1件。卷沿盆。H58：3，泥质灰陶。侈口，卷沿，圆唇。上腹有数周凸弦纹，下部残。残高4.8厘米（图三一，5）。

罐　5件。皆为敛口，束颈，鼓腹罐。H73：1，厚圆唇，颈较高，沿面下凹。残高7厘米（图三二，1）。G4：1，厚方唇，颈较短，宽折沿，沿面下凹。残高8厘米（图三二，3）。TG1②：2，方唇，窄折沿，束颈较高，鼓腹，残高11厘米（图三二，4）。TG1②：1，方唇，宽折沿，高束颈，鼓腹。残高11.5厘米（图三二，5）。H71：3，方唇，沿面较平。颈部内

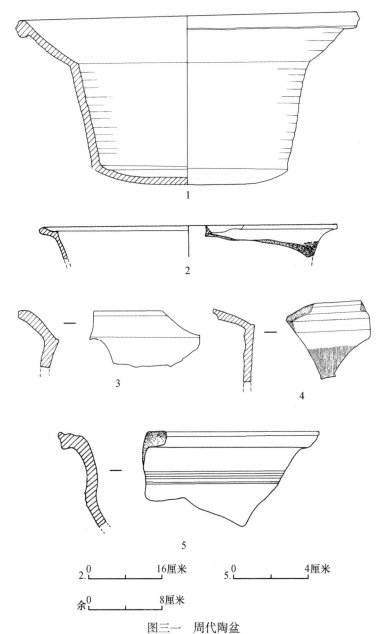

图三一　周代陶盆

1~4. A型（M22：1、H79：3、G3：1、H73：3）　5. B型（H58：3）

束，残。复原口径18.8厘米（图三二，6）。

瓮　1件。G2：1，泥质灰陶。敛口，厚圆唇，沿面弧曲。鼓腹，残，残高6厘米（图三二，2）。

豆盘　8件。分为四型。

A型　2件。盘壁弧曲，较浅。H58：9，泥质灰陶。敞口，圆唇，柄残。口径19.8厘米，残高4.6厘米（图三三，1）。H58：10，泥质灰陶。敞口，圆唇，柄残。口径17.8厘米，残高5厘米（图三三，2）。

B型　3件。三角状折腹，内壁弧曲。H73：7，泥质灰陶。敞口，圆唇，上壁微内曲。

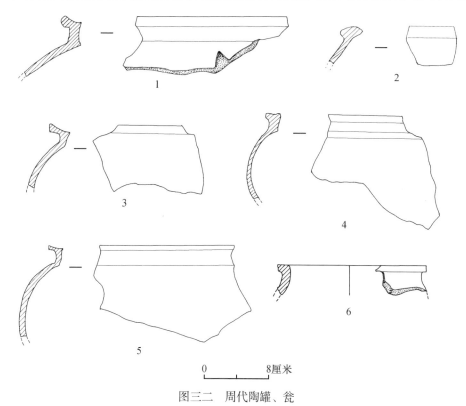

图三二　周代陶罐、瓮

1、3～6.罐（H73：1、G4：1、TG1②：2、TG1②：1、H71：3）　2.瓮（G2：1）

外壁折腹处呈凸棱状外凸，下腹内曲收，内壁弧曲。复原口径19.2、残高5.4厘米（图三三，3）。H58：8，泥质灰陶。敞口，圆唇，盘外壁微内曲，折腹，下部内曲收，有数周凸棱，内壁弧曲。复原口径16、残高5.2厘米（图三三，4）。TG1②：6，泥质灰陶。敞口，圆唇，柄残。口径17.8、残高4厘米（图三三，5）。

C型　1件。折腹盘较深，盘内折壁。H58：7，泥质灰褐陶。侈口，圆唇，外壁微内曲，下腹有数道凸棱，内壁折。复原口径16.2、残高5.2厘米（图三三，6）。

D型　2件。折腹盘，壁呈三角状，盘较浅，盘内底近平。TG1②：4，泥质灰陶。侈口，圆唇，外壁直，折腹。复原口径17、残高5.2厘米（图三三，7）。H71：2，泥质褐陶。侈口，圆唇。复原口径17.5、残高3.5厘米（图三三，8）。

豆柄　3件。皆为泥质灰陶，素面。H58：11，柄较粗。残高5.4厘米（图三四，4）。H79：2，柄较瘦高。残高7.8厘米（图三四，5）。H58：5，柄较瘦高。残高6.8厘米（图三四，6）。

钵　4件。H73：2，泥质灰陶。敛口，尖圆唇，沿外呈三角状外凸，曲壁，残。残高9.4厘米（图三五，1）。H71：1，泥质灰陶。侈口，圆唇，壁微内曲，折腹，下腹折内斜收，底部微弧。素面。复原口径19.5、高7厘米（图三五，2）。H71：4，泥质灰陶。敞口，圆唇，壁微内曲，折腹，底部微弧。口径18.8、高7厘米（图三五，3）。H58：1，泥质灰陶。口微侈，圆唇，斜沿，颈部内束。曲腹，下部内收，平底。素面。外表有数道刮痕。口径19、底径9.2、高10厘米（图三五，4）。

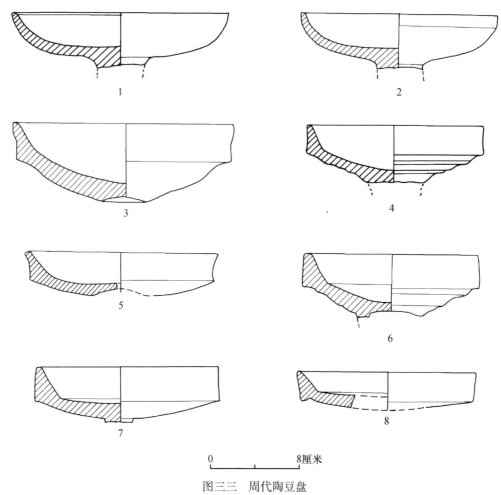

图三三　周代陶豆盘

1、2.A型（H58：9、H58：10）　3~5.B型（H73：7、H58：8、TG1②：6）　6.C型（H58：7）
7、8.D型（TG1②：4、H71：2）

篮　1件。H79：4，夹砂灰陶。敞口，方唇，沿向外翻卷，曲腹，下部内曲收，底部残。复原口径18.8、残高9厘米（图三四，1）。

篮圈足　1件。H58：12，泥质灰陶。喇叭口状圈足，粗矮。上部残。足径10.3、残高3厘米（图三四，3）。

垫圈　1件。H58：4，泥质灰陶。下部呈喇叭状，顶部呈圆圈状。高3厘米（图三四，2）。

2. 石器

磨石　2件。H58：2，打磨光滑，上下两面有磨的深凹槽。厚4.8厘米（图三四，7）。H73：10，磨石宽扁，顶面磨得光滑。厚2厘米（图三四，8）。

图三四　周代陶、石器

1. 陶簋（H79：4）　　2. 陶垫圈（H58：4）　　3. 簋圈足（H58：12）　　4~6. 陶豆柄（H58：11、H79：2、H58：5）
7、8. 磨石（H58：2、H73：10）

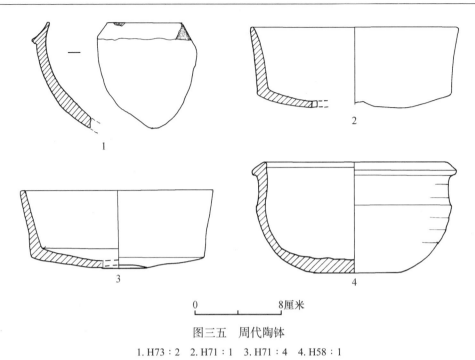

图三五　周代陶钵

1. H73：2　2. H71：1　3. H71：4　4. H58：1

七、清代墓葬

共18座。皆为土坑竖穴墓葬。多为单人葬，共15座。少量为双人合葬墓，共3座。

1. 双人合葬墓

共3座。M7、M6和M19。

M7　位于T133，开口于方内第2层下。长方形土坑竖穴。宽2.5、西侧墓穴长3.4、深0.76米，东侧墓穴南端外凸0.2、墓底较西侧深0.14米。墓穴内四周有熟土二层台，台宽0.2～0.4、高0.35米。双人并列埋葬，有木棺，西侧木棺长1.78、宽0.36～0.43米。墓向165°。墓内随葬铜钱4枚（图三六；图版七，1）。

M6　位于T143内，开口于方内第2层下。梯形竖穴土坑。宽2.6～2.9、长2.9、残深0.9米。墓内填土为浅灰褐色花土。墓内原有青砖砌筑的并列砖椁，仅存部分砖椁痕迹。椁内东西并列埋葬二人，东侧为单人仰身屈肢葬。西侧未见骨架。在东侧棺外葬散乱骨架一堆。墓向260°（图三七；图版七，2）。

M19　位于T132内，开口方内第2层下。口部长3.8、宽2米。墓内填土为粉砂五花土。破坏严重。从墓穴尺寸看应为双人合葬墓。

图三六 清代M7平、剖面图

图三七　清代M6平、剖面图

2. 长方形竖穴土坑砖椁单人葬墓

共1座。M5，位于T144内，开口于方内第2层下。长方形竖穴土坑。长2.5、宽1.2、残深0.6～0.8米。墓内残存青砖砌筑砖椁，仅存东侧、南侧局部。单棺。棺长1.28、宽0.52～0.6米。单人仰身直肢葬，骨架短小，应为小孩。未见随葬品（图三八；图版七，3）。

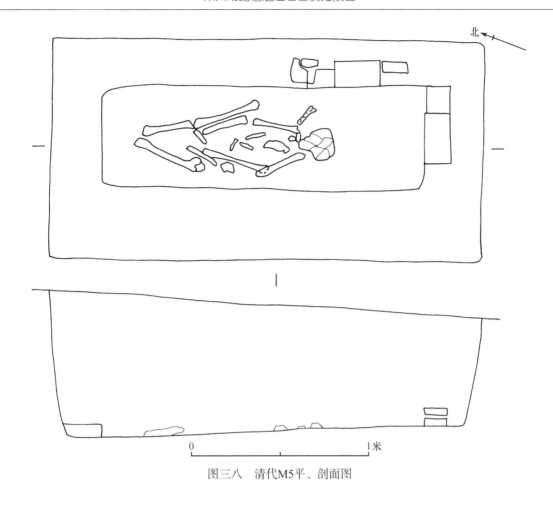

图三八 清代M5平、剖面图

3. 长方形竖穴土坑单人葬

共5座。M1~M3、M4、M9。

M9 位于T144内，开口于方内第2层下。长方形竖穴土坑。长2、宽0.6、深0.6米。墓内填土为黄褐花土。木棺仅存朽痕，长1.8、宽0.5米。单人仰身直肢葬，头向160°。头部扣一板瓦。随葬瓷罐1、瓷灯1（图三九）。

M4 位于T134内，开口于方内第2层下。长方形竖穴土坑。长2.18、宽0.64、深0.3米。单棺。木棺长1.84、宽0.32~0.44米。单人仰身直肢葬。头向246°，面向右侧。未见随葬品（图四○；图版七，4）。

M3 位于T135内，开口于方内第2层下。长方形土坑竖穴。长2.18、宽0.8、深0.28米。墓内填土为黄褐细砂土。单棺。棺长1.74、宽0.38~0.42米。单人仰身直肢葬，头向244°。随葬铜钱（图四一）。

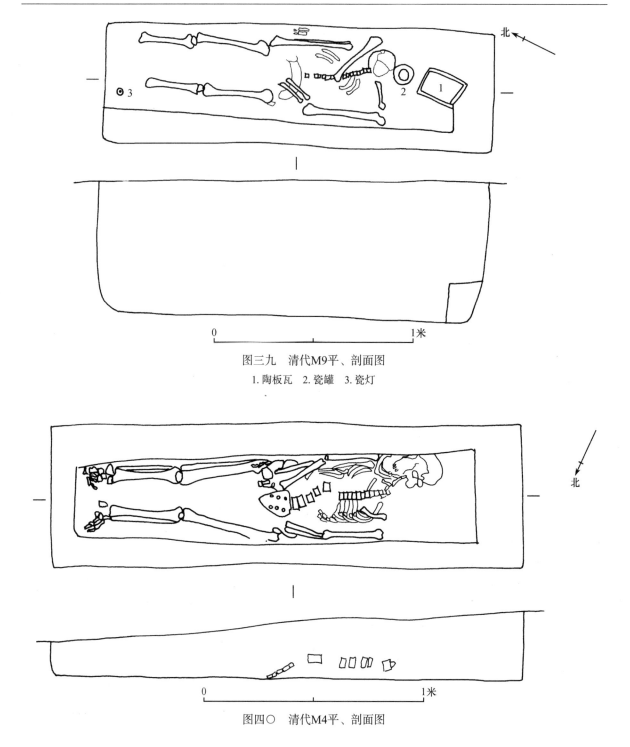

图三九　清代M9平、剖面图
1. 陶板瓦　2. 瓷罐　3. 瓷灯

图四〇　清代M4平、剖面图

4. 瓦棺葬

共9座。皆为小型长方形或方形竖穴土坑，内用大板瓦平铺作底，上扣板瓦。两板瓦间葬小孩。M8、M10、M12、M14～M18、M21。

M8　位于T134内，开口于方内第2层下。椭圆形竖穴土坑。长1.18、宽0.71、深0.36米。方向10°。墓内填土为灰褐色五花土。下铺三块大瓦，上面用瓦扣盖，内葬小孩骨架（图四二）。

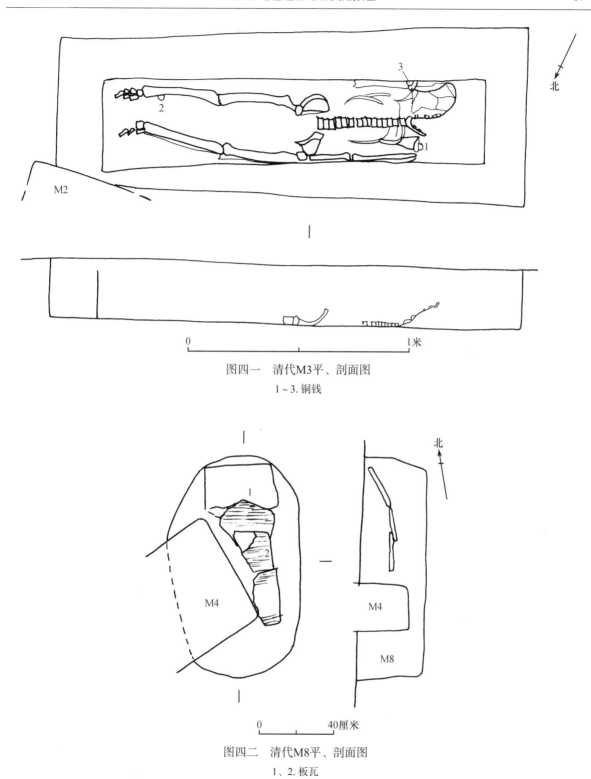

图四一　清代M3平、剖面图
1~3.铜钱

图四二　清代M8平、剖面图
1、2.板瓦

　　M16　位于T144内，开口于方内第2层下。长方形竖穴土坑，长0.64、宽0.4、深0.24～0.26米。方向92°。墓内填土为灰褐色五花土。用正反相扣的两块大板瓦作葬具，内葬小孩骨架（图四三，1）。

　　M17　位于T145内，开口于方内第2层下。长方形竖穴土坑。长0.88、宽0.4～0.5、深0.12米。方向98°。墓内填土为灰褐色五花土。用正反相扣的两块大板瓦作葬具，内葬小孩骨架（图四三，2；图版七，5）。

　　M21　位于T146内，开口于方内第2层下。长方形竖穴土坑。长0.64、宽0.42、深0.14米。方向86°。墓内填土为灰褐色五花土。用正反相扣的两块大板瓦作葬具，内葬小孩骨架（图四三，3；图版七，6）。

　　M12　位于T144内，开口于方内第2层下。弧边长方形竖穴土坑。长0.65、宽0.5、深0.15

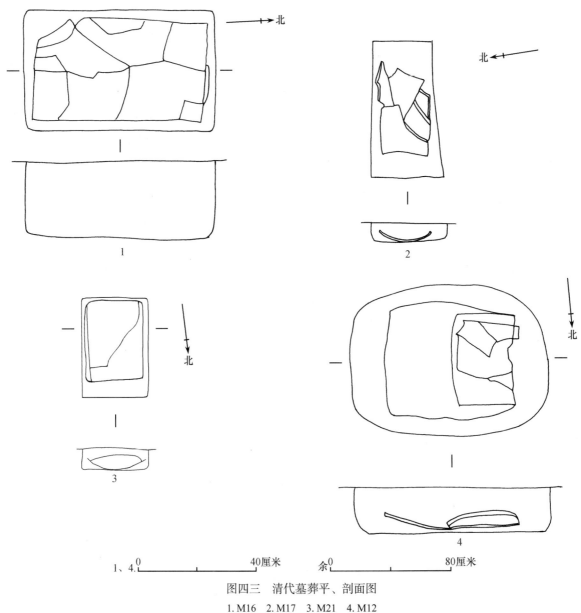

图四三　清代墓葬平、剖面图

1. M16　2. M17　3. M21　4. M12

米。方向273°。墓内填土为灰褐色五花土。底铺两块大板瓦，上盖一块大瓦，内葬小孩骨架（图四三，4）。

随葬品如下。

瓷罐　1件。M9：2，白胎，用高岭土做成。敛口，圆唇，曲腹，下腹内斜收，平底。口外饰四个竖耳。内壁及口外施酱釉，下露胎。口径7、底径5.4、高8.7厘米（图四四，3）。

瓷灯　1件。M9：3，敞口，圆唇，灯碗呈圆形，圜底。口缘上饰三个圆形凸起。灯碗内壁饰酱釉。舌上翘，舌面饰三个凸起花纹。灯碗口缘、舌面及外壁露胎。高3.4厘米（图四四，2）。

陶板瓦　1件。M9：1，泥质灰陶。凹弧状瓦身。长19.7、宽15.4厘米（图四四，1）。

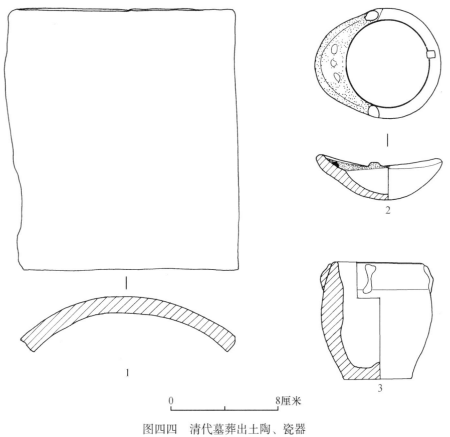

图四四　清代墓葬出土陶、瓷器
1.陶板瓦（M9：1）　2.瓷灯（M9：3）　3.瓷罐（M9：2）

八、结　语

路宿遗址由于20世纪六七十年代农村平整土地，破坏得特别严重，仅存遗址的底部。这也是目前胶东地区，特别是莱州很多遗址的现状，因此遗址的发现与保护显得尤为重要。

遗址中发现的史前文化遗存虽然仅发现几个单位，但也反映了遗址的早期文化面貌。陶器A型鼎口沿、A型器盖与莱阳于家店[1]、乳山小管村一期文化[2]出土的同类器物相似，应为大汶口文化晚期文化遗存。A、C型鼎足亦为大汶口文化时期特点。说明该遗址存在大汶口文化晚期文化遗存。

　　该遗址岳石文化遗存较为丰富，这里南距平度东岳石遗址仅20余千米，为典型的岳石文化遗存。遗址发现的陶器中A型罐，侈口，卷沿，叠唇，胎厚；B型罐具有尊形器的部分特点，多横向弦纹。尊形器和蘑菇状豆盖钮，内心下凹的豆柄，夹砂红陶、宽折沿的瓮，饰附加堆纹的甗腰皆为典型的岳石文化遗存，与烟台芝水一期文化遗存相似[3]。为我们研究胶东地区的岳石文化提供了参考。饰刻划纹、指甲纹的甗口有地方特点，由于陶片较为零碎也不好判别。网坠的发现，反映出了遗址居住人群可能从事部分渔业经济。

　　该遗址出土的周代陶器，为典型的周代遗存，饰细绳纹或线纹的折沿盆，凸棱状内外壁的宽折沿盆，束颈鼓腹罐，折腹豆盘，折腹平底钵皆为战国时期文化遗物，A型豆盘和陶簋应为春秋时期遗物。反映了该遗址周代的文化面貌和时代特征。

　　遗址发现清代墓葬18座，虽然时代晚，但也存在地方特点。瓦棺葬共9座，墓穴小，用青灰大板瓦铺底，上盖板瓦，内埋葬小孩。这种埋葬习俗在其他地方少见，反映了晚期当地的埋葬习俗。

清　绘：许　姗　王站芹

执　笔：李振光　张英军　张玉光

注　释

[1]　北京大学考古实习队、山东省文物考古研究所：《莱阳于家店的小发掘》，《胶东考古》，文物出版社，2000年。

[2]　北京大学考古实习队、烟台市文物管理委员会：《乳山小管村的发掘》，《胶东考古》，文物出版社，2000年。

[3]　北京大学考古实习队、烟台市博物馆：《烟台芝水遗址发掘报告》，《胶东考古》，文物出版社，2000年。

山东招远市老店遗址发掘报告

山东省文物考古研究院

招 远 市 文 物 管 理 所

　　招远市位于山东省胶东半岛北部，北临渤海，气候温润，物产丰富，因盛产黄金而闻名于世。老店村位于招远市最北部的辛庄镇，南距招远市区约30千米，招远市长达13.5千米的海岸线均为辛庄镇所属（图一）。2007年，为配合山东省胶东引黄调水工程，山东省文物考古研究所、招远市文物管理所对招远市重点文物保护单位老店遗址先后进行了两次考古发掘。现将发掘情况报告如下。

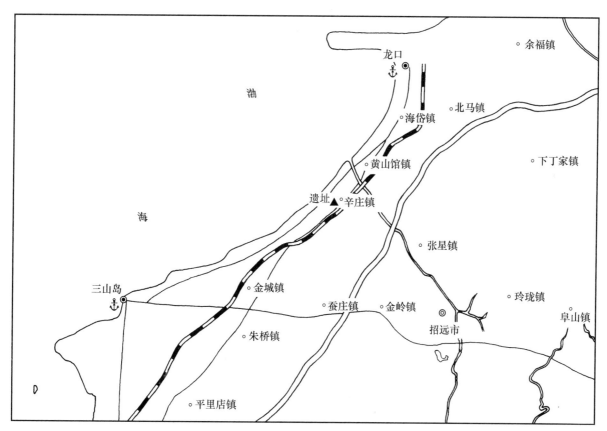

图一　招远地理位置示意图

一、遗址概况

老店遗址位于老店村东北部的临河台地上，诸流河自西南向东北环绕村舍注入渤海，遗址东隔诸流河与磁村相望，西南与宅上村相邻，南靠206国道，北距渤海南岸约800米（图二）。

20世纪80年代后期，老店村东北部的窑厂取土时发现许多陶器残片、石块、兽骨等遗物。1988年，烟台市博物馆、招远县文物管理所进行文物普查时，发现这批遗物属于龙山文化、商周时期，确认这里是一处以龙山文化为主体的古文化遗址。1992年，招远市政府公布老店遗址为市级重点文物保护单位。

2004年3月，为配合山东省南水北调东线胶东调水工程，由山东省文物考古研究所、招远文管所组成文物考古调查勘探队，对境内调水工程沿线进行先期调查。确认胶东调水工程从老店遗址北部穿过，因此，需要对该遗址进行重点勘探和考古发掘（图版九，1）。

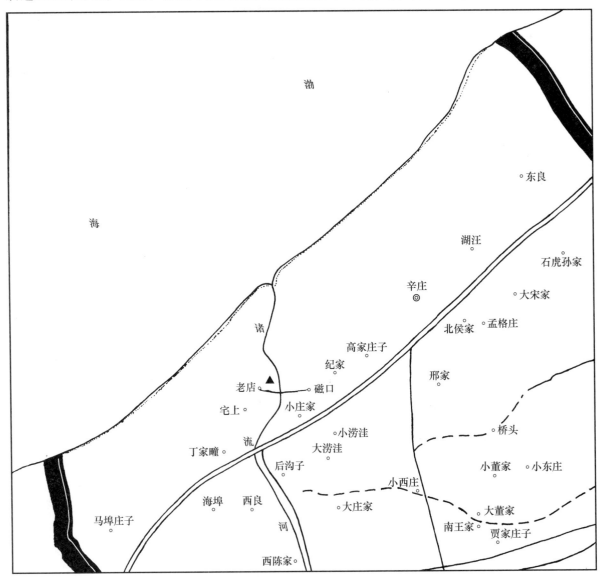

图二　老店遗址位置示意图

2007年3～4月，为配合胶东调水工程，做好下一步的考古发掘工作，在山东省文化厅南水北调文物保护办公室的统一组织安排和协调下，山东省文物考古研究所成立专项勘探队伍，在烟台市博物馆、莱州市博物馆、龙口市博物馆、招远市文物管理所的大力协助下，对胶东调水工程所涉及的18处遗址、墓地进行全面勘探，其中对老店遗址调水工程经过范围重点勘探。通过勘探，初步掌握了该遗址的分布状况。勘探表明，调水工程所经过的老店遗址北部，虽然由于窑厂烧砖取土而遭到严重破坏，但遗址的东北角以及相关的遗迹仍然得以保存，需要进行考古发掘（图版九，2）。

同年4～6月，对工程占用范围内保存较好的遗址部分进行第一次考古发掘。通过发掘，不仅确定了该遗址的文化性质，而且在遗址北部发现了壕沟。随即又对该遗址进行全面勘探，确认遗址主要处于村舍东北部，在遗址的南、北、西三面都存在壕沟，东面为诸流河。这一重要现象证明，老店遗址是龙山文化时期重要的环壕聚落遗址。根据胶东调水工程的需要，在11～12月又对该遗址进行了第二次考古发掘。

二、发 掘 经 过

1. 第一次发掘

始于2007年4月28日，至6月5日正式结束。随着发掘工作的进展以及认识的不断深入，先后选择三处地点发掘（图三）。由于遗址大部被村舍所叠压，不便于测绘，发掘前在村东北角第一发掘区南侧设立基点以便于掌握布方，并在遗址西南角设虚拟坐标原点（总基点），将整个遗址纳于第一象限内。第一发掘点探方编号采用坐标法，前两位数字表示在X轴上的坐标，后两位数字表示在Y轴上的坐标。第二、三发掘点均根据遗址重要遗迹的发掘需要设定，按照顺序编号。三处发掘点发掘面积加扩方约300平方米。

第一发掘区　为主要发掘区，位于现存遗址东北角处，北面和东面由于窑场取土形成高2米左右的断崖，西面地势略低，表面有许多碎砖块。勘探表明，在工程范围内残存的遗址西部大部分为窑场取土后的回填堆积，仅在西部边缘和底部还保留原有的地层堆积，东北角处的文化堆积保存较好，高出东、南、北三面形状近似半岛形，属于发掘的重点。

第一发掘区第一批共布5米×5米探方9个，编号为T8767～T8769、T8867～T8869、T8967～T8969，面积约225平方米。由于发掘区东部的东、西、北三面有大量的窑场废弃砖块，为了减少发掘的盲目性，清理发掘区表层的同时，对这些晚期堆积也进行了清理。从9个探方东、西、北三面的剖面看，所属的三层文化堆积土质、土色比较一致，土质坚硬，三层内均含有较多的红烧土块，是在短期内或一次性形成的，而且堆积比较厚，中间总厚度在2.3米以上，现存上部东西长约25、南北宽约13.8米，在确认可能是一处重要的遗迹现象后，仅对东西两侧解剖发掘，并对下部发现壕沟进行扩方发掘（图四）。

第二发掘区　位于遗址的西北角处，编号T101。在第一发掘区下部的淤土沟经确认为壕沟后，又沿壕沟东西进行专项勘探，确认壕沟的走向及范围。在勘探基础上，选择壕沟的西北角

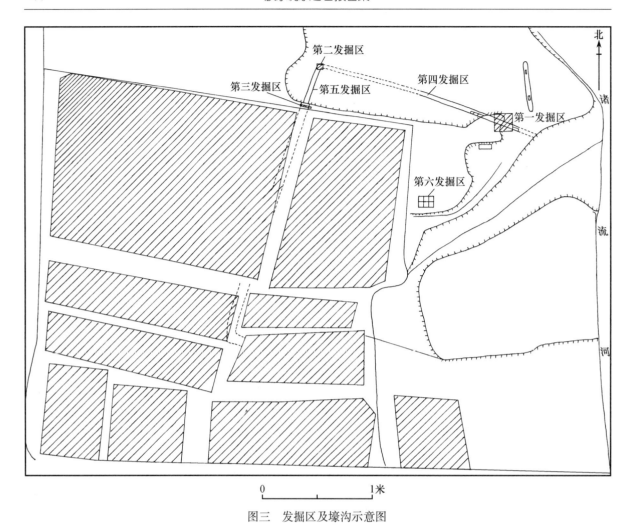

图三　发掘区及壕沟示意图

作为第二发掘点。根据勘探资料开设5米×6米探方1个，通过发掘了解壕沟的结构、走向及沟内的堆积情况。由于砖场取土，第二发掘点已经低于周围原地表2米多，清除耕土层后大部已经为生土，壕沟遗存清晰可见，仅发掘壕沟遗存。

　　第三发掘区　位于遗址西北部，主要为解决西壕沟的地层关系、结构、堆积状况。在村舍北侧距断崖内侧2米处开设10米×2米的探沟1条，编号TG102。由于发掘中发现探沟北壁下有村民浇地用的主水管道，北侧0.5米未发掘。

2. 第二次发掘

　　第二次发掘于2007年11月26日开始，12月28日结束，历时32天，发掘面积近1200平方米。本次发掘是在对第一次发掘资料进行初步研究的基础上进行的，根据遗址的特点和工作需要，在发掘前又进行了详细勘探，共选择三处发掘地点。前两处发掘区主要是解决聚落环壕的问题，第三发掘区主要是解决遗址文化堆积的形成、层位、文化性质和相对年代问题。为了便于与第一次发掘的三处发掘区相区别，对第二次发掘所选择的三处发掘区，分别称为第四至六发掘区（图三）。第四、五发掘区，因为砖场取土破坏，除个别地段保留原地表外，遗址上部大

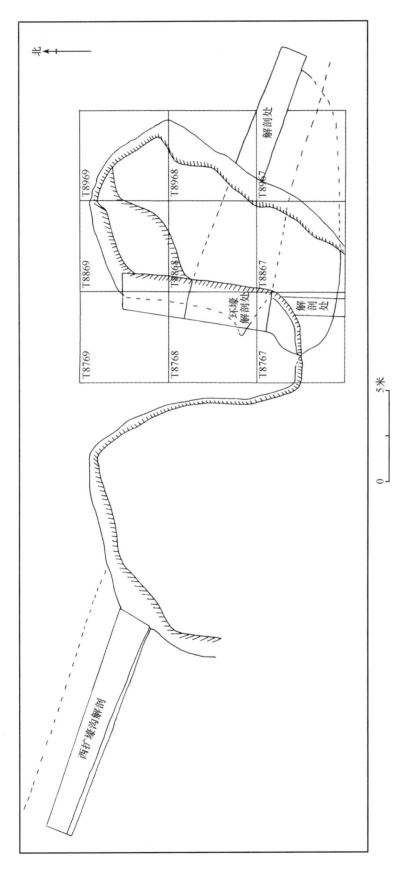

图四　第一发掘区地理位置及布方图

多被取土挖掉，现存地面仅残留壕沟下部。按照发掘要求，需要对壕沟进行大面积的发掘揭露，根据壕沟的形制特点，第四、五发掘区采用探沟法进行发掘。

第四发掘区 位于遗址北部，主要发掘环壕的北段。根据第一次发掘资料，北壕沟现存长度为219.92米，为便于控制发掘，将北壕沟分为五段，A、B、C、D段每段50米，E段不足50米。由西向东分别编号为北壕沟A、B、C、D、E段，由于工程部门未能对A、B两段进行清表，仍有大量的冬青树苗，故未能发掘，发掘工作主要集中于C、D段（图五）。

C段 属于北壕沟的中部。壕沟的上部已经被砖厂取土破坏，壕沟下部大部分保存较好，个别地段遭到严重破坏。发掘工作分三小段进行，长度为50米，编号为CⅠ、CⅡ、CⅢ，各小段中间留有1米的隔梁。

D段 属于北壕沟的东北部。由于窑厂取土破坏，只有中间部分保留较好，形成目前高出现地面的台地，东面、西面和北面由于窑场取土形成高约2米左右的断崖，其下部为壕沟，上部为含有大量红烧土块的堆积。第一次发掘时仅对台地的东半部进行发掘。第二次发掘主要发掘D段的壕沟部分，分东西两部分进行清理，中间的台地属于第一次发掘的部分，只对台地D段西部的东断崖和东部的西断崖进行局部发掘清理，以便获取该遗址北壕沟保留的比较完整的壕沟剖面。因东侧有条农耕路，未发掘实际发掘43米，编号为DⅠ（西）、DⅡ（东）两段。

第五发掘区 位于遗址的西北部，主要发掘了西壕沟。

从勘探的资料看，该遗址的西壕沟保留比较完整，壕沟的西北角在2007年春季经过发掘。壕沟的西北拐角下部保存完好，东南角具体位置虽然被叠压在村舍之下，但在其两侧均勘探到壕沟的具体走向，位置比较准确。整个西壕沟长度保留完整准确，约为276米，分为六段，分段编号由南依次向北分为西壕沟XHA～XHF段。本次发掘西壕沟的最北段，即靠近西北角拐弯处的一段，编号为西壕沟XHF段，简称西壕沟F段。发掘区为南北向，北端从壕沟的西北角即2007年第一次发掘的T101以南起，南到靠近村舍的断崖处，南端紧靠2007年发掘探沟北侧，相距编号为T102的北壁约0.5米，实际发掘长度为32.5米。该发掘区大部处于窑场取土坑的底部，清理发掘被窑场破坏后残留的壕沟下部（图六）。

第六发掘区 为了解决遗址的文化堆积、层位、文化性质以及相对年代等问题，发掘区选择在距离壕沟内侧约80米的招远市重点文物保护单位标志碑西侧。勘探中发现了这一带含大量红烧土碎块的文化层，与D段中部壕沟上部含有大量红烧土碎块的堆积有相近之处，有望解决红烧土碎块堆积的成因，或进一步了解其用途。布设5米×5米探方，因第一次发掘时设置的基点被村民修水渠破坏，第二次发掘时探方另行编号，以标志碑西南角为基点，探方编号为T201～T206（图七）。

三、地层堆积

对该遗址进行了两次发掘共六处发掘地点，由于发掘区之间相隔较远，各发掘区的地层堆积土质、土色有所不同，故未对整个遗址地层进行统一划分。各发掘区的层位关系，根据土质、土色及出土遗物的不同统一划分。选择第一、三、六发掘区介绍地层堆积关系。

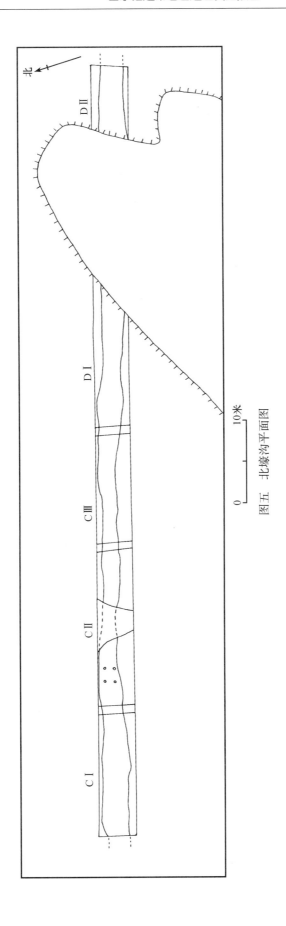

图五 北壕沟平面图

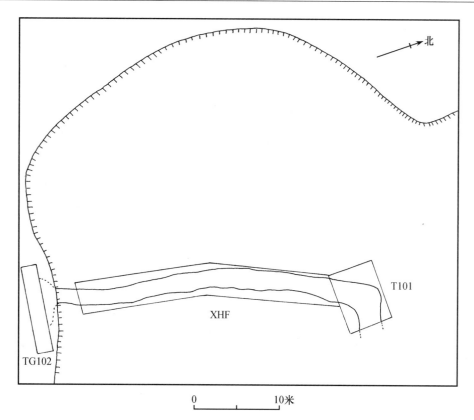

图六　T101、T102及西壕沟

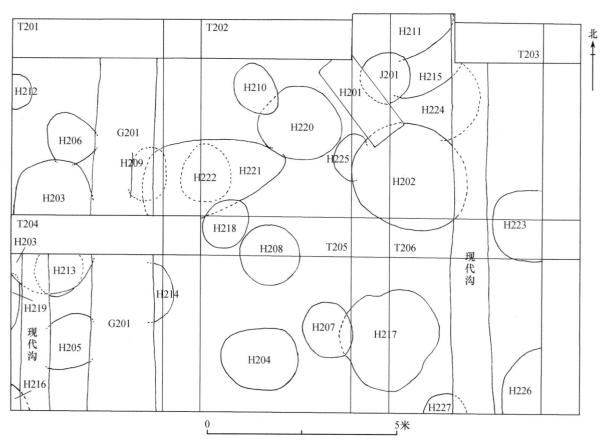

图七　T201～T206遗迹平面图

1. 第一发掘区

位于北壕沟D段。现存东西长约25米的高台地，东西两侧已经被破坏，南北宽度在13.8米左右，北侧被破坏。发掘区的文化堆积比较厚，分为5层，上部两大层土质、土色比较接近，土质比较坚硬，含有较多的红烧土块，有可能是一处龙山文化时期的重要文化遗迹。以第一次发掘的T8767～T8769三个探方清理的西断崖剖面介绍（图八）。

第1层：耕土层。厚约22厘米。

第2层：黑褐色，土质坚硬。夹杂陶鼎、罐、盆、鬶等龙山文化的陶器残片和一定数量的红烧土碎小块。厚20～50厘米。

第3层：土色略浅，呈深褐色，土质坚硬。夹杂红烧土碎块较多，有鼎、罐、盆、鬶等龙山文化的陶器残片。厚8～56厘米。

第4层：土色以黑褐色为主，局部呈灰褐色。内含许多淤土块，夹杂的红烧土块不仅比较多，而且夹杂的碎块比较大。该层内含的龙山文化的陶片比上两层略多，出有鼎、罐、盆、鬶、杯、器盖等龙山文化的陶器残片，以及石器残块、兽骨等遗物。厚12～56厘米。

第5层：土色以灰褐色为主，该层土质比较细密、坚硬。夹杂红烧碎块，内含龙山文化鼎、罐、盆等器类陶　器残片及个别小石块、兽骨等遗物。厚26～35厘米。

2. 第三发掘区

T102探沟，地层堆积可分为三大层。

第1层：现代路土、表土。厚2～28厘米。

第2层：浅灰褐色，以细粉砂黏土为主，结构细腻紧密。包含物较少，有少量的夹砂碎陶片和红烧土颗粒。可辨器形有陶鼎、罐、器盖等。距地表45～60、厚6～40厘米。在第2层下开口的遗迹为壕沟。

第3层：灰褐色，内含较多的深褐色黏土块，结构比较紧密。该层包含物极少，仅发现个别的碎陶片、红烧土。该层可能为当时人们活动层面的下部，有些地方经过扰动。分布在探沟的东西两侧，中间被壕沟打破。距地表70～85、厚10～25厘米。

3. 第六发掘区

该发掘区发掘前为麦地，6个探方分南北两排，北侧由西而东为T201～T203，南侧为T204～T206。第1层为耕土层，第2、3层为文化层，文化层分布厚薄不一，东部文化层厚，西边稍薄，整个堆积从西向东倾斜，东高西低（图版一〇，1）。现以T201、T202、T203南壁和T203、T206东壁剖面为例分别作以说明。

T201～T203南壁见图九。

第1层：耕土层。黄褐色粉砂黏土，土质疏松。出有近现代陶瓷片，碎砖块。厚8～18厘

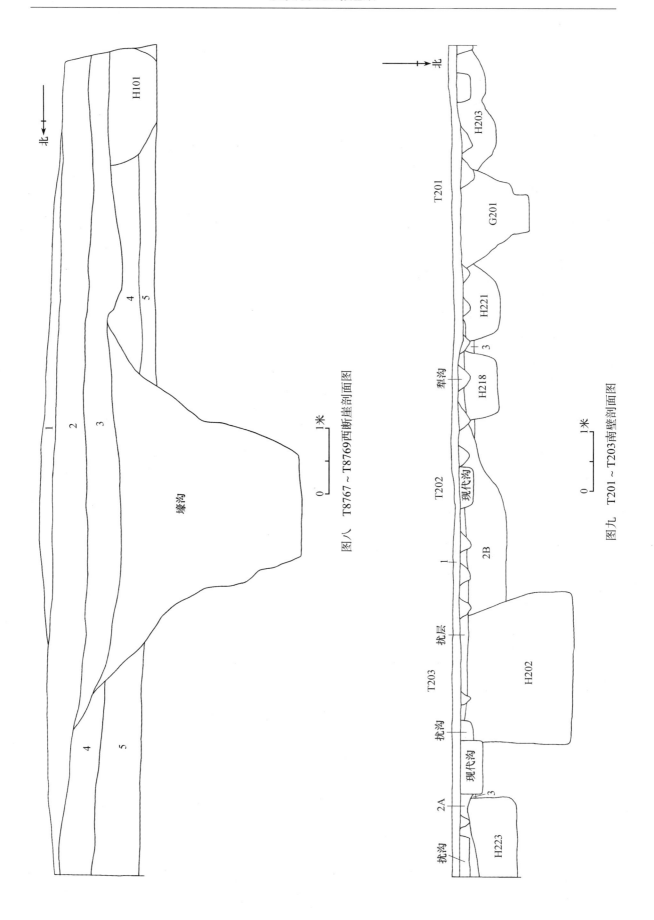

图八　T8767～T8769西断崖剖面图

图九　T201～T203南壁剖面图

米。该层下开口遗迹有H201、H202～H212、215、H216、H219、H224、J201、G201。该层遍布各个探方。

第2层：灰褐色粉砂土，土质较致密。含有大量红烧土颗粒和红烧土块，出土遗物以陶片为主，还有少量草木灰，厚0～64厘米。该层下开口遗迹有H208、H214、H217、H218、H220、H221～H223、H225～H227。该层分布在T201东南角，T202中南部，T203南壁处。

第3层：浅黄褐色粉砂土，质较致密。含少量红烧土颗粒、红烧土块、少量草木灰及炭屑。厚约14厘米。该层分布于T201、T202中北部，T203东部和北部。

第4层：生土层，为浅黄色粉砂黏土。

T203、T206东壁见图一○。

第1层：耕土层。其中包括扰层在内。黄褐色粉砂黏土，质疏松。含有砖块、大量植物根系及炭屑。厚20～40厘米。

第2层：浅灰褐粉砂土。厚0～74厘米。可分2小层。

第2A层：浅灰褐色，土质较硬紧密。夹杂大量红烧土块红烧颗粒和草木灰。本层距地表20～40、厚20～70厘米。分布在T206整个探方中。

第2B层：浅黄褐色，土质较致密。含有红烧土块红烧土颗粒和草木灰。本层距地表40、厚30～10厘米。分布在T206探方东部。

整个第2层形状为坡状，西高东低，可能是一个人工垫土层。该层仅在T203东南角露出少部分，分布在T206探方大部分。

第3层：深黄褐色，土质较致密。包含少量砂石、草木灰、红烧土颗粒等。该层分布在T203探方东北部，地层上部距地表40、底距地表60、厚24～20厘米。

第4层：生土层。为浅黄色粉砂黏土。

根据层位叠压关系及出土遗物的特征，老店遗址的考古发掘资料属于三期不同的文化遗存。

四、龙山文化遗存

（一）遗迹

1. 壕沟

老店遗址东临诸流河，其西、南、北三面发现了环壕，其中西壕沟保存比较完整，长度约为276米；北壕沟东部连通到诸流河西岸靠近村庄内凹的断崖处，可能受到一定的被破坏，现存长度为219.92米；南壕沟大部被破坏，保留西部连接西南角一小段，现存长度约20米。根据勘探发掘资料可对壕沟进行复原，壕沟平面大体呈方形或略呈长方形，北壕沟方向北偏东17°，西壕沟方向西偏北18°，复原面积在61600～73600平方米（图三）。

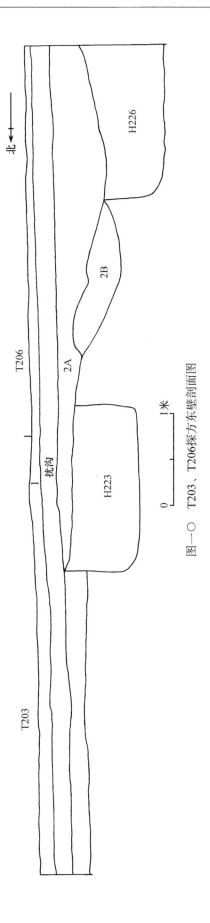

图一〇 T203、T206探方东壁剖面图

（1）西壕沟

西壕沟大部分被叠压在村舍之下，两次发掘自TG102至西北角处的北部约45米。除南侧靠近村舍后断崖处仍保留壕沟废弃时的原貌外，断崖以北壕沟的上部均被窑厂取土破坏。从发掘的情况看，西壕沟F段分段挖成，在壕沟走向大体一致的前提下，形成2～6米的9小段弯曲，靠近西北拐角处长约20米的一段还略呈弧形（图六）。壕沟为斜壁，小平底，结构大体呈口大底小的喇叭状。从结构特征看，壕沟大体也可分为上下两部分。上半部沟壁较斜缓，呈大敞口的喇叭口状，坑壁不规整，与下部接合部平缓近平，在壕沟外侧还有近似台阶状的平台，或与挖掘壕沟有关。下部形状近似倒梯形，斜壁较陡直，也比较规整，底部窄小近平，沟底的宽度差别较大，在40～180厘米（图版一〇，2）。

下面以西壕沟F段南断崖剖面介绍壕沟的结构及沟内堆积。

壕沟上口宽750、中间宽255、沟底宽约80厘米。壕沟上口距现地表80～95、沟底距地表430、壕沟深350厘米。壕沟内的堆积自上而下可分为11层（图一一；图版一〇，3）。

第1层：深灰褐色，主要由细粉砂黏土组成，质结构致密，似略经过加工。包含物有少量陶片、红烧土碎块、灰炭屑。堆积形态呈中间厚，两端薄，下部略凹呈弧形。厚30厘米。

第2层：灰褐色粉砂黏土，土质、包含物与第1层相近，只是颜色略浅。堆积相态与第一层相近，两端向中间逐渐增厚，中部略凹，下部略弧。厚约15厘米。

第3层：黑褐色粉砂黏土，质结构紧密。包含物有少量陶片、红烧土碎块、灰炭屑。堆积形态中间略厚，下部略呈弧形，该层仅分布在壕沟东半部。厚32厘米。

第4层：深灰褐色粉砂黏土，土质与包含物同上层接近。堆积形态中部厚，两端薄，该层仅分布于壕沟中部，分布范围小于第3层。中间最厚38厘米。

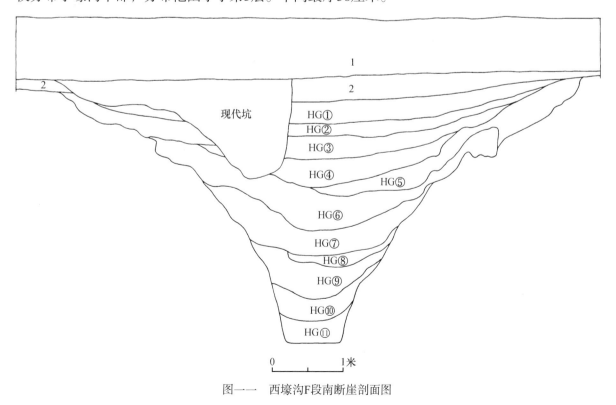

图一一　西壕沟F段南断崖剖面图

第5层：黄褐色粉砂黏土，质较紧密、纯净，内含少量的淤土。该层的分布范围在壕沟内最少，仅位于第4层下，堆积形态与第4层基本相同，中间厚，两端薄，下部凹略呈弧形。中间厚20～40厘米。

第6层：黑褐色，内含较多的黏土块，土质结构比较紧密。该层包含物较多，有碎陶片、红烧土碎块及个别的小石块、兽骨。堆积形态不均衡，西半部较厚，东半部较薄，从堆积形态看，东部薄主要由于被第3～5层打破。厚约50厘米。

第7层：灰褐色粉砂土，内含较多的淤土层，土质略显紧密。包含较少碎陶片、红烧土碎块及个别的小石块。该层主要分布于壕沟中部。堆积形态呈中间厚，两端薄，近似圜底月牙形。中间厚35厘米。

第8层：由深灰褐色和黄褐色组成，主要由淤土和粉砂黏土组成，内夹有多层小淤土层。包含物有个别碎陶片、红烧土碎块。该层堆积形态不均衡，西半部堆积较高，主要由黄褐色的粉砂黏土组成；东半部特别是壕沟中部主要为中部下凹的圜底弧形淤土层。厚19厘米。

第9层：浅灰褐色淤土，由多层淤土层组成，夹杂粉砂土颗粒，土质比较疏松。包含物较少，有少量碎陶片、红烧土颗粒。堆积形态呈中部下凹的圜底弧形淤土层。厚约50厘米。

第10层：灰褐色淤土层，含有较多淤砂，土质比较疏松。包含物极少，比较纯净，含有个别碎陶片、红烧土颗粒。堆积形态堆积形态呈中部下凹的圜底弧形淤土层。厚30厘米。

第11层：灰色淤土层，夹杂少量的白淤土和黄色粉砂黏土颗粒，土质松软，比较纯净，仅发现个别碎陶片、红烧土颗粒。中间厚30厘米。底部为壕沟底。

（2）北壕沟

北壕沟主要发掘C、D段两部分，发掘面积为4.5米×50米、4.5米×44.2米，揭露壕沟的长度为94.2米。北壕沟也为分段挖成，在壕沟走向大体一致的前提下，形成1.8～7米长度不等的多段弯曲状（图五）。分别介绍北壕沟C、D段的壕沟结构与沟内堆积。

北壕沟C段上部均被窑厂取土破坏，中间约6米的一段被取土坑打断，仅存壕沟东西两侧的下半部。壕沟的下半部形状近似倒梯形，斜壁较陡直，沟壁不规整，呈小片凹凸状，挖出后可能略经修整，近沟底部略呈弧角，底部窄小近平，沟底的宽度差别较大，在116～200厘米（图版一一，1）。

下面以北壕沟CⅡ段介绍壕沟内堆积（图一二）。

第1层：以灰褐色为主，间有黄褐色淤土。含有红烧土碎块和草木灰，夹杂红褐色夹砂陶片、黑褐色泥质陶片，发现个别的石镞、石器残片。沟内堆积形态呈圜底弧形，南北两侧靠近沟壁处较高，中间略低，呈弧底形。厚4～44厘米。

第2层：以浅色淤土为主，间有浅灰色淤土层，含有少量的草木灰，土质松软。夹杂红褐色夹砂陶片、黑褐色泥质陶片以及红烧土颗粒、碎块。堆积形态底部近平，略呈圜底弧形。厚8～16厘米。

第3层：以浅灰色细淤砂土为主，间有灰白色淤土层，土质松软。夹杂少量碎红褐色陶片和红烧土碎块。堆积形态上部近平，底部略弧。厚6～30厘米。

第4层：以黄褐色细淤土为主，夹杂黄褐色碎土块，质较疏松。该层内包含物较少，比较纯净。厚10～20厘米。

第5层：以浅灰色细淤土为主，间有灰白色淤砂土层，质松软。夹杂少量红烧土碎块、草木灰，含有个别红褐色陶片和石块。堆积形态上部及底部略弧。厚6～40厘米。

第6层：以灰褐色为主，间有深灰色淤土。含有大量红烧土碎块、木炭屑、草木灰，夹杂少量红褐色夹砂陶片、黑褐色泥质陶片，发现了石镞、石器残片。沟内堆积形态呈中间略低的呈弧底形。厚20～40厘米。

第7层：以浅灰色细淤砂土为主，夹杂少量的黄褐色碎土块，质较松软。该层内包含物较少，比较纯净。厚10～20厘米。

第8层：以灰黄褐色淤砂为主，间有多层灰白色淤土层，夹杂黄褐色碎土块，质较疏松。该层内包含物较少，比较纯净，属于壕沟最早形成的堆积。厚12～35厘米。

北壕沟D段中间一段保存较好，保留壕沟废弃时的原貌（图版一一，3）。从结构特征看，北壕沟大体可分为上下两部分。上半部沟壁较斜缓，呈大敞口的喇叭口状，坑壁不规整。下部形状近似倒梯形，斜壁较陡直，也比较规整，下部变窄，底近平。壕沟上口宽约750、中间宽约为255、沟底宽150～160厘米。壕沟上口距现地表40～130、沟底距地表416、壕沟深358厘米。

下面以北壕沟DⅡ西剖面介绍壕沟内堆积（图一三；图版一一，2）。

第1层：浅灰色黏土，土质较坚硬。含有红烧土碎块、烧灰、炭屑，夹杂少量碎陶片、兽骨块、石块等。厚6～12厘米。

第2层：黑褐色黏土，土质较坚硬。含有较多的红烧土碎块、颗粒、烧灰、炭屑，有少量碎陶片、兽骨块、石块等。厚4～24厘米。

第3层：深灰色黏土，土质较硬。含有较多红烧土块、颗粒，有碎陶片、石块等。厚4～28厘米。

第4层：浅灰色黏土，土质略硬。含有较多红烧土碎块、烧灰、炭屑，夹杂碎陶片、兽骨块、石块等。厚6～52厘米。

第5层：黑褐色黏土，质较硬。含大量红烧土块、碎颗粒，夹杂碎陶片、兽骨、石块等。厚8～52厘米。

第6层：深灰褐色黏土，质较硬。含大量红烧土块，夹杂碎陶片、石块等。厚4～22厘米。

第7层：灰褐色黏土，质稍坚硬。含红烧土块、碎颗粒，夹杂碎陶片、兽骨、石块等。厚4～38厘米。

第8层：浅灰色淤土层，间有少量浅白色细淤土层，质较松软。该层内包含物较少，个别红烧土块、碎颗粒以及碎陶片。厚20～48厘米。

第9层：灰白色淤土层，夹杂的黄褐色碎土块，质较疏松。该层内包含物较少，有的红烧土颗粒，个别的陶片、碎兽骨片。厚4～44厘米。

第10层：灰褐色淤土层，间有浅白色细淤土层，质较松软。该层内包含有少量的红烧土块、碎颗粒以及碎陶片、兽骨、石块等。厚6～32厘米。

第11层：深灰色淤土层，间杂含有浅黄色黏土颗粒细淤土层。该层内包含少量的红烧土颗

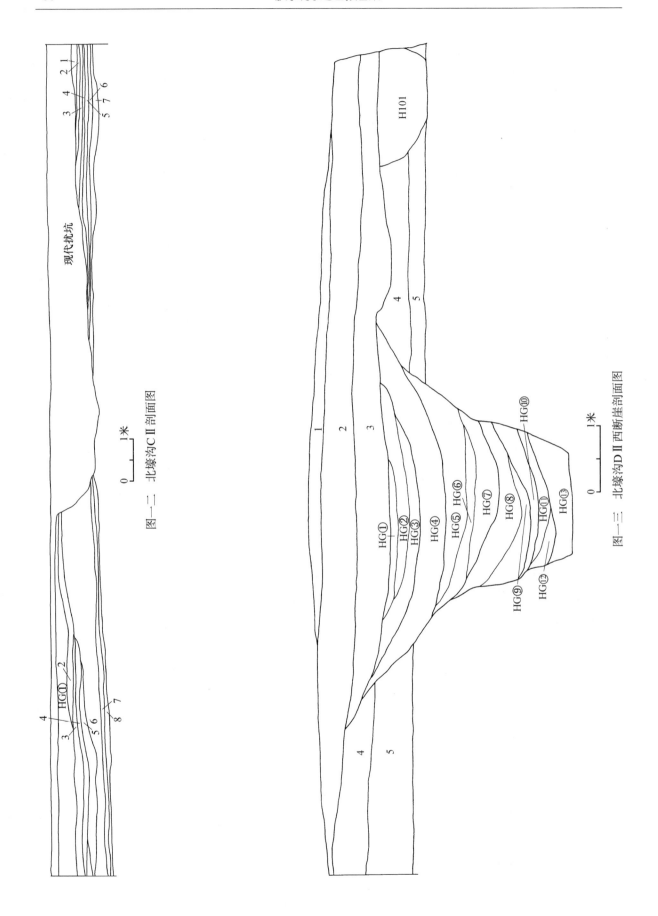

图一二　北壕沟C II 剖面图

图一三　北壕沟D II 西断崖剖面图

粒、个别的陶片。厚6~18厘米。

第12层：深灰褐色，夹杂少量的黄褐色碎土块，土质较疏松。该层内包含物较少，有个别碎陶片，比较纯净。厚8~22厘米。

第13层：浅灰白色淤土层，灰淤土层中间有细白色淤土和细砂，含红烧土颗粒和个别的陶片。厚26~54厘米。

（3）环壕西北拐角

第一次发掘时选择的第二发掘点位于遗址的西北角处，主要发掘解决壕沟的西北拐角结构。该发掘点根据勘探资料开设5米×6米探方，编号T101。由于砖厂取土发掘点已经低于周围原地表2米多，清除耕土层后除去壕沟遗存，其余部分已经为生土。

壕沟在探方的中部由东向南拐（图六）。从平面看，壕沟外侧的拐角略大于直角，约为115°，而内侧拐角略呈弧形。现存的壕沟下部上口宽，底部窄，剖面形状近似倒梯形。北壕沟上口宽255、底宽165、残深91厘米，西壕沟的上口宽310、底宽210、残深125厘米。壕沟沟壁不规整，表面呈凹凸状，挖出后可能略经修整，近沟底部略呈弧角。壕沟的底部也显得凹凸不平，而且壕沟底部东部与南部的高度也不平，拐角向东略浅，向南略深，壕沟的内侧略深，外侧略浅（图版一二，2）。

壕沟内下部的堆积主要为淤土层，由上而下可分为4层，各层内还可根据淤土的形成状况再细划分小层。

以壕沟西北拐角东剖面为例介绍沟内堆积状况如下。

第1层：以深灰褐色淤土为主，间有黄褐色淤土，质松软。内含红褐色夹砂陶片、黑褐色泥质陶片以及红烧土颗粒、碎块。堆积形态呈圜底弧形，东西两侧未及残存的壕沟东西壁。厚5~58厘米。

第2层：以深褐色淤土为主，间有浅灰色淤土层，质松软。内含红褐色夹砂陶片、黑褐色泥质陶片以及红烧土颗粒、碎块。堆积形态底部近平，略呈圜底弧形。厚10~50厘米。

第3层：以黄褐色细淤砂土为主，间有灰白色淤土层，质松软。夹杂碎红褐色陶片和红烧土碎块。堆积形态上部近平，底部略弧。厚20~35厘米。

第4层：以灰褐色细淤土为主，夹杂黄褐色碎土块，该层内包含物较少，属于壕沟最早形成的堆积。厚25~35厘米。

（4）壕沟内柱洞

在北壕沟C段中部的底部发现4个小柱坑，柱坑内各有木柱腐朽的痕迹。4个柱坑分南北两排相对排列，南部2个紧靠壕沟南壁，北部2个紧靠壕沟北壁，木柱腐朽的柱孔均位于柱坑内侧及靠近沟壁的一侧。柱坑形状不规整，大小和深度有所不同。4个柱坑中有3个柱坑形状近似圆角方形，1个近似圆形；最大的柱坑1近似圆角方形，最大直径为26厘米，最小的柱坑2近似圆形，直径为18厘米；柱坑的深度不同，在20~33厘米。木柱腐朽后的柱孔直径为13~16厘米，从壕沟底部至柱洞底部深度为68~74厘米（图一四；图版一二，1）。

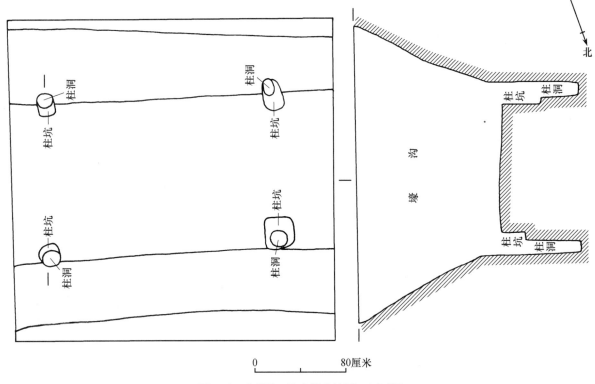

图一四　北壕沟CⅡ底部柱坑平、剖面图

2. 灰坑

27个（详见表）。根据形状的不同大体可分为圆形、椭圆形、不规则（或不明）形。

（1）圆形

9个。平面呈圆形或近似圆形。根据坑壁、坑底和剖面形状，可分五型。

A型　1个。直壁，平底。

H212　位于T201西北部，西半部在发掘区外未发掘。开口于第1层下，被近代扰层和扰沟打破，打破第3层和生土层。口径约0.88、底径约0.8、坑口距地表0.4～0.44、距坑底0.42米。坑壁规整，无细致加工痕迹，坑底较平。坑内堆积为深灰褐色粉砂黏土，质较致密，包含红烧土块、陶片（图一五，1）。

B型　5个。斜壁内收，底近平，口大底小。H208、H213、H215、H224、H227。

H208　位于T205北部，先发掘了南半部，北半部打隔梁后发掘。开口于第2层下，打破第3层、生土层。口径1.6、底径1.2、深0.97米。现存坑口距地表0.29米。坑壁内斜或略内斜，坑底近平。坑内堆积为浅黄褐色粉砂土，质地较坚硬，下部含有大量红烧土碎块、颗粒，出土个别碎陶片（图一五，2）。

H213　位于T204西北部，北半部在隔梁下未发掘。开口于第1层下，上部分被H203打破，打破生土层。口径1.26、底径0.8、现存坑口距地表0.64～0.76、距坑底约0.5米。坑壁内斜，无加工痕迹，坑底略平。坑内堆积为灰褐色粉砂黏土，质较致密，包含大量红烧土块、颗粒，出土个别碎陶片。

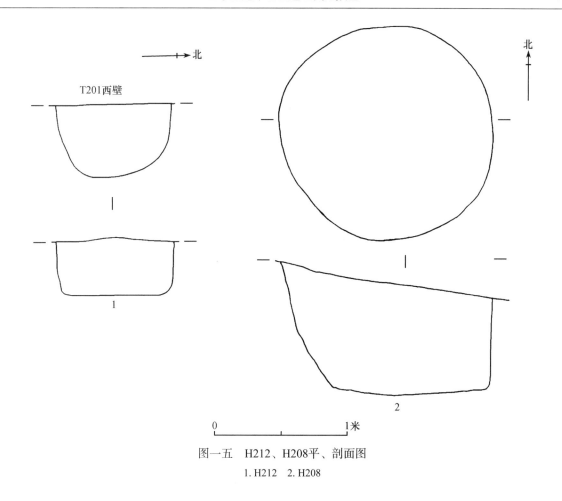

图一五　H212、H208平、剖面图

1. H212　2. H208

C型　1个。斜壁外扩,底大口小呈袋状。

H223　位于T203东南角和T206东北角,东部叠压在东隔梁下未发掘。开口于第2层下,打破第3层和生土层。口径2、底径2.04、坑口距地表0.5、距坑底0.7～0.8米。坑壁较规整,无加工痕迹,底近圜底。坑内堆积为浅灰褐色粉砂土,质致密,包含草木灰、红烧土块、颗粒、料姜石和少量炭屑,有少量陶片、石块,可辨器形有陶鼎、罐(图一六)。

D型　1个。斜壁略内收,底部有三个连体平底坑。

H217　位于T205东部和T206西南部。开口于第2层下,被H207打破,又打破生土层。口径2.3～2.7、坑口距地表0.3～0.52、距坑底1～1.34米。坑壁较规整,无加工痕迹,坑底呈三个连体圜底状(图版一二,3)。坑内堆积较厚,可分6层:第1层厚24～28厘米,土质较致密,呈红褐色,

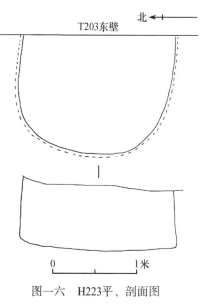

图一六　H223平、剖面图

堆积呈倾斜状,从西向东倾斜,包含大量的红烧土块和少量草木灰;第2层厚12～38厘米,质较疏松,呈浅灰褐色,堆积为倾斜状,从西向东倾斜,包含较多的红烧土块、颗粒和草木灰,出土了陶片;第3层厚16～22厘米,土质较松软,呈浅黄褐色,堆积形状为水平状,并有淤土

层，包含物较少；第4层厚16～20厘米，土质较松软，呈浅黄褐色，堆积为水平状，并有淤土层，包含较多红烧土块、颗粒和草木灰；第5层厚18～20厘米，土质较致密，堆积呈坡状，由西向东稍倾斜，包含较多红烧土块、陶片、石块等；第6层厚5～12厘米，土质较松软，呈深灰褐色，堆积呈凸状，含有较多草木灰、大量红烧土块及陶片。

H217底部分别编号，为坑底1、坑底2和坑底3。坑底1底部有大量的红烧土，厚约15～30、距坑口深102厘米，近平底，呈椭圆形，口径0.84～1.5米；坑底2呈近圆形，深约1.36米，近平底，口径1.2～1.5米；坑底3呈近圆形，深约1.3米，平底，口径1～1.2米，出土1件陶杯（图一七，1）。

E型　1个。斜壁，大圜底。

H207　位于T205东部。开口于第1层下，被现代扰坑打破，又打破H217、生土。口径1.44、坑口距地表0.14～0.28、距坑底0.17米。坑壁内斜较缓，无加工痕迹，大圜底。坑内堆积为黄褐色粉砂黏土，质较致密，包含大量红烧土块及颗粒，仅少量陶片（图一七，2）。

（2）椭圆形

共13个，根据形状分为椭圆形和不规则椭圆形。

A型　椭圆形或近椭圆形，共10个。根据坑壁和坑底，可分三亚型。

Aa型　4个。直壁，平底。

H210　位于T202北部。开口于第1层下，打破H220。口径1.1～1.4、坑口距坑底深0.44米。直壁，坑壁规整，下部近坑底部略内收，平底，无加工痕迹。坑内堆积为深灰褐色粉砂黏

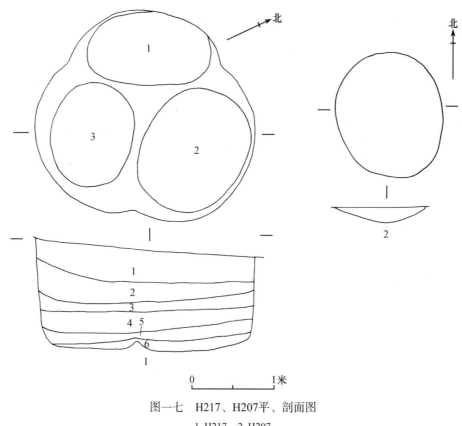

图一七　H217、H207平、剖面图

1. H217　2. H207

土，包含较多红烧土颗粒和大块红烧土块，出土少量陶片。

H218　位于T202西南角和T205北隔梁下。开口于第2层下，被近代扰沟打破，打破生土层。口径1.06～1.38、坑口距坑底深0.56米。直壁略内收，坑壁规整，无加工痕迹，坑底不平整，西部略高，东部稍低。坑内堆积为灰褐色粉砂土，质较致密，内含大量红烧土块，出土少量陶片（图一八，1）。

Ab型　5个。斜壁内收，平底。

H220　位于T202东北部。开口于第2层下，被H210打破，打破H221和生土层。口径2～2.25、底径1.4米，坑口距坑底现存深度约1.14米。斜壁内收，壁面规整，底面近平。坑内堆积可分2层：第1层厚50～96厘米，为深灰褐色粉砂黏土，堆积呈波状，含较多红烧土小块和红烧土大块，出土有较多陶片、小石块和兽骨，器物有石铲、石钺和陶网坠；第2层厚16～60厘米，为黄褐色粉砂黏土，堆积呈坡状，包含大红烧土块，出土少量陶片（图一八，2）。

H209　位于T201东南部，东部叠压在东隔梁下。开口于第1层下，被H221和G201打破，打破生土层。口径100～135、底径70～85、现存坑口距地表44～56、距坑底深85厘米。斜壁内收，坑壁较规整，平底，底面上垫有一层红烧土块。坑内堆积可分2层：第1层厚76厘米，土质致密，为深黄褐色，堆积呈水平状，西半部被G201打破，包含零星的红烧土块及颗粒，出土零星的碎陶片；第2层厚10～12厘米，土质致密，为黄褐色，堆积呈水平状，包含大量红烧土块，该层似堆垫而成。

Ac型　1个。斜壁，圜底。

H204　位于T205南部。开口于第1层下，被近代沟打破，打破生土层。口径1.58～2.04、

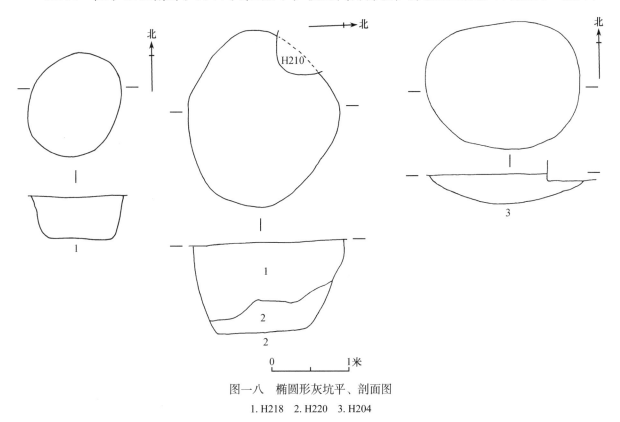

图一八　椭圆形灰坑平、剖面图

1. H218　2. H220　3. H204

坑口距坑底深0.34米。斜壁较缓，大圜底，呈锅底装。坑内堆积为灰褐色黏土，土质较致密，包含红烧土块及陶片、石块（图一八，3）。

B型　3个。不规则椭圆形。根据坑壁和坑底，可分二亚型。

Ba型　1个。斜壁内收，平底。

H206　位于T201中部。开口于第1层下，被G201和H203打破，打破第3层及生土层。口径1.2～1.4、坑口距坑底约0.44米。斜壁内收，坑壁较规整，底部较平。坑内堆积为深灰褐色粉砂黏土，包含红烧土颗粒和大红烧土块，出土少量陶片（图一九，1）。

Bb型　2个。斜壁内收，底不规则。

H203　位于T204西北部，大部被叠压在北隔梁下。开口于第1层下，被近代扰沟和G201打破，又打破H213、第3层和生土层。口径2.1～3.48、坑口距坑底0.5～0.65米。斜壁内收，坑壁较规整，底面不平，呈两个深浅不一的圜底状。坑内堆积为灰褐色粉砂黏土，包含红烧土块、颗粒及少量陶片（图一九，2）。

H221　位于T202西南部，T201东南角及东隔梁下。开口于第2层下，被H220和H218打破，打破II209、H222和第3层。坑口现存直径（长径）3.96、坑口距坑底约0.82米。斜壁内收，圜底，底部不平。坑内堆积为深灰褐色粉砂黏土，堆积呈坑状，包含大红烧土块、陶片和零星兽骨，完整器物有1件陶纺轮。

（3）不规则（或不明）形

3个。主要为仅发掘探方内暴露的小部分，具体形状不明者。

H216　位于T204西南角处，大部在发掘区外。开口于第1层下，被现代犁沟和近代沟打破。口径0.46（东西）～0.64（南北）、坑口距坑底约0.56米。斜壁内收，底部较圜。坑内堆积为灰褐色粉砂黏土，质较疏松，堆积呈坑状，包含少量红烧土块及颗粒。

H226　位于T206东南角处，大部被叠压在东隔梁下和处于发掘区外，仅发掘探方内的部

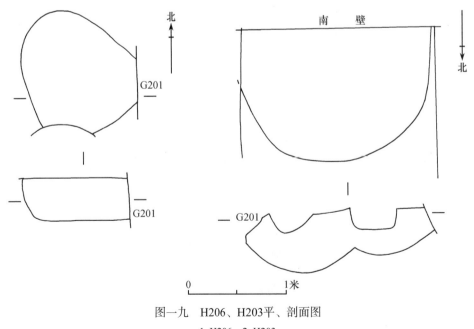

图一九　H206、H203平、剖面图

1. H206　2. H203

分。开口于第2A层下，打破生土层。发掘坑口最大径1.7、底径1.6、坑口距地表0.66~0.9、距坑底0.56~0.96米。坑壁规整，无加工痕迹，平底，中间略内凹。坑内堆可分4层：第1层厚34厘米，土质较致密，呈红褐色，堆积呈坑状，包含大量的红烧土块和少量草木灰、陶片；第2层厚22~50厘米，土质较疏松，呈浅灰褐色，堆积呈坡状，从北向南倾斜至探方南壁，包含较多红烧土块、料姜石和草木灰及陶片、石块等；第3层厚34厘米，土质较疏松，呈浅黄色砂土，堆积呈坡状，从北向南倾斜，并有淤土层；第4层厚8~18厘米，土质较疏松，呈浅灰褐色，堆积呈水平状，包含红烧土颗粒及红烧土块、草木灰、料姜石及陶片、石块。

（二）遗物

1. 陶器

分为夹砂陶、泥质陶、夹滑石陶三大类。夹砂陶数量较多，所含砂粒多少不匀，羼合料多见长石、石英，也有少量白云母、角闪石和滑石；陶色以黑色、黑褐色为主，红褐色次之，灰褐色较少，可能由于烧制或使用的原因，陶色多不纯正，多黑、褐色相杂。泥质陶陶土经过淘洗，陶质细腻，有的黑陶杯陶胎较薄，厚约2毫米；陶色以磨光黑陶为主，黑褐陶次之。夹滑石陶以羼合滑石粒为主，也含有长石、石英颗粒，陶色多见红褐色、浅褐色、红褐陶。

器表以素面为主，有纹饰器物少见。纹饰有弦纹、附加堆纹、刻划纹、按压纹。附加堆纹主要装饰在鼎、罐的颈部；凹弦纹多在器表颈、肩及上腹部；刻划纹装饰在罐、盆肩部；按压纹多在鼎足部。

器物主体大部为轮制，鼎、罐、盆多采用轮制、手制结合，个别部位如鬶、杯的把手，鼎、甗、鬶的足部采用手制。

陶器种类主要有鼎、甗、鬶、罐、盆、盘、杯、碗、器盖、舟形器、圆形陶片饰以及纺轮等，还发现个别精美的陶塑艺术品。

鼎 可辨器形者26件。分为罐形鼎、盆形鼎两类。

罐形鼎 10件。分二型。

A型 9件。敛口，斜折沿，深腹，平底。BHCⅠ⑥：2（BH表示北壕沟、XH表示西壕沟），夹砂黑褐陶。沿面内凹，溜肩，鼓腹，大平底。口沿外侧装饰4组鸡冠状附加堆纹，腹部表面略显凹凸不平，但经抹压磨光处理，光洁。三足残缺。口径9.3、最大腹径8.8、底径6、残高9.2厘米（图二〇，1；图版一三，1）。BHDⅠ①：3，夹砂灰褐陶。斜折沿，尖圆唇，鼓腹。素面，器表及内侧有快轮修整时留下的细线状弦纹痕迹。口径16.2、残高8.4厘米（图二〇，3）。

B型 1件。直口。H217：2，泥质黑陶。直口微敞，斜折沿，圆唇，高颈，深腹略鼓，平底，三足残缺，留有残断的痕迹。腹上部装饰1周凹弦纹。口径10、腹深8厘米（图二〇，2；图版一三，2）。

盆形鼎 16件。据形态的区别分三型。

　　A型　1件。直腹。敞口，平沿，圆唇，浅腹，大平底。XHF③：4，夹砂黑褐陶。器身残存大部，可复原，鼎足缺失（也存在作为环足盘的可能性，但遗址中未发现环足）。素面，口沿下有刮削篮纹又经过抹平的痕迹。口径17.8、底径10.3、残高5.5厘米（图二○，5；图版一三，4）。

　　B型　11件。弧腹。夹砂黑陶、夹砂黑褐陶、夹滑石陶。敛口，窄沿，腹微鼓。

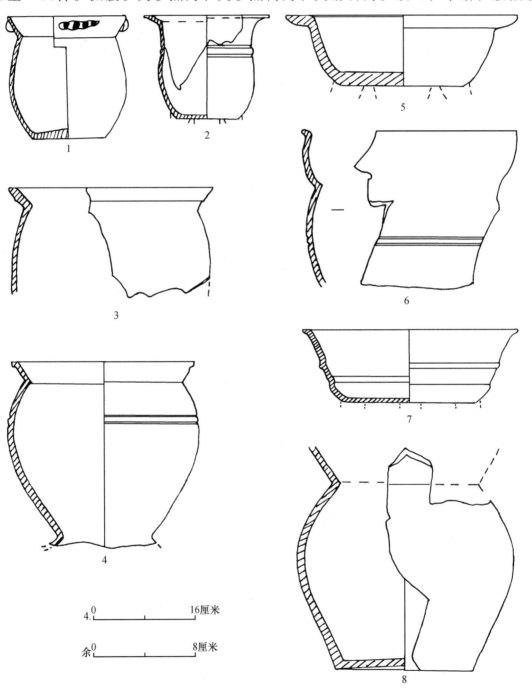

图二○　龙山文化陶鼎

1、3. A型罐形鼎（BHC I ⑥：2、BHD I ①：3）　2. B型罐形鼎（H217：2）　4、8. 甗（BHC II ③：3、BHC II ②：1）
5. A型盆形鼎（XHF③：4）　6. B型盆形鼎（T206②：3）　7. C型盆形鼎（H224：1）

T206②：3，夹砂黑褐陶。口微敛，窄沿近平，尖圆唇，上腹较浅，下腹深鼓。下腹中部有二周凹弦纹。器身下部及足部残缺。口径约25、残高12.3厘米（图二〇，6）。

C型　4件。形体较小，曲腹。均为泥质黑陶。H224：1，敞口，平沿，尖唇，曲腹，平底。腹上部饰1周凹弦纹、1周凸棱纹。口径17、腹深5.6厘米（图二〇，7；图版一三，3）。

鼎足　91件。由于数量多且与鼎没有直接关联，按类别单独介绍。分四型。

A型　63件。凿形足（图版一九，1）。分二式。

Ⅰ式：厚体凿形。夹砂红褐陶、夹砂黑褐陶、夹滑石陶。整体呈上宽下窄、上厚下薄状，正面上部圆凸，下部扁窄，背面近平，足尖大部外撇，有的在正面或背面装饰1道或3道凹槽。BHCⅡ⑤：2，夹砂红褐陶。背面中间有制作遗留下的凹痕，足尖呈凿刃状，外撇明显。高7.6、上宽4.4、厚3.4、足尖宽1.8、厚0.7厘米（图二一，1）。H220：4，夹砂红褐陶。足下部残缺。背面上部有3道凹槽。残高4、上宽6.8、厚3.4厘米。BHDⅠ④：1，以夹砂红褐陶为主，足尖经烧后呈黑褐色。略外撇。正背面各1道凹槽。高10.3、上部宽7、厚4.5、足尖宽2.7、厚0.9厘米。北壕沟CⅡ⑨：1，夹砂红褐陶。足尖呈凿刃状，外撇明显。高8.6、上宽4.8、厚3.6、足尖宽12、厚0.6厘米（图二一，2）。

Ⅱ式：薄体凿形。夹砂红褐陶、夹砂黑灰陶。整体呈上部略宽、厚，下部略窄薄的扁凿形。H220：5，夹砂黑褐陶。足尖较窄，凿刃状。高6.7、上宽3.7、厚2.3、足尖宽1.6、厚0.7厘米（图二一，5）。BHCⅠ①：13，夹砂红褐陶。足尖略外撇，凿刃状，尖端留有制作时两面切削的痕迹。高6.3、上宽3.5、厚2.1、足尖宽1.7、厚0.6厘米（图二一，4）。

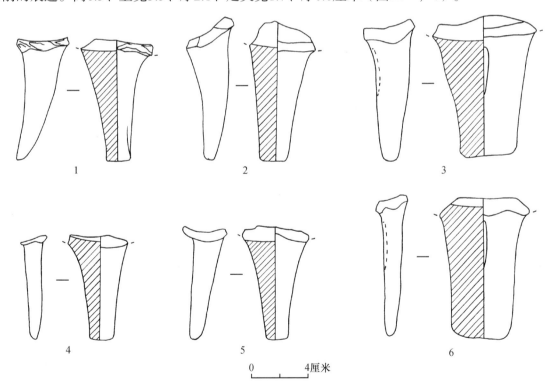

0　　　4厘米

图二一　龙山文化陶鼎足

1、2.A型Ⅰ式（BHCⅡ⑤：2、BHDⅠ④：1）　3、6.B型Ⅰ式（BHDⅠ①：11、BHDⅠ①：8）　4、5.A型Ⅱ式

（BHCⅠ①：13、H220：5）

　　B型　13件。铲形足（图版一九，2）。分二式。

　　Ⅰ式：6件。宽刃铲形。夹砂红褐陶、夹砂黑褐陶。上部宽较略厚，背面近平，正面上端略凸，向下逐渐变窄，下端略内收变薄，略呈亚腰状，正、背面有凹槽。BHDⅠ①：11，夹砂红褐陶。正面及背面各有一凹槽，足尖端有按压时留下的指纹痕迹。高8.8、上宽6.7、厚2.4、足尖端宽4.2、厚0.7厘米（图二一，3）。BHDⅠ①：8，夹砂红褐陶。上端中间略凸，正背面各有一凹槽，足尖端有使用磨损的痕迹。高8.6、上口5.8、厚2.4、足尖端宽4.2、厚0.8厘米（图二一，6）。BHCⅠ③：2，夹砂黑褐陶。背面有凹槽，足尖端有制作时从正面的切痕，略残。高8.7、上端宽5.6、厚2.9、足尖端厚0.9厘米。

　　Ⅱ式：7件。窄刃铲形。夹砂红褐陶、夹砂褐陶。上端较宽，足尖端变窄。BHCⅠ①：4，夹砂褐陶。足下端外撇，足尖端有从两面切削的痕迹。高8、上宽4.9、厚1.5、足尖端宽2.7、厚0.6厘米（图二二，1）。T202②：1，夹砂褐陶。上端中间有用手捏的乳凸状痕迹，背面有长凹槽。高6.4、上宽5.4、厚2.7、足尖端宽2.4、厚0.5厘米。

　　C型　10件。扁体形。足身上厚下扁，正面刻划2凹槽类似禽眼，整体近似禽嘴状。夹砂红褐陶、夹砂黑褐陶、夹滑石陶（图版一九，3上）。T206②：2，夹滑石红褐陶。正面刻划类似禽眼的两个凹槽，背面也有一凹槽，足身下部外撇，足尖端在未烧制前经按压呈斜面，与鼎的底部平行。高9.8、上宽5.8、厚3.4、足尖宽2.6、厚0.7厘米（图二二，4）。BHCⅡ①：14，夹滑石红褐陶。足根厚圆，呈背面平的半圆形，足尖扁薄，在足身上部两侧刻划二竖凹槽，类

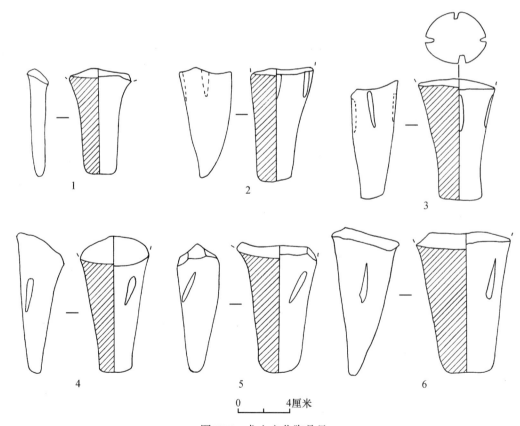

0　　　　　　　4厘米

图二二　龙山文化陶鼎足

1. B型Ⅱ式（BHCⅠ①：4）　2、3. D型（T102③：1、BHDⅡ①：5）　4~6. C型（T206②：2、T206②：5、BHCⅡ①：14）

似禽眼，足尖顶端留有制作时切削的痕迹。高10、上宽7.3、厚6、足尖宽4.2、厚0.6厘米（图二二，6）。T206②：5，夹砂黑褐陶。足身呈扁圆形，正面刻划类似禽眼的二凹槽，背面也有一凹槽，足尖略厚。高8.9、上宽5.6、厚3.8、足尖宽3、厚1.2厘米（图二二，5）。

D型　5件。圆体形，足身大体呈上粗下细的扁圆柱状。夹砂红褐陶、夹滑石陶（图版一九，3下）。BHDⅡ①：5，夹滑石红褐陶。足根较粗，呈扁圆形，逐渐变细，近足尖端略扁宽，呈扁体状，足身上部的正、背面及左右两侧各有一凹槽。残高7.8、上宽6、厚4、足尖宽3、厚1.5厘米（图二二，3）。T102③：1，夹砂红褐陶。足根略粗，足身逐渐变细，足尖端呈扁体状，足身上部略残，正、背面及左右两侧各有一凹槽。残高7.8、上宽4.8、厚3.7、足尖宽2.4、厚0.5厘米（图二二，2）。

甗　3件。夹砂黑陶或夹砂红褐陶，未见完整器。BHCⅡ③：3，夹砂黑褐陶。敛口，双折沿，方唇，矮颈，甑盆腹瘦长，腰下部鬲腹残缺。甑盆上腹部装饰两周凹弦纹，颈部有快轮修整留下的细线状弦纹痕迹。口径29.2、残高28.8厘米（图二〇，4）。H226：1，夹砂黑陶。侈口，斜折沿，圆唇，甑盆腹微鼓。甑盆下部及鬲腹部残缺。甑盆上腹部装饰两周凹弦纹，并留有快轮修整留下的细线状弦纹痕迹。口径28、残高11.5厘米。BHCⅡ②：1，夹砂红褐陶，甑盆上部残缺，下腹斜收，鬲腹部可复原，鼓腹，下腹斜收，平底略内凹。素面，腰部及鬲腹下部有快轮修整时留下的细线状弦纹痕迹。腰径15.8、底径11、残高17.2厘米（图二〇，8）。

鬶　4件。夹砂白陶、夹砂红褐陶、灰褐陶、夹滑石陶。未有复原器，分别为鬶的口沿、流部、腹部、裆部。BHDⅠ⑥：7，夹滑石陶。器表呈白色，器内呈浅红褐色。残存鬶的颈腹部，鼓腹较深，腹中部饰1周带刻划痕迹的附加堆纹。残高9厘米（图二三，5）。BHDⅠ①：6，夹砂红褐陶。主要残存流部及颈部。短流，矮颈，鼓腹，颈腹分明。颈、腹残高9.2、流残长3.7厘米（图二三，4）。H224：1，夹砂灰褐陶。口微敞，折沿近平，圆唇，口下部残缺。口径约8厘米。BHDⅠ⑤：1，夹滑石红褐陶。鬶裆部，平裆，残断实足根痕迹。

鬶足　9件。分二型。

A型　8件。袋状足。夹砂红褐陶、夹滑石陶。XHF④：2，夹砂红褐陶。款足，锥状实足根。素面，经磨光处理。残高6.3、足根高2.6厘米（图二三，3）。BHCⅡ③：5，夹滑石红褐陶。袋形足，圆锥状实足根略残。表面经磨光处理。残高5.6厘米（图二三，1）。

B型　1件。实足。BHCⅡ⑥：9，夹砂红褐陶。足内上端近平，圆柱状实足，上端略粗，下部略残。残高5.3厘米（图二三，2）。

罐　75件。可分为深腹罐、高领罐、小罐、大口罐4种。

深腹罐　26件。分三型。

A型　2件。形体较大。BHCⅡ②：2，夹砂黑陶。侈口，双折沿，方唇，鼓腹，腹下部残缺。腹上部装饰三周凹弦纹。口径29、残高15.3厘米（图二四，3）。BHCⅡ③：4，夹砂黑陶。口及上腹部残缺，鼓腹，下腹内收，小平底。素面。最大腹径13.3、底径11、残高18.6厘米（图二四，4）。

B型　7件。中型罐。夹砂黑陶、夹砂红褐陶或夹滑石陶。BHCⅢ④：2，夹滑石红褐陶。侈口，斜折沿，沿面略内凹，圆唇，鼓腹较深，小平底。口沿外侧装饰二组鸡冠状附加堆纹。

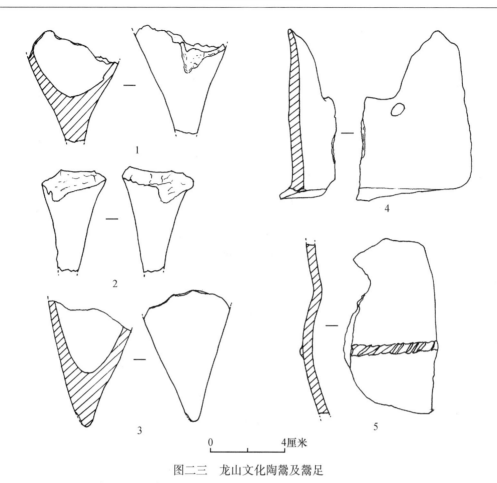

图二三　龙山文化陶鬶及鬶足

1、3. A型鬶足（BHCⅡ③:5、XHF④:2）　2. B型鬶足（BHC⑥:9）　4、5. 鬶（BHDⅠ①:6、BHDⅠ⑥:7）

器表有制作时的刮削痕迹，虽然略有凹凸不平，但经按压抹光，表面光洁。口径21.4、底径9、高23.5厘米（图二五，4；图版一四，1）。

C型　17件。形体较小。夹砂黑陶、黑褐陶、灰褐陶、红褐陶。T205②:1，夹砂黑陶。侈口，斜折沿，圆唇，鼓腹，平底。素面，黑色表面大多腐蚀脱落，露出含细砂的深灰色胎。口径11.7、底径6.2、高12.6厘米（图二五，3；图版一四，3）。BHDⅠ②:2，夹砂黑褐陶。侈口，斜折沿，沿面略内凹，圆唇，鼓腹，最大腹径在上腹部，下腹内收呈小平底。颈下肩部装饰三周凹弦纹。口径12.6、底径7.5、高15厘米（图二五，6；图版一四，2）。XHCⅡ⑧:1，夹砂黑陶。侈口，斜折沿，尖圆唇，鼓腹，下部残。表面光洁，上腹部装饰5周凹弦纹。口径约22、残高9.5厘米。

高领罐　32件。未见完整器，大多残存上口部。分二型。

A型　14件。折沿。夹砂灰褐陶。侈口，折沿，圆唇，高颈，广肩，下部残缺。素面，颈部有快轮修整留下的弦纹痕迹。XHF④:1，口径约22、残高7.8厘米（图二四，1）。BH采:010，夹砂黑褐陶。侈口，折沿，圆唇，高颈，下部残缺。口径约20、残高6.7厘米。

B型　18件。卷沿。陶质有夹砂黑陶、夹砂黑褐陶、夹砂红褐陶、泥质灰陶。BHCⅠ①:11，泥质灰陶。侈口，卷沿，尖唇，颈部较高，广肩，下部残缺。颈部有快轮修整留下的弦状痕

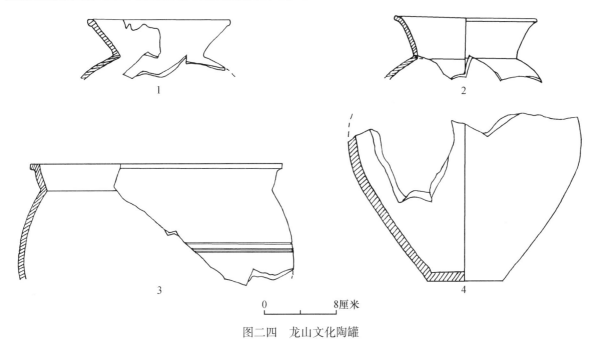

图二四　龙山文化陶罐

1. A型高领罐（XHF④：1）　2. B型高领罐（BHCⅠ①：11）　3、4. A型深腹罐（BHCⅡ②：2、BHCⅡ③：4）

迹。口径17.4、残高7.3厘米（图二四，2）。BHDⅡ①：1，夹砂黑灰陶。侈口，尖唇，矮颈，广肩，下部残缺。肩近颈部装饰三周凹弦纹。口径约18.3、残高6.8厘米。

小罐　8件。分三型。

A型　3件。敛口。夹砂黑陶、黑褐陶。BHCⅠ④：1，夹砂黑陶。敛口，折沿，沿面内凹，尖唇，颈腹不分，鼓腹下垂，大平底。颈部装饰三周刻划凹弦纹。口径7.4、底径7、高7厘米（图二五，1；图版一四，4）。

B型　4件。侈口。泥质黑陶、夹砂黑陶、黑褐陶、红褐陶。XHCⅠ⑤：1，夹砂黑褐陶。口微侈，平沿，沿面略凸，尖唇，瘦腹，下部残缺。口径9.3、残高4.8厘米（图二五，2）。BHCⅡ⑥：7，泥质黑陶。侈口，斜折沿，沿面略内凹，尖圆唇，鼓腹，下部残缺。素面，器表及口沿装饰黑亮陶衣。口径13.3、残高4.5厘米。XHCⅠ①：2，夹砂红褐陶。侈口，卷沿，尖唇，鼓腹，下部残缺。口径约9.6、残高5.3厘米。

C型　1件。高领。BHCⅡ⑧：3，泥质黑陶。侈口，斜折沿，沿内侧微凹，尖唇，高领，广肩，下部残缺。肩部饰二周凹弦纹，器表及口沿上面装饰光亮黑陶衣。口径10.6、残高4.7厘米（图二五，5）。

大口罐　9件。均残。T102②：1，夹砂褐陶。敞口，斜折沿，方唇，唇面微凹，下缘略凸，腹微鼓，下部残缺。颈部有刻划横斜的篮纹又经抹平的痕迹。口径约38、残高6厘米。BHCⅡ①：11，泥质灰褐陶。口微侈，卷沿，沿面微鼓，圆唇，颈微束，腹部略鼓，下部残缺。口径25.2、残高9.1厘米。

盆　8件。分二型。

A型　5件。直腹。夹砂黑陶、夹砂红褐陶。XHF②：3，夹砂黑陶。敞口，斜折沿，圆

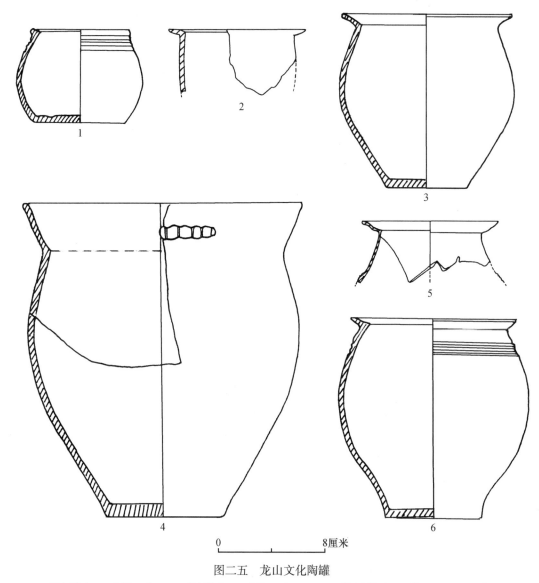

图二五　龙山文化陶罐

1. A型小罐（BHCI④：1）　2. B型小罐（XHCI⑤：1）　3、6. C型深腹罐（T205②：1、BHDI②：2）
4. B型深腹罐（BHCⅢ④：2）　5. C型小罐（BHCⅡ⑧：3）

唇，腹斜内收，大平底。素面，盆内壁饰黑陶衣，光洁。口径28.3、底径18.6、高6.8厘米（图二六，2）。BHCⅡ⑧：11，敞口，斜折沿，沿面略内凹，方唇，腹斜内收，大平底。沿下有二周刮压的宽体凹弦纹，内壁上下各有一周凹弦纹，并有快轮修整留下的弦纹状痕迹。口径39.4、底径27、高10厘米（图二六，4）。

B型　3件。弧腹。泥质黑陶、泥质灰褐陶。BHCⅡ①：12，泥质灰褐陶。侈口，折沿，沿内侧内凹，圆唇，腹微鼓，下部残缺。素面，器表有快轮修复时留下的弦纹状痕迹。口径30、残高10厘米（图二六，3）。H217：4，泥质黑陶。敞口，折沿，尖圆唇，斜腹内收，下部残缺。口径约28、残高5.6厘米。

匜形盆　5件。夹砂黑陶、夹砂灰陶。BHCⅡ①：13，夹砂灰陶。口微敛，平沿，沿面略内凹，圆唇，唇中微凸，鼓腹，流部残，腹下部残缺。

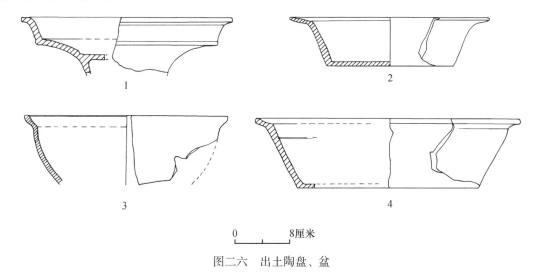

图二六　出土陶盘、盆

1. 盘（BHCⅡ⑧：12）　2、4.A型盆（XHF②：3、BHCⅡ⑧：11）　3.B型盆（BHCⅡ①：12）

盘　6件。泥质黑陶、夹砂黑陶。BHCⅡ⑧：12，泥质黑陶。侈口，斜折沿，圆唇，折腹，折腹处呈凸棱状，平底，圈足。盘内饰黑陶衣，器外表有快轮修整时留下的弦纹状痕迹。口径31.4、残高8厘米（图二六，1）。

碗　1件。BHDⅠ①：9，泥质黑皮陶。敛口，鼓沿，沿面中间呈凸棱状，尖唇，深腹内收，假圈足平底，并有快轮制作留下的旋断的线纹痕迹。唇下端饰一周凹弦纹。口径10.5、底径4.4、高4.2厘米（图二七，6；图版一四，6）。

杯　6件。筒形腹。有三足和平底之分，多为残片，底部也不完整，从底部观察，有带足的，也有平底状。BHCⅡ③：2，泥质细泥黑陶。薄胎。直口顶端微侈，筒形深腹，腹下部直筒状，腹中部偏上折腹内收，呈错台状，上腹至口部逐渐内收，大平底，底部有足缺失后留下的痕迹，应为三足杯。单把，中间由两圆条构成的扁圆状把手，保留的上端较宽，为捏扁后与杯体相连。腹下部装饰细线状凹弦纹。器表装饰表面光亮的黑陶衣。口径8.7、底径10.6、高13厘米（图版一四，5）。

器盖　4件。泥质或夹砂灰陶。BHCⅢ⑤：1，泥质灰陶。敞口，卷沿，尖唇，台状平顶。器身中部装饰一周凹弦纹。口径10.6、顶径6.4、高5厘米（图二七，4）。BHDⅠ①：5，泥质灰陶。敞口，圆唇，弧腹，台状平顶，顶外缘装饰刻划纹。口径9.1、顶径5.2、高2.6厘米（图二七，5）。

纺轮　3件。质地有夹砂或泥质之分。分二型。

A型　1件。圆台形。夹砂红褐陶。两面平，大小相同，上下略有偏差，中间一孔。孔存在二次加工痕迹，在烧制前穿一小孔，烧成或使用后又在上下两侧扩孔对钻。H221：1，直径4、孔最大径0.6厘米（图二七，1；图版一五，4）。

B型　2件。扁珠形。泥质灰褐陶。表层呈红褐色，两面中间凸起，上下面大小不一，底面大于上面，横断面呈梯形，中间一孔，烧制前两面相对穿孔。H207：1，直径上面5.6、下面6.6、孔径0.5厘米（图二七，2；图版一五，3）。BHCⅡ①：5，残缺大部，复原上面直径

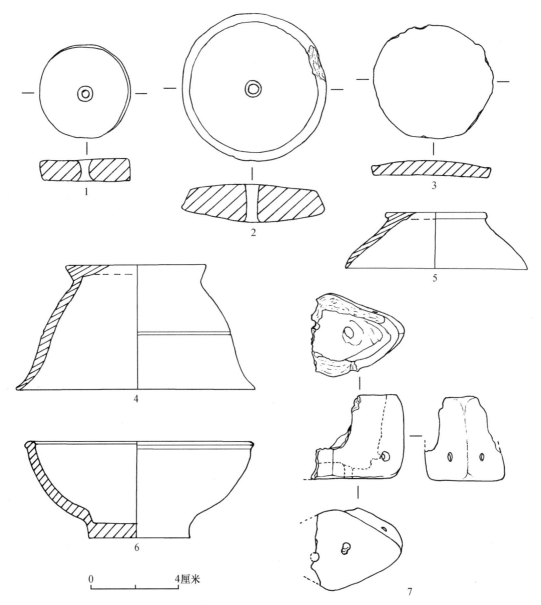

图二七　龙山文化陶器

1.A型纺轮（H221：1）　2.B型纺轮（H207：1）　3.圆形陶片饰（T205②：2）　4、5.器盖（BHCⅢ⑤：1、BHDⅠ①：5）
6.碗（BHDⅠ①：9）　7.舟形器（XHF①：5）

6.4、下面直径6.8、孔径0.6厘米。

　　圆形陶片饰　1件。泥质黑陶。用废陶器改制，表层光洁，中间略鼓，内侧表面粗糙，留有螺旋状慢轮制作的痕迹，低凹处留有水垢痕迹，边缘打制加工。T205②：2，直径5.2、厚0.6厘米（图二七，3）。

　　舟形器　1件。夹砂灰褐陶。色泽不匀，残存大部。器形呈菱形舟状，圆唇，直壁，平底，器表光洁，内侧粗糙，器物保留的左侧下部有相对的2个穿孔，底部也有2个穿孔。XHF①：5，残长3.5、宽3.6、高3.7厘米（图二七，7）。

　　陶塑　2件。猪状，形态有所不同。T206②：1，夹滑石红陶。扁圆形，首身一体，头顶至

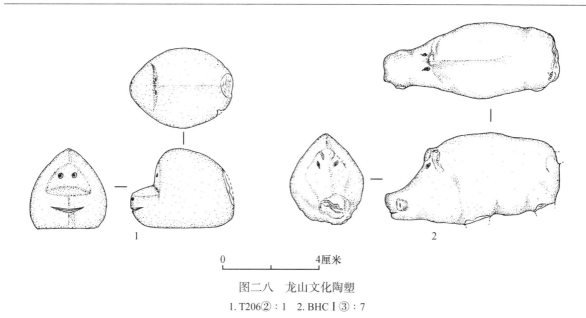

图二八　龙山文化陶塑
1. T206②∶1　2. BHCⅠ③∶7

背呈凸脊状，戳压双眼，吻部突出，鼻孔明显，嘴部刻划成近"V"形，平底，后部略残。残长4.3、高3厘米（图二八，1；图版一五，2）。BHCⅠ③∶7，夹砂红褐陶。额头中部凸起，刻剔双眼，吻部长伸，鼻孔可见，嘴戳压内凹，鬃脊凸起，圆下腹，四肢及尾部留有残缺的痕迹。体长7.6、残高3.4厘米（图二八，2；图版一五，1）。

2. 石器

镞　11件。质地为板岩、千枚岩，制作精细，通体磨制（图版一六，9）。11件镞身保存完整或略有残损，其中1件残断不完整。11件镞根据器身的差异，分三型。

A型　5件。柳叶形。镞身较长，主体长宽比例在2.5以上，出土的数量最多。均有铤，镞身横断面呈菱形，形态略有不同。BHCⅡ①∶4，板岩。深灰色。器形保存基本完整，尖峰，顶端略残，弧形窄刃，短铤，铤前端为扁体六棱状，末端近圆锥形，上下面略有缺损。长约7.1厘米，中脊处最厚0.6厘米（图二九，1；图版一六，4）。BHCⅡ⑥∶5，板岩。灰色。锋顶端略残，弧刃一侧略有残，铤为扁原状，末端略残损。残长6.4、中脊最厚0.6厘米（图二九，2；图版一六，7）。BHCⅡ⑥∶1，千枚岩。浅灰褐色。上下各夹杂一黄褐色细泥沙层，器形保存完整，尖峰，弧刃，铤为圆锥形，铤前端为宽体扁圆形，末端呈尖锥状。长7.2、中脊最厚处0.8厘米（图二九，3；图版一六，3）。BHDⅠ①∶1，千枚岩。灰褐色。尖峰，弧刃，铤前部为扁圆形，下部残。残长5.9、中脊最厚处0.6厘米（图二九，4）。BHCⅡ⑥∶6，千枚岩。浅灰色。前端及铤大部残，镞体也仅残存厚度的一半。残长3.7厘米（图二九，5）。

B型　4件。桂叶形，镞身与A型相比略短，呈宽体状，主体长宽比例在2～2.5，数量少于A型。4件中仅有1件保存较好，镞身完整，横断面呈菱形；另3件镞身岩层有脱落，横断面不明。BHCⅡ⑥∶4，板岩。深灰色。前端残，弧刃，由于上下两面岩层有脱落，现存镞身及铤均为扁体状。残长5.4厘米（图二九，6）。BHCⅡ①∶1，板岩。深灰色。顶端略残，弧刃，

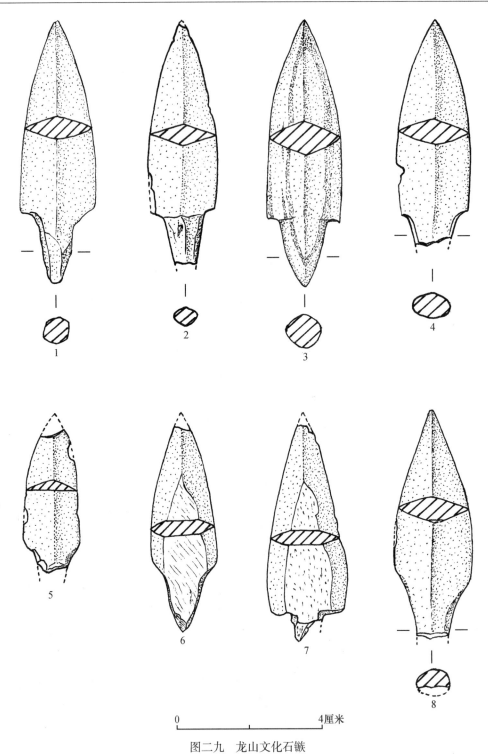

图二九　龙山文化石镞

1~5.A型镞（BHCⅡ①：4、BHCⅡ⑥：5、BHCⅡ⑥：1、BHDⅠ①：1、BHCⅡ⑥：6）　6~8.B型镞（BHCⅡ⑥：4、
BHCⅡ①：1、BHCⅡ⑥：2）

刃部留有磨制痕迹，铤前残，上下两面岩层脱落，有缺损，现存镞身及铤部均为扁体状。残长5.7厘米（图二九，7）。BHCⅡ⑥：2，千枚岩。浅灰褐色。两面岩层略有脱落，尖锋，前端近似三角形，略残，铤为扁圆形，残缺。残长5.8、菱形横断面中脊最厚处0.6厘米（图二九，8；图版一六，6）。BHCⅡ⑥：3，千枚岩，浅灰色，镞身大体保存完整，一面岩层略有脱落，顶端略残，铤下部残缺。残4.4厘米（图三〇，1）。

　　C型　2件。三角形，镞身较短，长宽比例在2以下，锋端与尾部大体呈三角形。BHCⅡ①：2，保存基本完好。板岩。深灰色。尖锋，弧刃，刃部前部略宽，后部逐渐变窄，留有磨制痕迹，短铤，呈圆锥状，末端略残。长约5.4、菱形横断面中脊最厚处0.7厘米（图三〇，2；图版一六，5）。BHCⅡ⑥：10，千枚岩，浅灰褐色，前端残，弧刃，由于中脊偏向一侧，镞身两

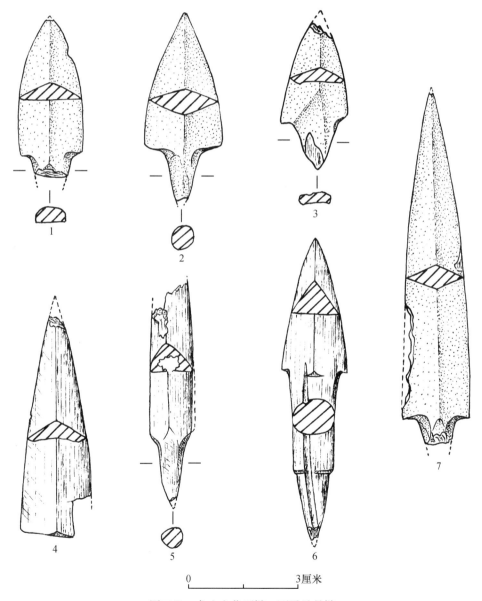

图三〇　龙山文化石镞、石矛及骨镞

1. B型石镞（BHCⅡ⑥：3）　2、3. C型石镞（BHCⅡ①：2、BHCⅡ⑥：10）　4. A型骨镞（BHCⅡ①：5）　5. C型骨镞（BHCⅡ①：3）　6. B型骨镞（BHCⅡ①：5）　7. 石矛（BHCⅡ①：6）

侧不对称，上下两面具有岩层脱落痕迹，一侧岩层脱落或仍留有磨制的加工痕迹，铤也呈上宽下窄的三角形，末端呈尖锥状。残长4厘米（图三〇，3）。

矛　1件。制作精细，通体磨制，形体与A型镞相近，但比镞形体大，而且矛身比较长。BHCⅡ①：6，板岩。深灰色。尖锋顶端微残，弧刃，刃部有磨制痕迹，一侧略残，横断面呈菱形，尾端残断。残长9.7、菱形横断面中脊最厚处0.8厘米（图三〇，7；图版一六，8）。

刀　1件。制作精细，通体磨制。器形两端尖、中间宽，近似扇面形，弧背，双面刃，背部有对钻的双孔，孔上缘的一侧至背顶有磨损的凹面，也可能兼作镰刀。H220：3，千枚岩。浅灰褐色。大部保存较好，从一孔的外侧残缺。残长7.2、中部最厚0.8厘米（图三一，1）。

斧　3件。用闪长岩、煌斑岩制作。器体比较厚大。器身以琢制为主，刃部为磨制，加工比较精致。BHCⅠ③：1，细粒闪长岩。暗绿色。刃及下部残缺，仅存上半部，上窄下部略宽，平面应近梯形，顶端浑圆，中间断面呈比较规整的椭圆形。残长7.8、中间宽5、厚3.5厘米（图三一，4）。BHCⅡ⑥：7，闪斜煌斑岩。外表呈浅赭褐色（可能被焚烧所致），内里呈暗绿色。上端残缺，仅存下半部及刃部，刃部略宽于上部，平面应略呈梯形，除刃部外，其余为琢制，磨制的刃面较长，精致光洁，刃部有使用留下的崩疤。残长9.3、中间宽6.3、厚3.8、刃部长8.6厘米（图三一，5）。BHCⅠ③：2，细粒黑云母闪长岩。浅灰色。刃及下部残缺，仅存上半部，上端近顶部略呈弧形内收，顶端浑圆，略有残，器体一面近平，一面呈弧形，断面呈不规则的椭圆形。残长9.8、中间宽7.3、厚5.5厘米（图三一，6）。

钺（铲）　3件。闪长岩、角岩制作。器身为薄体，制作精细，通体磨制。双面短刃，完整的2件，近顶部有穿孔。BHCⅡ⑥：8，细粒闪长玢岩。深灰色。平顶，顶部两侧微内收，弧刃，刃部外侧微宽于上部，平面基本上呈比较规整的长方形。器身两侧磨成弧角，顶部两边也略经磨修呈弧边，刃部有使用留下的多处崩疤。值得注意的是在刃部至少5处旧崩疤又经磨制，继续使用后又产生4处新的崩疤。孔为两面对琢而成，孔内侧略经磨制。长约14.5、宽8.6、中间厚1.3厘米（图三二，4；图版一六，2）。BHCⅡ③：1，细粒闪长岩，灰色，平顶，顶部留有两侧磨制的痕迹，弧刃，刃部外侧微外侈，平面基本上呈比较规整的长方形。器身两侧呈弧角，中间微内收于顶端和刃部，略呈亚腰形，刃部一侧有残损的崩疤。在刃部也存有旧崩疤又经磨制继续使用的痕迹。孔为两面对琢而成。长约14、宽8.7、中间厚1.3厘米（图三二，5；图版一六，1）。H220：1，角闪石片岩。深绿色。器体为薄体，磨制精细，残存下部，刃部保存完好。器身两侧呈弧角，近刃部略外侈，平面形状应略为梯形，弧刃，一侧略短，可能为二次磨制使用所为。该器仅存下部，也可能为铲。残长5.8、宽8.7、厚0.9厘米（图三二，3）。

锛　1件。蛇纹岩制作。以磨制为主，留有琢制痕迹。BHCⅡ柱坑2：1，深灰色。残存上半部，弧顶略残，留有琢制的痕迹，器身为磨制，顶部略窄，平面略呈梯形，器身上面略窄，横断面也呈扁梯形。顶部有使用时因打击留下的疤痕。从器形特征看，可能为锛。残长6.2、横断面宽3.7～4.5、厚2.3厘米（图三二，2）。

凿　1件。板岩制作。以磨制为主，留有琢制痕迹。H217：1，灰白色。平斜顶，偏刃，器身为磨制，侧面内缘留有琢制的痕迹。器身顶部宽厚，平面近似一侧凸起的宽顶楔形。器身有

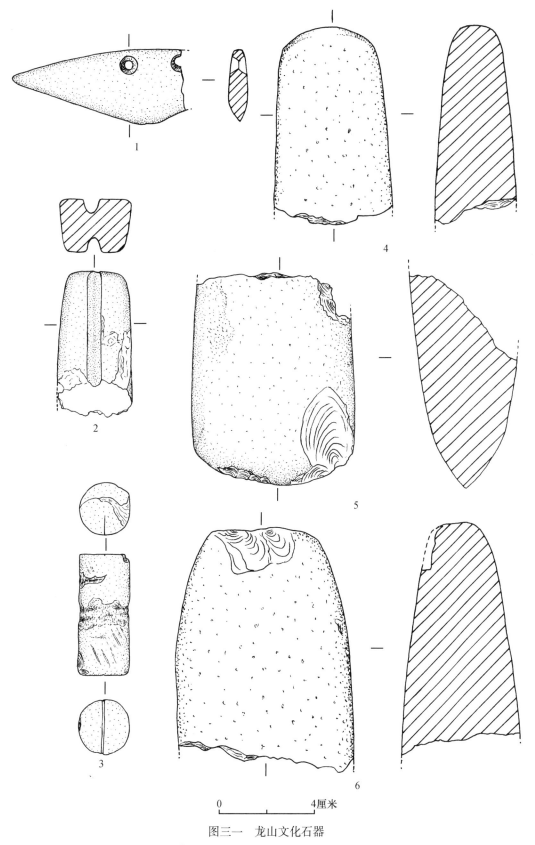

0   4厘米

图三一　龙山文化石器

1.刀（H220：3）　2、3.网坠（XHF②：2、H220：2）　4~6.斧（BHCⅠ③：1、BHCⅡ⑥：7、BHCⅠ③：2）

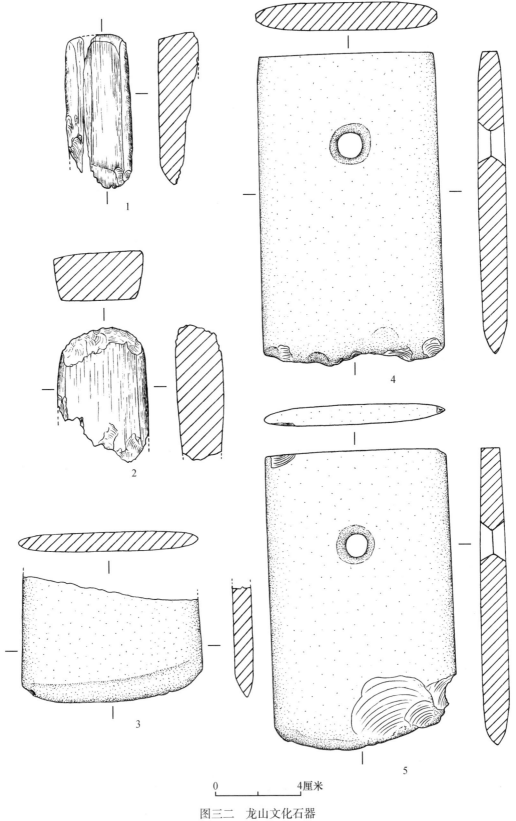

0　　　　　　　4厘米

图三二　龙山文化石器

1.凿（H217：1）　2.锛（BHCⅡ柱坑2：1）　3~5.钺（H220：1、BHCⅡ⑥：8、BHCⅡ③：1）

多处板岩层裂痕。长6.8、宽1.2~2.4、厚2.7厘米（图三二，1）。

网坠　2件。长石砂岩制作。磨制为主，个别部位留有加工痕迹。XHF②：2，白色。形状近似锛形。通体磨制，平顶略弧，顶端略窄，刃部稍宽，平面略呈梯形，器身正面略短窄呈弧形，下部斜面近似偏刃状，背面较长，为平面，横断面也呈扁梯形。在正面和背面的中部各有一下磨的沟槽，用来拴系固定网绳。长5.8、宽2.3~3、厚2.2厘米（图三一，2）。H220：2，乳白色。圆柱形。上端略细，通体磨制，表面留有制作时的刮削痕迹，上下两端为平面，中间有一周琢制的不规则的凹槽，用来拴系网绳。长4.8、直径2.1~2.2厘米（图三一，3）。

3. 骨器

3件。均用动物骨骼制作，器物表面光洁平滑，加工细致，器形均为镞。

骨镞　根据形制的不同，分三型。

A型　1件。器形近似扁三角形，无铤。BHCⅡ①：5，器形保存基本完整，顶端略残，正面呈中间起脊两面斜的三角状，背面中部为动物骨骼中间空腔略经加工的圜凹状，两侧为较窄的弧形刃，弧形刃，平尾，一侧略残，横断面呈底部略凹的三角状。残长5.8、宽2、中脊最厚处0.6厘米（图三〇，4；图版一五，6）。

B型　1件。镞身呈短三棱锥形，有托，有铤。BHCⅠ①：5，制作精细，器表光洁平滑，器形保存完整。镞身呈三棱锥状，尖锋，横断面呈底面略长的三角状。圆柱状长托，圆锥状短铤，铤末端略残，托及铤部有一细窄斜连的半圆形凹槽，应为动物骨腔细孔。长约8.3、底面最宽1.9、中脊厚1.8厘米（图三〇，6；图版一五，5）。

C型　1件。镞身呈长三角形，有铤。BHCⅡ①：3，镞身较长，上部残，断面呈三角形，铤呈圆锥状，末端略残。镞身中部有动物骨骼中间空腔细孔痕迹。残长5.8、底宽1.2、中脊厚0.8厘米（图三〇，5）。

（三）文化分期

从第六发掘区的层位叠压关系看，属于龙山文化的堆积有两层，即第2、3层，打破第2层和被第2层叠压的遗迹单位有24个。据此，可将龙山文化遗存分为三段：第一段，第1层下开口打破第2层的遗迹，有灰坑11个，H203~H207、H209、H210、H212、H216、H219、H224；第二段，第2层；第三段，第2层下开口的灰坑，共13个，H208、H213、H214、H217~H223、H225~H227。

具有打破关系的典型单位有3组：

第一组：H203→第2层→213；

第二组：H207→第2层→H217；

第三组：H210→H220→H221→H222。

对壕沟两次发掘揭露的面积比较大，但由于砖厂取土破坏比较严重，发掘的壕沟基本仅存下半部。根据层位关系，北壕沟、西壕沟可分为上下两大部分，下部可以分为四大层，主要属于使用时期形成的堆积。沟内下层堆积的形成也比较复杂，由淤土与散落的垃圾和废弃杂物构成。老店遗址属于环壕聚落，壕沟的规模比较大，与一般灰坑类的遗迹不同。由于使用和废弃的时间都比较长，时间跨度大，沟内堆积的层位关系也可以作为分期参考。

龙山文化分期主要依据为陶、石器。第六发掘区的文化堆积有2层，但遗物甚少，特别是第3层，不仅堆积薄，而且只见少量碎陶片，灰坑中陶器也多为残片，能复原者极少。由于壕沟发掘面积较大，遗物相对比丰富，但主要是残陶片，复原器不足10件，而且大多相同器类只有1或2件，难以进行类比。整个遗址中只有鼎足数量大、种类多，而且时代特征比较明显，其中有两类鼎足可以看出式别的变化。老店遗址出土的少量石器，由于使用时间长，形态变化较慢，不利于分期。只能依据典型单位陶器组合、变化特征，结合层位关系及遗迹之间的相互关系分为两段，两段相对具有早晚时段之分。

早段　遗迹单位有H208、H213、H214、H216～H223、H225～H227；北壕沟C段第2～10层；D段第2～10层以及与之相对应的DⅡ段西剖面第8～13层；西壕沟F段的第2～4层以及与之相对应的南剖面第7～11层，T102西壕沟第7～11层；T101第2～4层；T201～T206第2、3层；T102第3层。

属于早段陶器的主要器形有A型、B型罐形鼎，A型Ⅰ式、B型、C型鼎足，A型、B型盆形鼎，A型、B型、C型深腹罐，A型高领罐，A型大口罐，A型直腹盆，以及甗、鬶、杯、盘、器盖等。

晚段　遗迹单位有H203～H207、H209、H210、H212、H224；北壕沟C段的第1层，D段第1层；北壕沟DⅡ段西剖面第1～7层；西壕沟F段的第1层，包括与之相对应的西壕沟F段南剖面第1～6层；T101第1层；T102第2层，壕沟第1～6层。

属于晚段陶器的主要器形有C型盆型鼎，A型Ⅱ式、D型鼎足，C型深腹罐，B型高领罐，B型大口罐，B型鼓腹盆，匜形盆，以及甗、鬶、杯等。

五、珍珠门文化遗存

（一）遗迹

属于珍珠门文化的遗迹极少，仅发现H202、H215两个灰坑，H202保存较好。

H202　椭圆形。位于T203西南部，T202东隔梁和T206北隔梁下。开口于第1层下，被近代扰层和H201打破，打破H224、H225与第2、3及生土层。口径2.6～3、底径2.9～3.3米，坑口距地表0.16、距坑底1.87～1.9米。坑壁比较规整，保存较好，但未发现加工痕迹，坑底中间微凹，近圜底（图三三；图版一二，4）。

坑内堆积较厚，可分为11层：第1层厚18厘米，质较硬，呈浅灰褐色，堆积形状为凹状，包含草木灰、红烧土块，遗物有陶片、鼎足、罐口沿等；第2层厚15～58厘米，质较硬、紧密，呈灰褐色，堆积形状为坡状，从东向西倾斜，含较多草木灰，陶片较多，可复原的器物有陶器盖、器纽；第3层厚30～40厘米，质较硬、紧密，呈浅灰褐，堆积形状为凹状，包含较少

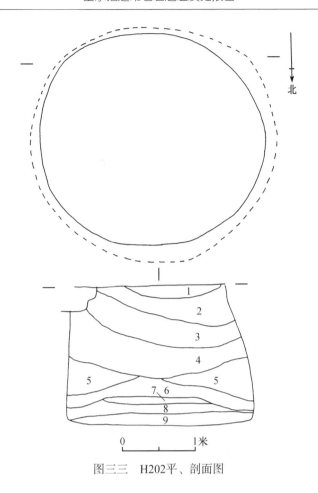

图三三　H202平、剖面图

的草木灰、红烧土块，夹杂黄褐土块，陶片较多，可辨器形有罐等；第4层厚20～90厘米，质松软，呈深灰褐色，堆积形状凹状，包含较多草木灰、红烧土块、红烧颗粒、陶片、碎兽骨等，可复原陶器盖1件，可辨器形有陶鼎、罐；第5层厚45厘米，质较紧密，为黄褐色粉砂土，堆积形状呈坡状，从北向南倾斜，可能为坑壁倒塌形成，并伴有淤土，包含物较少；第6层厚20～50厘米，质较硬、紧密，为浅灰褐色，堆积形状为凸状，包含较少的草木灰、红烧土；第7层厚10～26厘米，质较松软，呈深灰褐色，堆积呈凸状，包含较多草木灰，并含有红烧土块及砂粒，较多陶片和少量骨片，可辨器形有陶罐、鼎、盘、器盖、乳足盘等；第8层厚10～12厘米，质较松软，呈浅灰褐色，堆积呈倾斜状，从东向西斜，包含较多草木灰、烧土颗粒、陶片、兽骨等，可复原器物有陶乳足钵、甗下部；第9层厚10～30厘米，质较松软，呈深灰褐色，包含较多草木灰、红烧土块及颗粒，出土有陶片、石块、骨片等，可辨器形有陶乳足盘、罐。

（二）遗物

遗物以陶器为主，另有个别石块、烧土块。陶器均出自H202中。

陶器均为夹砂陶，未发现泥质陶。夹砂陶中所含砂粒比较多，以长石、石英最多，也有少量白云母、角闪石。陶色以红褐色为主，橘黄色次之，黑褐色、灰褐色较少，个别呈橘红色。器表以素面为主，有纹饰器物少见。纹饰以凹弦纹为主，按压纹次之，个别为乳钉纹。凹弦纹主要装饰在盘的内侧、钵的口沿、罐的颈及肩部；按压纹主要装饰在甗的腰部，在增厚的腰间按压指纹；乳钉纹装饰在罐的腹部。

　　制作工艺采用轮制和手制相结合。轮制主要对器物主体采用轮制，其他部位如罐、盆、碗的底部或甗、盘、盆、碗足部采用手制，器物形态较小的器物采用手制。

　　陶器种类比较少，主要器类有甗、罐、盆、碗、盘、钵、鼎、器盖等。

　　甗　无完整器或复原器，为便于介绍分甗甑部、甗腹部、甗足三部分。

　　甗甑部　5件。根据口沿的不同，分二型。

　　A型　2件。口沿较窄，卷沿。H202：15，夹细砂。以红褐色为主，黑褐色相间杂。器表留有木制器物刮修的痕迹。圆唇，卷沿，口沿内侧饰一周凹弦纹，上腹微鼓。复原口径30.8厘米（图三四，4）。

　　B型　3件。口沿较宽，斜折沿。H202：16，夹砂略粗。以灰褐色为主，红褐相间。器表大部砂粒明显，部分表面细腻，留有刮修的痕迹。尖唇，斜折沿，内沿折线明显，器内表面留有刮修的痕迹。复原口径约30厘米（图三四，3）。

　　甗腹部　5件。甑腹、甗腰部3件，鬲部腹及裆足部2件。H202：17，夹砂颗粒大小不均匀。以红褐色为主，灰褐色相间。甑盆下部至腰间，收腹束腰，在腰部饰按压纹，并留有指

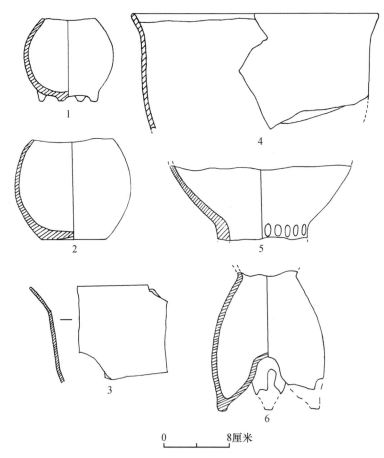

0 　　　　　　 8厘米

图三四　珍珠门文化陶器

1. C型钵（H202：12）　2. B型钵（H202：33）　3. B型甗甑部（H202：16）　4. A型甗甑部（H202：15）　5、6. 甗腹部
（H202：17、H202：14）

甲戳印的痕迹。腰径11.2厘米（图三四，5）。H202：14，夹细砂比较均匀。黑褐色。束腰，分裆，袋足，实足根，足内留有黏附的焦糊物层。腰径7.4、残高17.2厘米（图三四，6；图版一七，1）。

鬲足　9件。主要为鬲或鬹的实足根，由于未发现鬲的器形，作为鬹足一并介绍。9件鬹足最少属于4个个体，6件大体完整者，分二型。

A型　3件。乳状足。H202：31，夹砂红褐陶。残存足的底部与实足根，实足根较尖，呈乳状。残高6.8厘米。H202：32，夹砂黑褐陶。足底圜底近平，足根尖呈乳状。残高5.2厘米。

B型　3件。圆柱状。H202：33，夹砂黑褐陶。实足根尖略粗。残高6.2厘米。H202：34，夹砂红褐陶。实足根较矮。残高4.8厘米。

罐有大口罐、小口罐两类。

大口罐　5件。分二型。

A型　3件。瘦腹。夹砂红褐色或黑褐色。大口，深腹，小底。H202：13，夹砂黑褐陶。素面。敞口，斜折沿，尖圆唇，深腹，内收呈小平底，底加厚。口径18.2、底径4、高16.6厘米（图三五，9；图版一七，2）。

B型　2件。鼓腹。夹砂红褐陶或灰褐陶。H202：26，夹砂灰褐陶。侈口，折沿，尖圆唇，腹略鼓，口沿内侧靠近唇部有6周刻划的凹弦纹。口径36.4、残高7厘米（图三五，6）。

小口罐　8件。夹砂红褐色、橘黄色、黑褐色。小口，鼓腹，平底。H202：18，夹砂橘黄色、残存口及上腹部。小口，斜折沿，尖圆唇，溜肩、鼓腹。在口沿内侧饰有6周刻划的凹弦纹，肩及腹上部刻划21周凹弦纹，凹弦纹下有装饰圆形的按压纹。凹弦纹在烧制前用锐器分段刻划连接，刻划的纹饰间距不等，略显粗糙。口径8.4、残高11厘米（图三六，8）。H202：19，夹砂红褐色。残存腹片，在刻划的凹弦纹下装饰一组乳钉纹，由三组12枚组成（图三六，3）。H202：20，夹砂红褐色，残存下腹及底部。鼓腹，下腹急收，平底，腹与底外侧呈台状，内侧略平，近似圜底状。底径8.5、残高5.4厘米（图三六，7）。H202：21，夹细砂，红褐色。素面。卷沿，尖圆唇，溜肩，鼓腹，下腹急收。器表及内壁留有刮削修整的痕迹。口径16、腹径23.2、残高12.8厘米（图三五，8）。

碗　3件。分二型。

A型　2件。平底。敞口，圆唇，深腹。H202：6，夹砂红褐陶。素面。近口略内收，尖圆唇，斜腹内收，内侧近圜底，外侧呈台状小平底，内壁比较光洁。口径18.4、底径6.4、高7.6厘米（图三五，1）。

B型　1件。圈足。H202：23，夹细砂，红褐与黑褐色相夹杂。敞口略内收，圆唇，斜腹略弧，内侧近圜底，外底内凹，呈圈足状。口径22、底径6.2、残高8.8厘米（图三六，6；图版一八，5）。

盘　10件。夹砂红褐色、橘黄色。敞口，四乳足或三乳足。根据有无装饰分为二型。

A型　6件。装饰刻划凹弦纹。H202：10，夹砂红褐色。大敞口，圆唇，上缘经磨平，斜壁略弧，器内为小底四周略内凹，外侧圜底近平，并有捏制的四乳足。口至上腹部装饰11周凹弦纹，锐器刻划的凹弦纹分多次刻划连接而成，凹弦纹的深浅、宽窄不同，而且弯曲不平行，

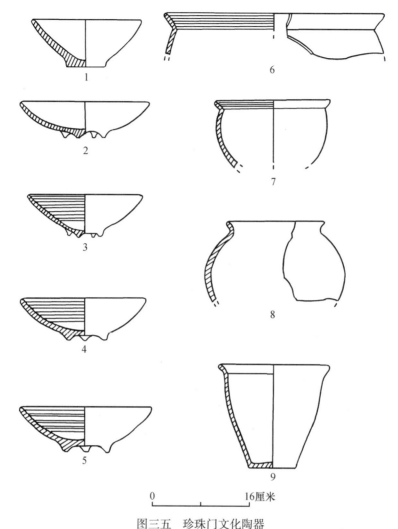

0　　　　　　　16厘米

图三五　珍珠门文化陶器

1. A型碗（H202：6）　2. B型盘（H202：8）　3～5. A型盘（H202：10、H202：4、H202：7）　6. B型大口罐（H202：26）
7. A型钵（H202：27）　8. 小口罐（H202：21）　9. A型大口罐（H202：13）

显得不规整。口径19、通高6.6厘米（图三五，3；图版一八，2）。H202：4，夹细砂。器表以黑褐色为主，红褐色相间。敞口，圆唇，斜腹近直，圜底近平，三乳足。口至上腹部装饰7周凹弦纹，弦纹刻划得不规整，最底层只刻划了半周。直径21.3、通高7厘米（图三五，4；图版一八，3）。H202：7，夹细砂，器外表红褐色与和褐色相间杂，器内表呈红褐色。敞口，圆唇，斜腹，底近平，三乳足，残存两乳足。口至上腹部装饰10周凹弦纹，装饰手法与上器相同，显得更为粗糙。口径22、通高7厘米（图三五，5；图版一八，4）。

B型　4件。H202：8，夹砂红褐色。敞口，尖圆唇，浅腹，圜底，四乳足。素面。口径21.6、通过8.5厘米（图三五，2；图版一八，1）。

盆　5件。夹砂红褐陶或夹砂灰褐陶，没有复原器。H202：24，以红褐色为主，夹杂灰褐色。残存器物底部。敞口，斜壁，小平底，中间略内凹。底径10.4、残高6.6厘米（图三六，5）。

钵　5件。夹砂红褐陶或夹砂灰褐陶。分三型。

A型　2件。侈口。H202：27，夹砂红褐陶。侈口，斜折沿，尖圆唇，颈部略内凹，鼓腹，残缺底部。在口沿内侧有6周凹弦纹。口径18.9、残高10.4厘米（图三五，7）。
H202：28，夹砂灰褐陶。侈口，斜折沿，鼓腹，口沿内侧有6周刻划的凹弦纹。口径约16、残高6.3厘米（图三六，4）。

B型　2件。敛口。平底。H202：33，夹砂红褐陶。敛口，圆唇，鼓腹，平底，器内侧呈圜底。器表有拍印凹凸不平的痕迹。口径10、最大腹径14.8、底径8、高12厘米（图三四，2；图版一七，4）。

C型　1件。四足。H202：12，夹砂红褐陶。敛口，圆唇，鼓腹，平底略内凹，残存4乳足。口径6.8、最大腹径11、通高10厘米（图三四，1；图版一七，3）。

鼎　1件。仅确认鼎足1件。H202：29，夹砂红褐陶。近似侧三角形，外侧高而薄，内侧厚矮，鼎足尖经按压磨平。从鼎足内侧平弧的痕迹看，应为单独制作，又粘贴于鼎腹部。残高8厘米。

器盖　2件。红褐陶。圆饼形。H202：1，弧顶，尖圆沿，平底。直径10.4、高21厘米（图

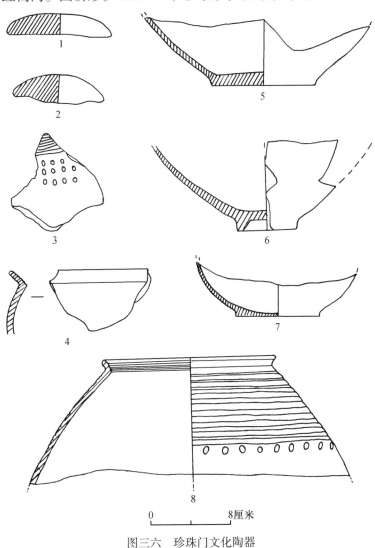

图三六　珍珠门文化陶器

1、2. 器盖（H202：1、H202：3）　3、7、8. 小口罐（H202：19、H202：20、H202：18）　4. A型钵（H202：28）
5. 盆（H202：24）　6. B型碗（H202：23）

三六，1）。H202：3，弧顶，圆沿，内底中间略鼓，近外缘处下凹，并留有手指按压的痕迹。直径9、高2.8厘米（图三六，2）。

六、其他时期遗存

除上述两个时期的文化遗存外，在老店遗址的两次发掘中还发现属于大汶口文化和战国时期的文化遗存。

1. 大汶口文化遗存

未发现遗迹，仅见少量大汶口文化陶器，比较典型的鼎足共9件。分三型。

A型　5件。圆锥形。BHCⅡ⑧：01，夹砂红陶。上部残留鼎腹底面，下部残断，足根顶端有凸起的乳点。残长8厘米（图三七，4）。T206①：01，夹滑石陶。上下均残断。残长10.8厘米。

B型　3件。凿形。BHCⅡ⑧：02，夹砂红陶。完整，从足根与腹底部脱落，根部前窄后略宽，足尖呈扁凿形。长7.4厘米（图三七，1）。T206②：02，夹砂红陶。上部留有鼎腹底面，

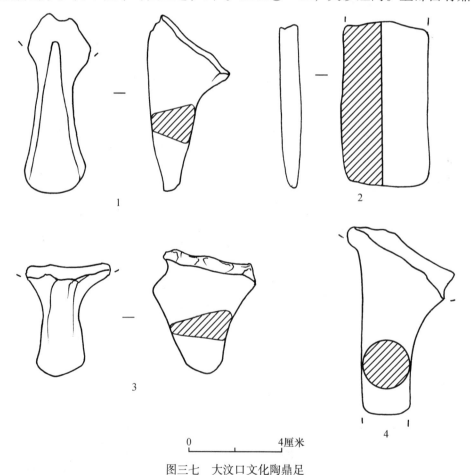

图三七　大汶口文化陶鼎足
1、3. B型（BHCⅡ⑧：02、T206⑥：02）　2. C型（BHCⅠ⑥：01）　4. A型（BHCⅡ⑧：01）

下部略残，足根顶端外凸。残长4.8厘米（图三七，3）。

C型 1件。铲形。BHCⅠ⑥：01，夹砂红褐陶。根部残断，上下宽度、厚度相近，足尖扁铲状。残长约7厘米（图三七，2）。

2. 战国时期遗存

（1）遗迹

灰坑1个，水井1眼。

H211 位于T203北隔梁处，开口于第1层下，被J201打破，打破H215。灰坑大部在发掘区以外，规模比较大，在探方内大体呈弧边椭圆形，仅发掘北隔梁以下的部分，坑壁内斜，未清理到底。坑内填土土质比较坚硬，浅灰褐色，包含物较少，夹杂少量陶片、瓦片（图三八）。

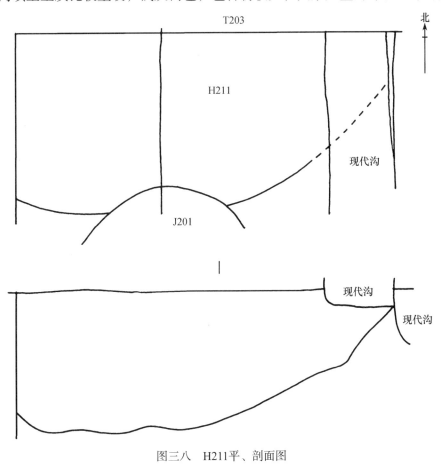

图三八 H211平、剖面图

J201 位于T203东北角处，开口于第1层下，被H201打破，打破H211、H215。井壁比较规整，在东西两侧各有一排脚窝，脚窝之间上下相距42～44厘米。井内填土土质比较松散，灰褐色花土，夹杂较多灰土碎块和黄褐色粗砂，内含文化遗物比较少，有少量碎陶片。圆形，直径1.30～1.35米，清理深度1.8米，深度不明（图三九）。

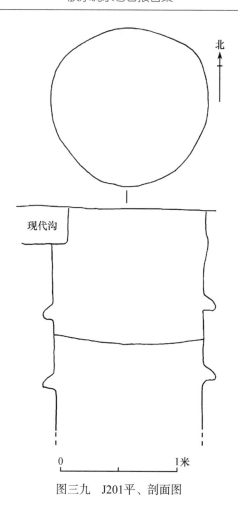

图三九　J201平、剖面图

（2）遗物

H211、J201内陶片少而且比较破碎，器形主要有罐、盆和瓦片。罐或盆均为腹部碎片，表面装饰细绳纹。瓦为板瓦，上部装饰宽体凹凸瓦纹，下部装饰绳纹。

七、结　语

通过前后两次对老店遗址的发掘，对此有以下几点认识。

1. 龙山文化的年代

胶东地区龙山文化的遗址经过调查发现的多达数十处，比较重要的有栖霞杨家圈[1]、长岛砣矶岛大口[2]、蓬莱紫荆山[3]、莱阳于家店[4]、海洋司马台[5]、乳山小管庄等遗址[6]，但经过正式发掘的遗址不多。出土资料相对丰富的有杨家圈、大口遗址，两处遗址的分期基本上可以代表胶东地区龙山文化的发展时段，可以对了解认识这一地区的龙山文化面貌、陶器的演变序列提供相互对比的依据。

龙山文化的罐形鼎、盆形鼎、深腹罐、高领罐、大口罐（或瓮）、直腹盆、鼓腹盆、圈足盘以及甗、鬶、杯、器盖等器类，在胶东地区龙山文化中均有发现，许多器类与相邻的栖霞杨家圈遗址同类器更为相近。老店遗址B型盆形鼎，A型Ⅰ式、B型、C型鼎足，A型、B型、C型深腹罐，在杨家圈遗址均有。老店遗址B型盆形鼎与杨家圈遗址二期遗存B型Ⅰ式鼎器形相近；杨家圈二期遗存；A型Ⅰ式、B型Ⅰ式、C型Ⅰ式、C型Ⅱ式鼎足，在老店遗址也多出土A型、B型高领罐、A型大口罐、A型直腹盆与杨家圈二期遗存的小口高领罐、大口瓮、A型Ⅰ式盆器形相类同；圈足盘、匜形盆、小罐、杯、器盖也与杨家圈二期遗存B型豆、折肩盆、A型杯、C型杯、B型器盖基本相同。

在器类上老店遗址与杨家圈遗址也存在一定差异。例如，鼎类，老店A型罐形鼎、A型盆形鼎、D型鼎足未见于杨家圈遗址，而杨家圈二期遗存A型鼎、A型Ⅱ式鼎足、B型Ⅱ式鼎足、C型Ⅱ式鼎足以及鸟首形鼎足，在老店遗址也未发现。

通过以上对老店遗址与杨家圈遗址陶器对比，可以看出两者陶器从类别到器形均基本相同或形似，具有相同的文化面貌。杨家圈遗址是胶东地区龙山文化资料相对丰富的遗址，在山东龙山文化的研究中占有重要地位，学界以杨家圈作为胶东地区龙山文化的典型地域代表，将胶东地区龙山文化通称为杨家圈类型。老店遗址与杨家圈遗址龙山文化具有相同的文化面貌，该遗址的发现、发掘进一步丰富了杨家圈类型的实物资料。

关于龙山文化遗存的年代，可以参照杨家圈遗址年代来进行推断。杨家圈遗址发掘面积比较大，遗存也相对丰富些，并且具有7个碳测年数据，发掘报告认为除1个数据偏早外，其余6个数据中的5个在距今（4440±130）~（4215±150）年，并以龙山文化下限为公元前2000年计，认为该遗址的年代属于龙山文化早期阶段。在以上对老店、杨家圈两处遗址出土龙山陶器对比分析中，可以发现两者陶器从种类到器形的演变，绝大部分都相同或者相近，以此为准，老店遗址龙山文化年代也应与之相同或相近。至于个别器类存在差异，应通过对龙山文化陶器的演变序列进行分析。

鼎是龙山文化最具代表性的典型器物，贯串整个文化发展的始终。杨家圈出土的A型鼎、A型Ⅱ式鼎足、B型Ⅱ式鼎足、C型Ⅱ式鼎足以及鸟首形鼎足，在老店遗址两次发掘中均未发现。杨家圈A型鼎属于双腹盆形鼎，鼎足属于装饰附加堆纹的V形足，另外在A型Ⅱ式鼎足、B型Ⅱ式鼎足、C型Ⅱ式鼎足（应将T11②∶13排除）均装饰附加堆纹。鼎足在龙山文化鼎的形态演变过程中是变化最具规律的部位，在鼎足上装饰附加堆纹的现象，普遍出现在龙山文化早期后段，是在龙山文化初期或早期前段凿形足、铲形足基础上演变而来，而鸟首形鼎足的出现则又晚于上述几类鼎足。

龙山文化的鼎足多达90余件，分为四型，大多属于凿形足或铲形足，未发现装饰附加堆纹的现象，均具有早期的特征，而其他器类也未见晚期因素。老店遗址与杨家圈遗址龙山文化陶器存在的个别差异现象，应属同一文化在不同发展时段上的反映，老店遗址龙山文化遗存的年代，相当于杨家圈龙山文化所划分的早晚两段中的早段，属于龙山文化早期。如将龙山文化早期分为三个时段，老店龙山文化早段相当于第一时段；晚段相当于第二时段。杨家圈龙山文化的主要遗存则分属于早期的三个时段，而V形足的A型鼎、鸟首形鼎足、A型Ⅲ式盆、圈足盆等器物的年代可能还要晚些。

2. 龙山文化时期环壕及其性质

该遗址最重要的发现是龙山文化时期环绕遗址的壕沟，证明老店遗址是一处龙山文化时期的环壕聚落。从对壕沟的发掘资料来看，壕沟从始建到废弃大约经过三个阶段：第一阶段是壕沟的始建时期，在使用一段时间以后，壕沟下部被淤土层逐渐淤平。第二阶段，在淤积层厚度接近壕沟约二分之一后，进行清淤工作，只是在壕沟中部位置清除少量的淤土，然而很快被填平。第三阶段，在壕沟中部再次被淤平后，基本已经被废弃，从废弃后的两大层内涵看，土质、土色、硬度都基本相同，土质均比较坚硬，可能填充时略经加工，而非自然废弃堆积。壕沟废弃后，其上部又有人们活动形成的地层堆积。

从壕沟下部使用期内的陶器看，有A型、B型罐形鼎，A型Ⅰ式、B型、C型鼎足，A型、B型盆形鼎，A型、B型、C型深腹罐，A型高领罐，A型大口罐，A型直腹盆等器形，均属于龙山文化早期偏早的遗物，因此，壕沟应始建于龙山文化早期。在壕沟废弃的堆积中，有C型盆型鼎，A型Ⅱ式、D型鼎足，C型深腹罐，B型高领罐，B型大口罐，B型鼓腹盆，匜形盆等器形，从器物形态看虽具有龙山文化早期偏晚的特征，但未见龙山文化早期以后的遗物，因此，壕沟废弃的年代不迟于龙山文化早期之末。

壕沟对村落来说起到非常重要的保护作用，但同时也对出入村落带来一定的不便。在对环壕聚落的研究中，聚落与外面的交通方式一直受到关注。在发掘中，北壕沟底部发现4个柱坑，南部2个紧靠壕沟南壁，北部2个紧靠壕沟北壁，木柱腐朽的柱洞均位于柱坑内侧及靠近沟壁的一侧，直径在13~16厘米，柱洞的深度从壕沟底部至柱洞底部为68~74厘米之间。4个柱洞距西北拐角120米，大体位于北壕沟中部偏东的位置，分南北两排相对排列，而且深埋地下，其功能应与上部的设施有关。从北壕沟的整体状况观察，要进出环壕，这里应是理想的通道位置。由于上部遭到破坏，在现存的壕沟两侧也没能发现相应的遗迹，这4个木柱可能作为支撑上部通道的主要立柱，上部的通道有可能为木质结构，大概类似栈桥式的通道。

老店遗址环壕栈桥的存在，除了从木柱的遗迹、排列结构以及在北壕沟所处的位置等方面来考察外，还存在一个有力证据。在4个柱坑上部两侧壕沟内的堆积中，先后发现了石镞、骨镞、石矛等兵器。镞除作为狩猎工具外，也是新石器时代的主要兵器，在史前社会进行军事战争中发挥重要作用。在老店遗址的发掘中，属于龙山文化的石镞发现11件，骨镞3件，石矛1件。石镞均发现于壕沟之内，其中9件出土于北壕沟CⅡ段4个柱坑的两侧；3件骨镞中的2件和仅有的1件石矛也出于柱坑的两侧。在15件兵器中，竟然有12件在此发现，这可能不是偶然，而极有可能与横跨壕沟的栈桥有关。

在史前环壕村落的考古发掘中，发掘者对出入村落的通道无不用心从田野工作中寻找答案，但由于受到遗存的保存状况、发掘面积、工作区域等许多条件的限制，难以取得令人满意的效果。而老店环壕栈桥的发现，为相关研究提供了重要资料。栈桥作为出入环壕聚落的必经之通道，在军事战争多发的龙山文化时期，必然是冲突双方必争之地，特别是作为远射兵器的镞，与近身博斗兵器不同，在壕沟相隔的两侧近射远射均可使用。老店壕沟栈桥一带石镞的发现，为研究确认该遗址出入环壕的交通方式提供了重要佐证。

老店遗址东临诸流河，其北、南、西三面为环壕所包围，壕沟上部口宽7.5～8米，深度在3.5～4米。遗址南、北、西三面环壕，以西壕沟保存得比较好，准确长度约为276.46米；北壕沟现存长度219.92米，东部通达诸流河西岸；南壕沟现存西南角处，长度不到20米，东部被破坏。通过保存的壕沟现状可对环壕进行复原，复原的环壕平面大体呈方形或略呈长方形，复原面积在61600～73600米。在山东地区，面积超过10万平方米以上的龙山文化遗址虽然多见，但如日照两城镇、章丘城子崖、邹平丁公、临淄桐林等大型遗址都属于龙山文化的重要城址。在胶东地区目前还没有发现龙山文化城址，属于5万平方米以上的龙山文化遗址也不多见。老店遗址龙山文化环壕内面积约7万平方米，同时出有玉质精美、做工精致的玉钺[7]。玉钺是龙山文化时期的一种礼器，遗址中玉钺的存在说明该遗址性质非同一般，在胶东龙山文化中应占有一定的地位。

3. 珍珠门文化遗存

本次发掘的重要收获之一是发现具有明显地方文化特征的珍珠门文化遗存。虽然仅清理了个别遗迹，但H202的遗物极具代表性。其规模大，坑壁、底部都比较规整，经过修整加工，废弃前应属于窖穴。坑内陶器均为夹砂红褐陶、夹砂黑褐陶，未见泥质陶和其他色调的陶器。主要有甗、罐、盆、碗、盘、钵、鼎等器类，以圜底四乳足最具特色，在胶东地区极为少见，具有明显的地方特点。

从层位关系看，H202打破属于龙山文化层的第2层，时代上要晚于龙山文化。从陶器特征观察，陶质为夹砂红褐陶、黑褐陶，陶甗为乳状袋足，在腰部装饰按压纹，与岳石文化晚期的风格有些接近，但甗腰、裆部已经不见附加堆纹，器类中也未见岳石文化胶东地区常见的子母口类器，如尊、盒及三足罐等典型器类。坑内发现的1件蘑菇状盖纽，属于岳石文化遗物。从总体考察，器物的特征要晚于岳石文化，与胶东地区珍珠门文化早期陶器的风格相近[8]，而更与芝水二期的陶器特征有些相同[9]。两者陶器均以夹砂红褐陶为主，泥质陶少见或不见，器类以甗、罐、盆、钵、碗为主，在罐、盆、钵的口部以装饰凹弦纹为特有的共同特征。

H202陶器大部与芝水二期相近，也具有自身的特色，陶器中带有四乳的钵、碗类不见于芝水二期文化。芝水二期文化，上限晚于于岳石文化，下限早于珍珠门文化，年代约相当于商代晚期。老店遗址以H202为代表的文化遗存与珍珠门文化的器类、器形相较，两者的差别相对大于芝水二期文化与珍珠门文化的差别，在具体年代上或略早于芝水二期文化，属于晚商时期胶东地区土著文化珍珠门文化遗存。

附记：参加发掘的有山东省文物考古研究院魏成敏、张溯、王泽冰、房成来、石念吉、张敬伟、张宪英、张胜现、苏凡秋、孙亮申、刘晓亮、崔猛，招远市文物管理所张培仁、李爱山、杨文玉。资料整理魏成敏、张溯、王泽冰。石器质料由山东省地质科学实验室金隆裕先生鉴定。绘图人员有崔来临、房成来、石念吉。工地摄影魏成敏、张溯、王泽冰，器物摄影李顺华。

执　笔：魏成敏　张　溯　王泽冰

张培仁　李爱山　杨文玉

注　释

[1]　北京大学考古实习队、山东省文物考古研究所：《栖霞杨家圈遗址发掘报告》，《胶东考古》，文物出版社，2000年。

[2]　中国社会科学院考古研究所：《山东省长岛县砣矶岛大口遗址》，《考古》1985年第12期。

[3]　山东省博物馆：《山东蓬莱紫荆山遗址》，《考古》1973年第1期。

[4]　北京大学考古实习队、烟台地区文物管理委员会：《山东省海洋、莱阳、莱西、黄县原始文化调查》，《考古》1983年第3期。

[5]　同〔4〕。

[6]　同〔1〕。

[7]　杨文玉：《新石器时代珍品——玉钺》，《招远文物》，招远黄金报社，1999年。

[8]　北京大学考古实习队：《山东长岛县史前遗址》，《史前研究》1983年创刊号。

[9]　北京大学考古实习队、烟台市博物馆：《烟台芝水遗址发掘报告》，《胶东考古》，文物出版社，2000年。

附表　2007年招远老店遗址灰坑统计表

编号	位置	层位		形制结构	尺寸/（厘米）（口径×底径-深）	遗物	期别	备注
		上	下					
H201	T202	①	J201、H202	长方形，直壁，平底	225×100-60	无		现代坑
H202	T203	①、H201	H224、H225、②生土	椭圆形，斜壁，底微凹，呈袋状	（260~330）×（290~330）-（187~190）	陶器盖、陶器纽、陶乳足罐、乳足钵、乳足盘、陶甗、石器、骨片	珍珠门文化	灰坑堆积为9层
H203	T201	①、G201	③	不规则椭圆形，斜壁内收，底不平	（210~348）-（50~65）	无	龙山	
H204	T205	①、现代沟	生土	近似椭圆形，斜壁下凹，圜底	（158~204）-34	无	龙山	头骨一个，未见其他部分
H205	T204	①、G201	生土	现存呈椭圆形，斜壁内收，平底	142×0-194	无	龙山	灰坑被近代沟和G201打破
H206	T201	①、G201、H203	③	不规则椭圆形，斜壁内收，平底	（120~140）-44	无	龙山	
H207	T205	①	H217生土	圆形，圜底	144-17	陶纺轮	龙山	

编号	位置	层位		形制结构	尺寸/（厘米）（口径×底径−深）	遗物	期别	备注
		上	下					
H208	T205	②	③、生土	近圆形，斜壁，底略平	160×120−97	无	龙山	灰坑堆积分2层
H209	T201	①、G201、H221	生土	椭圆形，斜壁内收，平底	（100~135）×（70~85）−85	无		灰坑堆积分2层
H210	T202	①	H220	椭圆形，直壁，平底	（110~140）−44	无	龙山	
H211	T203	①、J201	H215	椭圆形，斜壁，底不平	258×116−90	无	周代	
H212	T201	①	③	现存呈圆形，直壁，平底	88×80−42	无	龙山	
H213	T204	H203	生土	圆形，斜壁内收，平底	126×80−50	无	龙山	
H214	T204	②	生土	现存呈椭圆形，斜壁内收，平底	152−33.3	无	龙山	被G201打破
H215	T203	①、J201、H201		近圆形，斜壁内收，底不详	198−0	无		未做到底，堆积分两层，被J201和H201打破
H216	T204	①、近代犁沟和近代沟	生土	现存呈扇形	（46~64）−56	无		未扩方，未做到底
H217	T206	H207、②	生土	近圆形，斜壁稍内收，底部不平	（230~270）−（100~134）	石器、陶杯	龙山	壁面未加工，坑底呈三连坑形状
H218	T202	②	H221、③	椭圆形，直壁略内收，底不平	（106~138）−56	无	龙山	
H219	T204	①、近代沟	生土	现存呈椭圆形，斜壁内收，底较平	长径142	无		被近代沟打破，未扩方未清理到底
H220	T202	H210、②	H221	椭圆形，斜壁内收，底较平	（200~225）×140−114	石铲、石钺、陶网坠	龙山	坑内堆积分2层
H221	T202	H220、H228、②	H222、H209、③	不规则椭圆形，坡壁内收，圜底		陶纺轮	龙山	
H222	T202	H221	生土	椭圆形，直壁略内收，地面较平	144×134−105	无	龙山	
H223	T206	②	③、生土	近圆形，斜壁呈袋状，近圜底	200×204−（70~80）	无		只清理西半部，东部未清理

编号	位置	层位		形制结构	尺寸/（厘米）（口径×底径－深）	遗物	期别	备注
		上	下					
H224	T203	①、J201、H215、H202	生土	近圆形，斜壁稍内收，平底稍向东倾斜	200－80	无	龙山	被打破较严重
H225	T202	②	生土	呈椭圆形，直壁，底较平	长径125－深58	无	龙山	
H226	T206	②	生土	近圆形，斜壁稍内收，近圜底	170（南北直径）×160－（56～96）	无	龙山	坑内堆积分4层，未扩方清理全部
H227	T206	②	未到底	圆形，斜壁内收	东西直径114	无	龙山	未扩方，未清理到底

山东龙口芦头东南遗址考古发掘报告

烟台市博物馆

东南遗址位于龙口市芦头镇芦头村东南，威乌高速路横穿遗址的南部（图一）。为配合南水北调工程建设，烟台市博物馆考古工作者在沿线文物考古调查中发现。2007年3～4月，与龙口市博物馆联合组成考古队对该遗址进行了考古勘探和抢救性考古发掘工作，勘探面积约1万平方米，发掘面积约500平方米。遗址的文化堆积以龙山文化为主，也有部分汉代文化遗存。现将这次发掘资料报告如下。

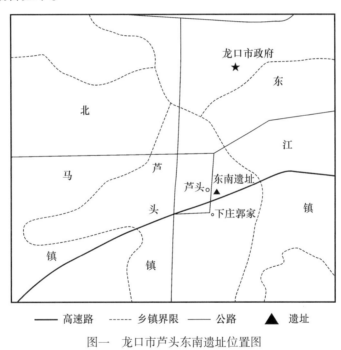

图一　龙口市芦头东南遗址位置图

一、地 层 堆 积

该遗址由于本地村民取土烧窑，大部分遭到破坏，并在中部形成了一个洼地。本次发掘主要选择遗址南部保存较好的部分进行发掘。发掘区内文化堆积以东部和北部文化层堆积较厚，西部文化层堆积较薄。整个发掘区的地层堆积可分4层：第1层耕土层、第2层扰乱层和第3层汉代文化层，遍布全区；第4层龙山文化层仅见于发掘区的东部和北部。兹以T0724的东壁地层为例介绍如下（图二）。

第1层：耕土层，灰褐色土，厚约0.3米。此层下开口的遗迹有M2。

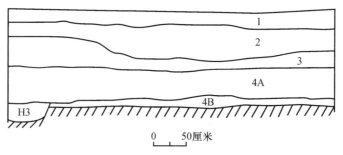

图二　T0724东壁剖面图

第2层：近代扰乱层，浅黄色土，土质硬度一般，结构较松软，厚0.1~0.6米，分布全方。出土瓷片、杂铁及汉代瓦等遗物。根据出土遗物分析，应为近现代扰乱层。此层下开口遗迹有G1。

第3层：黄褐色土，土质较硬，结构较紧密，厚0.1~0.7米。出土有深腹盆等残片，少量的红烧土颗粒，分布全方。根据出土遗物分析，应为汉代文化层。此层下开口遗迹有M1。

第4层：根据土色，可细分为二亚层。

第4A层：为褐色土，土质硬度适中，结构较紧密，厚0.4~0.55米，分布全方。出土陶片主要有泥质黑陶、夹砂黑陶及夹砂红陶、夹砂褐陶等，可辨认的器形有杯、罐、钵、器盖、鼎等器物的底、口沿等残片。此层下开口遗迹有H1、H3和G2。根据出土遗物分析，应为龙山文化层。

第4B层：浅灰褐色土，土质较硬，结构紧密，厚0~0.16米，仅见少量的红烧土颗粒，无遗物。

第4层下为生土。

二、早期文化遗存

早期文化遗存分大汶口文化和龙山文化两个时期，出土遗物主要为陶器，玉器仅见1件。陶器可分为泥质陶和夹砂陶两大类，主要为夹砂陶，泥制陶数量较少。其中夹砂红褐陶数量较多，次之为红陶，少量泥质黑陶。陶土多用粗、细砂为羼和料。陶器以轮制为主。器表多素面。纹饰有弦纹、附加堆纹、泥饼等，弦纹有凹弦纹和凸弦纹两种，附加堆纹多呈泥条状，施于器物的腹部或鼎足的正面，有的在器物的肩部或者腹部贴有圆泥饼。器形主要有鼎、罐、盆、纺轮、杯、钵、甗、壶、器盖等。

（一）大汶口文化时期

遗迹仅见灰坑1个，编号H1。

H1位于T0723西北角，开口于第4A层下。坑口平面略呈椭圆形，壁内斜，平底，坑壁有加工痕迹。坑口长径约2.26、短径2米。在北壁、南壁中间有台阶，台阶宽约0.4米。填土为灰褐色，土质较松软，夹杂有木炭、草木灰、红烧土颗粒等。出土遗物有较完整的罐形鼎、罐、陶纺轮等，此外，出土有豆、杯、钵等器物残片，还见少量蛋壳陶杯的残片。陶质多为夹砂陶，次为泥质陶。陶色为灰陶、红陶等。根据出土物分析，为大汶口文化晚期灰坑（图三）。

纺轮　H1：5，泥制黑陶，素面。内径5、外径5.71、厚1.2厘米（图四，4）。

罐形鼎　H1：6，夹砂红褐陶。方唇，折沿，敞口，鼓腹，小平底，足残。素面。口径16、残高16.5厘米（图四，8）。

鼎足　H1：8，夹砂红陶。残，铲形（图四，1）。

罐　H1：9，夹砂红褐陶。方唇，斜折沿，敞口，溜肩，鼓腹，腹下部内收，平底。素面。口径21、高31厘米（图四，6）。

罐口沿残片　H1：10，夹砂红褐陶。直口，平唇，在口沿处有一横置半圆形鋬手（图四，7）。

高领罐口沿残片　H1：11，夹砂红陶。圆唇，敞口，高领。口径13厘米（图四，3）。

钵口沿残片　H1：12，泥质红陶。尖唇，敞口，腹圆折，外侧饰有红陶衣。口径14厘米（图四，2）。H1：13，泥质红陶。圆唇，平卷沿，敞口，弧腹，外侧饰有红陶衣。口径14厘米（图四，5）。

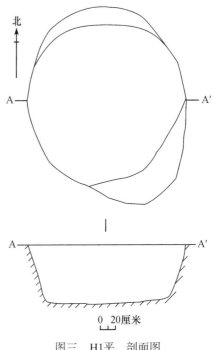

图三　H1平、剖面图

（二）龙山文化时期

清理灰坑1个，编号H3；灰沟1条，编号G1。

1. H3

H3位于T0724北部，开口于第4A层下。坑口平面呈不规则形，内斜壁，平底，坑壁未见人为加工的痕迹。坑口长约1.6米。填土为灰色，夹杂大量的红烧土颗粒及草木灰等，土质较疏松。出土遗物有罐、鼎足、盆及器盖等残片。陶质多为夹砂陶，次为泥质陶。陶色为灰陶、红陶等。根据出土物分析，为龙山文化时期灰坑（图五）。

鼎足　H3：1，夹砂红褐陶。铲形，足外撇（图六，1）。

罐口沿残片　H3：2，夹砂灰陶。方唇，窄沿，敞口，矮领微外鼓，口径19厘米（图六，2）。H3：3，夹砂黑陶。方唇，唇上有两道凹弦纹，敞口。口径25厘米（图六，4）。H3：4，夹砂红褐陶。圆唇，卷沿，敞口。口径12厘米（图六，3）。

罐底　H3：5，夹砂红褐陶。平底。底径10.4厘米（图六，6）。

高领罐口沿残片　H3：6，夹砂红陶。圆唇，敞口，高领。器表施有红色陶衣。口径16厘

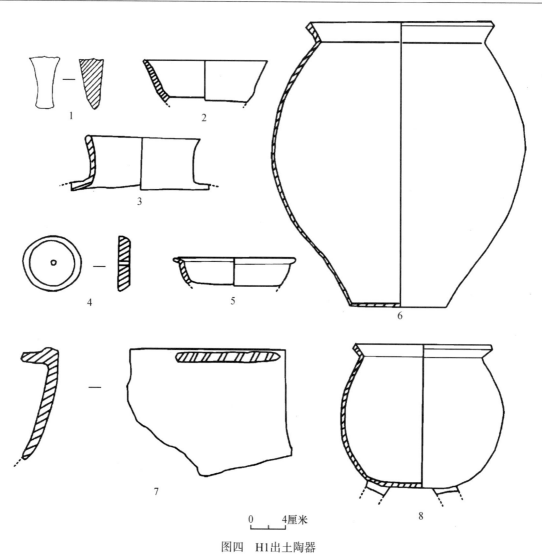

0　　4厘米

图四　H1出土陶器
1.鼎足（H1∶8）　2、5.钵口沿残片（H1∶12、H1∶13）　3.高领罐口沿残片（H1∶11）　4.纺轮（H1∶5）
6.罐（H1∶9）　7.罐口沿残片（H1∶10）　8.罐形鼎（H1∶6）

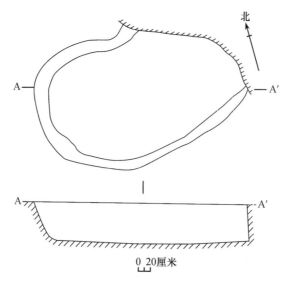

0　20厘米

图五　H3平、剖面图

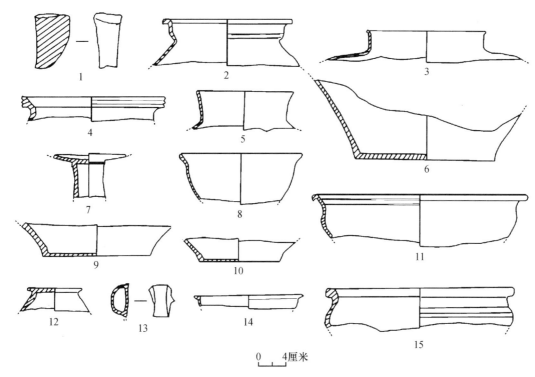

图六　H3出土陶器

1.鼎足（H3：1）　2～4.罐口沿残片（H3：2、H3：4、H3：3）　5.高领罐口沿残片（H3：6）　6.罐底（H3：5）
7.豆柄（H3：14）　8.豆盘残片（H3：15）　9.盆底（H3：10）　10.罐底（H3：11）　11、14、15.盆口沿残片
（H3：7、H3：8、H3：9）　12.器盖（H3：12）　13.把手（H3：16）

米（图六，5）。

　　盆口沿残片　H3：7，泥质黑陶。圆唇，平卷沿，侈口，腹圆折，沿内侧有两周浅凹弦纹。口径32厘米（图六，11）。H3：8，泥质黑陶。圆唇，平沿，腹微鼓。口径16厘米（图六，14）。H3：9，夹砂灰陶。圆唇，卷沿，侈口。腹上部有一周凹弦纹。口径28厘米（图六，15）。

　　盆底　H3：10，泥质黑陶。平底，壁外撇。底径16厘米（图六，9）。

　　罐底　H3：11，泥质黑陶。平底。底径12厘米（图六，10）。

　　器盖　H3：12，夹砂灰陶。倒置覆碗形，平顶。素面。残高3厘米（图六，12）。

　　豆柄　H3：14，泥质黑陶。近盘处带细凸棱。柄径为4.2厘米（图六，7）。

　　豆盘残片　H3：15，泥质红陶，施有陶衣。圆唇，卷沿。侈口。口径18厘米（图六，8）。

　　把手　H3：16，泥制黑陶。泥条状，桥形纽（图六，13）。

　　器耳　H3：17，泥质陶。桥形（图七，1）。

　　甑残片　H3：18，夹砂红陶。腹部残片，内侧有一周凸棱，以便放置箅子（图七，2）。

　　尊口部残片　H3：19，夹砂黄褐色陶。方唇，唇微内凹，折沿，敞口。腹上部有一周凸棱纹。口径24厘米（图七，3）。

　　圈足　H3：20，泥质黑陶，喇叭口，饰有凸棱纹。直径26厘米（图七，6）。

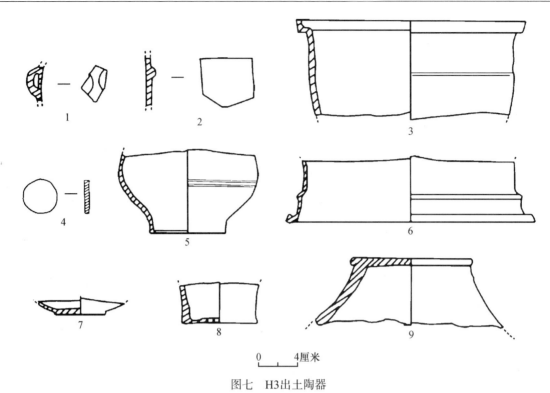

图七　H3出土陶器

1. 器耳（H3：17）　2. 甗残片（H3：18）　3. 尊口部残片（H3：19）　4. 圆陶片（H3：21）　5. 壶（H3：23）
6. 圈足（H3：20）　7. 壶底（H3：24）　8. 杯底残片（H3：22）　9. 器盖（H3：25）

圆陶片　H3：21，完整。利用碎陶片加工而成。夹砂灰陶。直径3.5、厚0.5厘米（图七，4）。

杯底残片　H3：22，泥质黑陶。平底。底径8厘米（图七，8）。

壶　H3：23，泥质黑陶。仅余腹部以下。鼓腹，腹下部内收，小平底。在腹部饰有两周凹弦纹。底径8厘米（图七，5）。

壶底　H3：24，泥质黑陶。平底。底径5.4厘米（图七，7）。

器盖　H3：25，夹砂红陶。倒置覆碗形，平顶。素面。残高3.8厘米（图七，9）。

2. G2

位于T1120内，自探方的西南角向东北延伸，开口于第4A层下。略呈长条形，较浅。探方内部分长约3.4、宽0.85～1.75米。沟底不十分规整，北高南低。沟壁和沟底无加工痕迹。填灰土，夹杂有大量的红烧土块。出土遗物有罐、盆、鼎足等器物残片。陶质分为夹砂陶和泥质陶等，陶色为黑陶、灰陶等。根据出土物分析，为龙山文化时期灰沟。

鼎足　G2：1，夹砂红褐陶。方铲形足，足身较宽。足身正面略呈方形，正中有一竖划槽（图八，1）。G2：2，夹砂红褐陶。"V"字形。足正面有附加堆纹（图八，2）。

盆底残片　G2：3，泥质黑陶。平底，斜直壁。底径14厘米（图八，3）。

器耳　G2：4，夹砂灰陶。桥形（图八，4）。

甗足　G2：5，夹砂红褐陶。袋足实足根较矮，裆较低（图八，5）。

罐口沿残片　G2：6，夹砂黑陶。方唇，窄沿，直口，矮领。口径20厘米（图八，16）。

3. 地层出土遗物

鼎足　T0724④A：1，夹砂红陶。残，铲形，足尖平，微外撇（图八，7）。T0723④A：2，夹砂红褐陶。"V"字形。残，足身较宽，正面有附加堆纹（图八，11）。

杯底残片　T0724④A：2，泥质黑陶。平底。底径5厘米（图八，8）。

壶　T0724④A：3，泥质黑陶。仅余颈腹部。敞口，鼓腹（图八，10）。

罐口沿残片　T1022④A：1，泥质黑陶。双唇，高领，饰有凸弦纹。口径16厘米（图八，12）。T0823④A：1，夹细砂褐陶。圆唇，折沿，敞口，溜肩。口径15厘米（图八，13）。

纺轮　T1022④A：2，泥制黑陶。素面。内径5.6、外径6.4、厚1.3厘米（图八，14）。

器盖　T0823④A：2，夹砂红褐陶。倒置覆碗形，平顶，弧壁。素面。残高6.4厘米（图八，15）。

玉芯　T0823④A：3，完整。灰白色，圆柱状。在柱子顶端有磨制指甲状纹式。直径1.8、

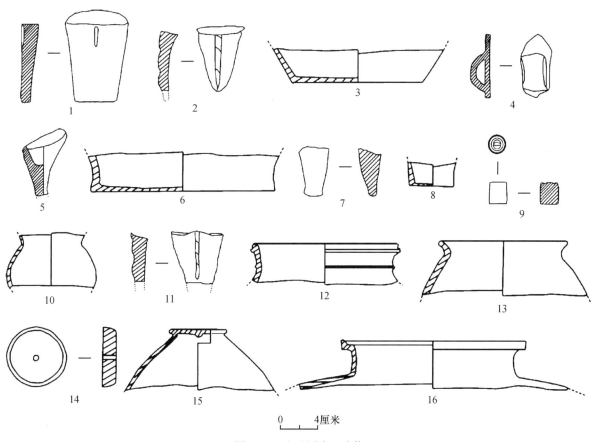

图八　G2和地层出土遗物

1、2、7、11.鼎足（G2：1、G2：2、T0724④A：1、T0723④A：2）　3、6.盆底残片（G2：3、T1121④A：1）
4.器耳（G2：4）　5.甗足（G2：5）　8.杯底残片（T0724④A：2）　9.玉芯（T0823④A：3）　10.壶（T0724④A：3）
12、13、16.罐口沿残片（T1022④A：1、T0823④A：1、G2：6）　14.纺轮（T1022④A：2）　15.器盖（T0823④A：2）

高2.1厘米（图八，9）。

盆底残片　T1121④A：1，泥质黑陶。平底。底径20厘米（图八，6）。

三、汉代文化遗存

此次发掘有汉代文化层，发现灰沟1条，编号G1；清理汉代墓葬1座，编号M1。

（一）遗迹

G1位于T0823，开口于第2层下。东西向贯穿整个探方，仅清理探方内部分。敞口，斜直壁，上口较宽，底部较窄，沟底不十分平整，无人工加工痕迹。东端较宽，约2.3米，西端较窄，约1.6米，深约1米。填土为灰褐色，结构较疏松，夹杂有少量草木灰等。出土遗物有陶片、碎石及花纹砖、汉瓦等残片。陶片有夹砂陶和泥质陶，陶色为灰色。器形有日常生活用的盆、瓮等，建筑构件如筒瓦等。根据出土遗物分析，应为汉代灰沟。

扁壶　T1012③：4，夹细砂白陶。平唇，直口，扁腹，在肩部有一对桥形鼻，平底。口径11.7、高22.6厘米（图九，1）。

深腹盆　T1022③：3，腹部瘦长。方唇，唇面微内凹，侈口，宽沿，直壁，深腹较瘦长，小圜底。饰有瓦棱纹。口径33.4、高20.4厘米（图九，3）。T0723③：1，腹部粗矮。泥质灰陶。方唇，唇面微内凹，侈口，宽沿，直壁，深腹，小圜底。饰有瓦棱纹。高18、口径34厘米（图九，5）。

瓮残片　T0723③：2，夹滑石灰陶。平唇，敛口，鼓肩收腹。口径23、残高26厘米（图九，2）。

筒瓦　T1022③：4，残。夹细砂灰陶。子口唇缘微翘，外侧滚压竖行绳纹，内侧印细布纹。残长9、宽12厘米（图九，4）。

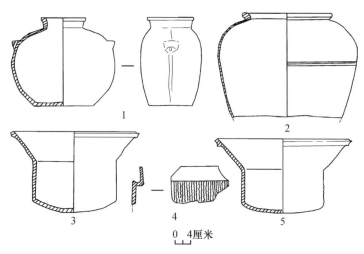

图九　汉代器物图

1.扁壶（T1012③：4）　2.瓮残片（T0723③：2）　3、5.深腹盆（T1022③：3、T0723③：1）　4.筒瓦（T1022③：4）

（二）墓葬

M1位于T1011～1013三个探方内，开口于第3层下。砖室墓，墓口平面略呈"甲"字形，由墓道、墓门、墓室三部分组成。墓向180°。墓口距地表1米。墓道在墓室西端，为长条斜坡状，东西长约6.7米，墓道东端上口宽1.05、底部宽1.15、深1.96米，西端宽1.07、深0.66米。填土为灰褐花土，较坚硬。墓门位于墓室西壁偏南部，东西残长约0.33、残高1.02～1.04米。单砖砌筑门垛。有南北向平砌的一道封门砖，封门砖为单砖错缝平砌，使用的砖多为残砖，个别为整砖，砌的参差不齐。从残存情况分析，墓门原有券顶，现滑落。墓室系先挖长方形土圹，单砖南北向错缝平铺墓底砖，然后单砖自下而上砌筑墓壁。自四壁逐渐内收形成穹隆顶，顶部内收形成方形，用砖封堵。由于后期破坏，墓室保存不完整，东壁已经完全破坏，南壁、北壁局部被破坏。墓壁呈弧形。墓砖纹饰为内向。墓室南北最宽处为2.67、东西残长2.6米。在穹隆顶顶部的两端，残留有南北向平砌的两层灰砖，叠压在穹隆顶之上。具体用途不明。砖之间用泥质灰口，墓室顶部多加有楔形塞。墓葬用砖为侧面有重棱形纹的花纹砖，砖长33.3、宽15.2、厚约6.5厘米，无子母口。葬具已朽，仅在墓室底部中间部分，有棺灰痕迹，南北宽约0.6、东西残长1.1米。填土均为黄褐花土，较为疏松，墓室底部有淤积土，厚5～6厘米。人骨架不见。随葬品仅见2枚五铢钱，"五"字中间相交两笔弯曲，"铢"字的"金"字头呈镞形，"朱"字头方折。钱径2.5、穿边长1厘米。M1时代应为东汉时期（图一○）。

四、宋元墓葬

此次发掘，清理宋元墓葬1座，编号M2。

M2　位于T1412探方内，开口于耕土层下。墓葬形制为长方形砖室墓。墓口南北长2.5、东西最宽处为1米，墓底南北长2、东西最宽处为0.6米。填土为灰褐土。墓向190°。墓底砖为单砖东西向平行铺砌，从墓底自下而上第1层砖为单砖侧立，墓四壁为单砖错缝平铺。墓砖均为素面，长30、宽13.5、厚4.5厘米。未见葬具。人骨仅见头骨及部分肢骨。未见随葬品，仅在填土内发现铁钉。根据墓葬形制分析，M2与烟台地区以往发现的宋元墓相似，应为此时期墓葬（图一一）。

五、结　语

通过对龙口东南遗址的发掘和资料整理，我们获得了如下认识。

东南遗址早期文化遗存发现较多，虽然可复原器物较少，但陶器特征明显，器形有鼎、罐、盆等，陶色流行红褐陶、红陶等，这些都是胶东地区常见的龙山文化陶器的基本特征[1]，但也有个别单位出土的器物特征与其有一定的差别，具有大汶口文化晚期特征，如：H1出土的遗物与其他早期遗存出土遗物有明显不同，陶片中的夹砂陶较多，以红陶、红褐陶为主，不见夹砂

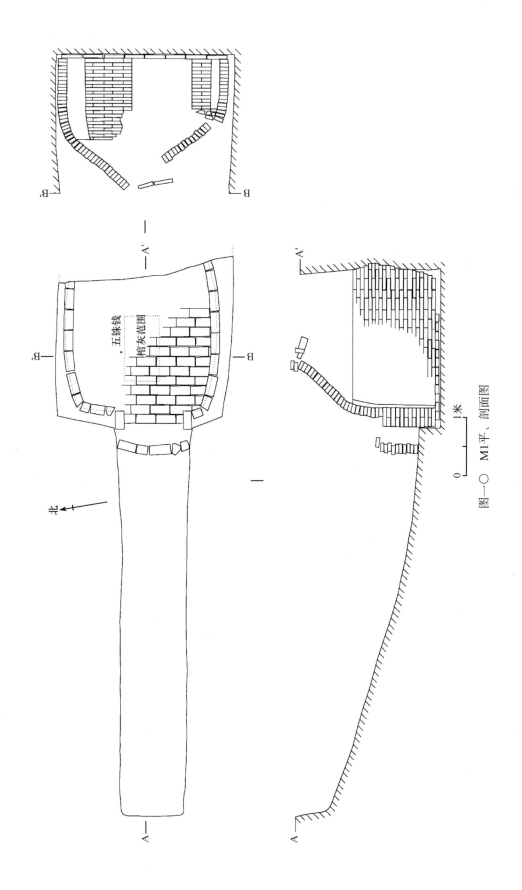

图一〇　M1平、剖面图

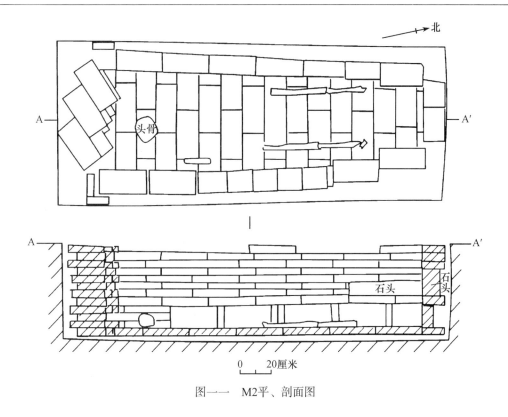

图一一　M2平、剖面图

黑陶；泥质黑陶的数量较少。有少量的陶片表面施有红色陶衣。罐形鼎、罐与杨家圈遗址一期文化的大汶口文化遗物相似[2]。此外，遗址内T1012③：4层发现的扁壶与山东潍坊后埠下墓地BⅠ式扁壶相似[3]，属于东汉时期，发现的筒瓦等建筑材料，也是胶东地区汉代遗址常见的一些器物。由此分析，该遗址第1～2层，为近现代耕作层和扰乱层；第3层应为汉代文化层；第4层应为龙山文化层，此层最厚，包含物也最为丰富，此层下开口的H1时代应略早一些，属于大汶口文化晚期。

　　胶东地区到了东汉时期，墓葬形制发生了很大的变化，砖室墓逐渐代替了土坑墓，并成为主要墓葬形制，直到宋元时期，墓葬形制仍然以砖室墓为主。东南遗址M1的墓葬形制及出土遗物，与山东潍坊后埠下墓地发现的东汉墓相同[4]，时代应属于同一时期。M2墓葬形制与烟台博物馆在莱山区轸格庄发掘的宋墓相同，时代应为宋代[5]。

摄　影：赵　娟

执　笔：沈　岩　侯建业　赵　娟　闫　勇

注　释

[1]　北京大学考古系等：《胶东考古》，文物出版社，2000年，28～90页。

[2]　同［ 1 ］。

[3]　山东省文物考古研究所：《山东省高速公路考古集（1997）》，科学出版社，2000年，234～286页。

[4]　同［ 3 ］。

[5]　资料现存烟台市博物馆。

附表一　龙口芦头东南遗址第4层出土陶片统计表　　　　（单位：片）

数量 陶质 陶色 纹饰	泥质			夹砂			合计	百分比（%）
	红	褐	黑	红	红褐	黑		
素面	1	28	63	107	85	90	374	94.21
凹弦纹		1		1	4	8	14	3.53
凸弦纹		1					1	0.25
压印纹				1			1	0.25
附加堆纹				3		3	6	1.51
泥饼			1				1	0.25
合计	1	30	64	112	89	101	397	100
百分比（%）	0.25	7.56	16.12	28.21	22.42	25.44		100

附表二　龙口芦头东南遗址灰坑出土陶片统计表　　　　（单位：片）

灰坑	数量 陶质 陶色 纹饰	泥质			夹砂				合计	百分比（%）
		红	褐	黑	红	红褐	黑	灰		
H1	素面			14	64	89			167	99.41
	凹弦纹									
	凸弦纹									
	刻划纹				1				1	0.59
	泥饼									
	合计			14	65	89			168	100
	百分比（%）			8.33	38.69	52.98				100
H3	素面	14	26	58	99	119	77	16	409	96.02
	凹弦纹	1	3	2	1	3	3	2	15	3.52
	凸弦纹									
	刻划纹									
	泥饼		1			1			2	0.46
	合计	15	30	60	100	123	80	18	426	100
	百分比（%）	3.52	7.04	14.08	23.47	28.88	18.78	4.23		100

［原载于《东方考古》（第11集），科学出版社，2014年］

莱州市碾头墓地发掘报告

山东省文物考古研究院

莱 州 市 博 物 馆

　　莱州市位于山东东北部，西临渤海莱州湾。地处山东半岛西北部，属胶东丘陵，地势东南高、西北低。该市东临招远市，东南与莱西市接壤，南连平度市，西南与昌邑市相望。碾头墓地位于莱州市城港街道办事处碾头村西北，坐标为东经119°56′38.97″，北纬37°14′15.95″，海拔22米。墓地南距莱州市区约5千米，往西约6千米是莱州湾（图一）。墓地地势隆起，西临莱州啤酒厂，东部、北部为麦田，南部为果园。据当地村民介绍，地表原有高1米多的封土，后因取土和种植被逐渐整平，曾出土过陶器、陶俑和铜镜等文物。因建莱州啤酒厂、修建水塘和耕地取土，墓地遭到较大程度破坏。

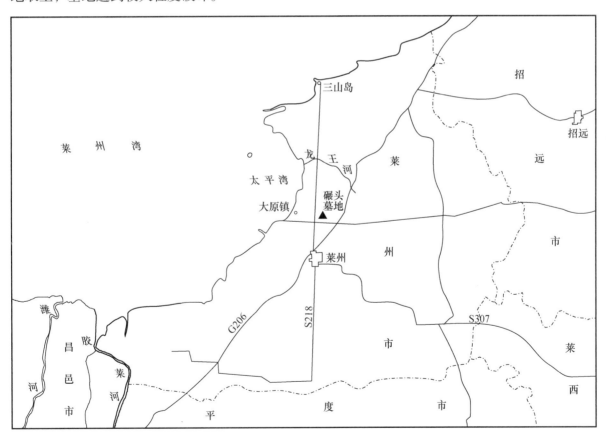

图一　碾头墓地位置示意图

　　2007年4～5月，为配合胶东调水工程建设，山东省文物考古研究所对墓地进行了考古勘探和发掘。共清理墓葬20座，其中东周墓葬1座，汉代墓葬15座，清代墓葬4座，出土文物100余件（图二；图版二〇，1、2）。现将本次发掘情况报告如下。

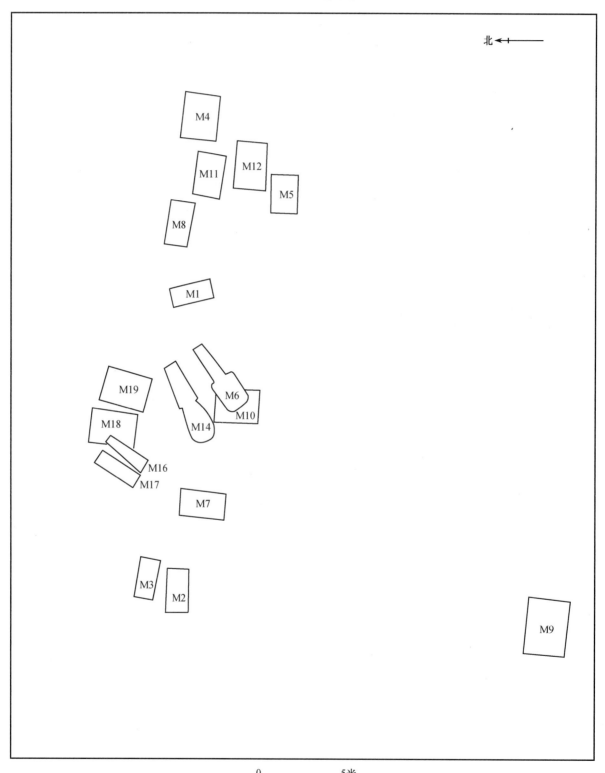

图二　莱州碾头墓地部分墓葬分布图

一、东周墓葬

发现1座，位于墓地最南端。

M15　墓葬上部被破坏，原开口层位不详。墓口长2.9、宽1.56米，墓底长2.26、宽1米，墓口距墓底0.64米。方向88°。墓内填黄褐色粉砂花土，夹料姜石，经轻微夯打。有一椁一棺，仅余灰痕。椁长2.26、宽1米，棺长1.94、头端宽0.6、足端宽0.54米。葬式为单人仰身，下肢微屈，头向东，面向北。有一壁龛，位于北侧二层台上，内放陶罐、陶盒各1件（图三）。

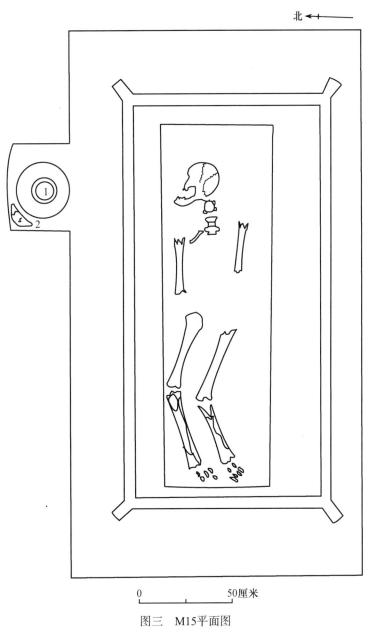

图三　M15平面图
1. 陶罐　2. 陶盒

陶罐　1件。M15:1，夹砂灰陶。侈口，方唇，卷沿，直颈，折肩，鼓腹，平底微内凹。腹部装饰竖向细绳纹。口径21、腹径32.3、高30.8厘米（图四，1；图版二五，1）。

陶盒　1件。M15:2，夹砂灰陶。圆唇，口微侈，直壁，小平底。口径20.6、高9.5、壁厚0.8～1厘米（图四，2）。

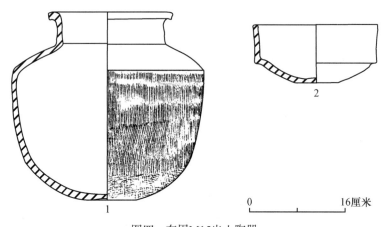

0　　　　　　　　　16厘米

图四　东周M15出土陶器

1. 罐（M15:1）　2. 盒（M15:2）

二、汉代墓葬

汉代墓葬以土坑墓为主，共有12座，另有1座砖室墓和2座砖椁墓。土坑墓平面皆为长方形，分南北向和东西向两种。南北向墓5座，东西向墓7座，竖穴，直壁，大部分墓中填土经过夯打，非常坚硬。墓口长一般在2.5米左右，最长的一座长3.2、宽1.5米左右。较大的墓葬有边箱、壁龛，随葬品少的仅1件，多的有18件。

随葬陶器以泥质灰陶为主，夹砂灰陶和褐陶较少。器表多为素面，有纹饰的多饰弦纹和绳纹，个别器物装饰铺首衔环，一般位于樽或壶的腹部。部分陶器掺加滑石，经过磨光，表面光滑。器类有罐、扁壶、案、镳斗、碗、魁、壶、耳杯、樽、盘、盒、奁等。随葬器物除陶器外还有铜镜、铁镢、铁镜架、铜钱、齿贝等。

（一）土坑墓

M1　墓口长2.26、宽1.2米，墓底长2.18、宽1.12、深0.96米。方向350°。坑内填土为浅黄褐色砂性花土，经夯打。有一椁一棺，均已朽。椁长1.76、宽0.74米，棺长1.7、宽0.5米。葬式为单人仰身直肢葬，人骨保存较差。随葬有陶扁壶1件，置于棺外足端（图五；图版二一，1）。

M2　墓口长2.6、宽1.36米，墓底长2.6、宽1.36、深0.9米。方向93°。坑内填土为浅黄褐色砂性花土。有一椁一棺，均已朽。椁长2.16、宽0.8米，棺长1.8、宽0.48米。二层台长2.2、宽0.9、高0.4米。葬式为单人仰身屈肢葬，人骨保存差。随葬品均为陶器，壶、盆、盒各1件，放于足端椁外。墓室中部有一盗洞（图六；图版二一，2）。

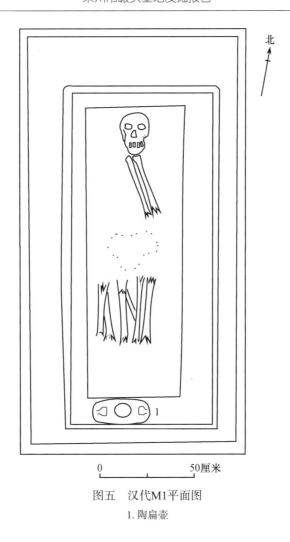

北

0   50厘米

图五　汉代M1平面图

1.陶扁壶

　　M3　墓口长2.24、宽1.04米，墓底长1.92、宽0.5米，墓口距墓底深1.2米。方向104°。填土为浅黄褐色砂性花土。有一棺，已朽仅见灰痕。棺长1.76、宽0.5、残高0.4米。壁龛位于墓室西壁，内放陶镶斗1件。葬式为单人仰身直肢葬，人骨保存较好（图七；图版二一，3）。

　　M4　墓口长2.8、宽2.2米，墓底长2.55、宽1.8、深1.9米。方向99°。坑内填土为浅黄褐色砂性花土，经过夯打，比较坚硬。有椁棺，均已朽。椁长2.3、宽1、残高0.5米，棺长1.7、宽0.46、残高0.1米。葬式为单人仰身直肢葬，人骨保存差。随葬陶器有樽、耳杯、壶、盘、盖盒各1件，放于椁外北侧熟土台上；另有4枚铜钱，放于东侧棺椁之间的方盒内。方盒长0.2、宽0.1米，已腐朽，仅可见痕迹（图八；图版二一，4）。

　　M5　墓口长2.2、宽1.48米，墓底长2.12、宽1.4、深1.52米。方向93°。坑内填土为浅黄褐砂性花土，经夯打。有一椁一棺，均已朽。椁长2、宽0.8米，棺长1.7、宽0.4～0.52米。葬式为单人仰身直肢葬，人骨保存较差。随葬品有陶盘、陶壶各1件，放于北侧壁龛内；铜镜1件，铜钱2枚，放于头骨左侧（图九；图版二二，1）。

　　M7　墓口长2.7、宽1.6米，墓底长2.6、宽1.5、深1.7米。方向8°。墓内填土为黄褐色砂性花土，经夯打。有一椁一棺，椁长1.95、宽1.25、残高0.1米，棺长1.95、宽0.5、残高0.1米。葬

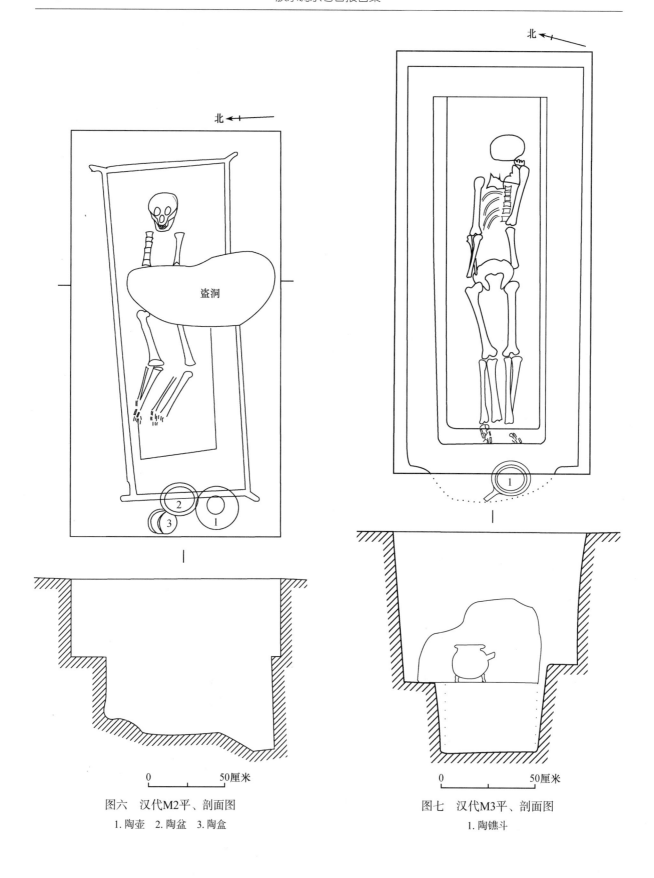

图六　汉代M2平、剖面图

1.陶壶　2.陶盆　3.陶盒

图七　汉代M3平、剖面图

1.陶鐎斗

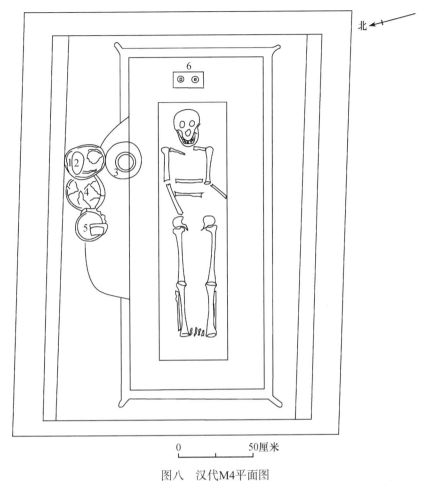

图八　汉代M4平面图

1.陶樽　2.陶耳杯　3.陶壶　4.陶盘　5.陶盖盒　6.铜钱

式为单人仰身直肢葬，头向北，面向上，人骨保存较差。随葬陶器18件，有樽、器盖、壶、盘、盒、耳杯、魁、奁、案各1件，放于椁室西侧的边箱内（图一〇；图版二二，2）。

M9　墓口长3.2、宽2.4米，墓底长宽同墓口，墓口距墓底1.2米。方向94°。墓内填黄褐色细砂花土。木椁已朽成灰痕，朽后挤压变形，成"亚"字形。长约2.54、宽约1.5米。因盗扰严重，棺痕无存。葬式不明，头骨与四肢分离。头骨位于肢骨北侧，头向北，面向东。四肢及躯干叠压到一起。随葬品仅余1堆鱼骨、2枚铜钱和1个陶壶盖（图版二二，3）。

M10　墓口长2.66、宽1.9米，墓底长2.6、宽1.76、深2.36米。方向4°。墓内填土为黄褐色细砂花土。棺椁已朽，且挤压变形，成"亚"字形。棺长2、宽64～66、残高0.1米。椁变形严重，长约2.22米，北端宽约1.58、南端宽约1.44、中部宽约1.25米。葬式为单人仰身直肢葬，墓主头向北，面向上。随葬品有陶盖壶、陶盘、陶盖樽各1件，陶耳杯5件，放于墓主人右侧棺外椁内；海贝1枚，放于墓主头部左侧（图一一；图版二二，4）。

M11　墓口长2.3、宽1.5米，墓底长宽同墓口，深1.4米。方向99°。墓内填黄褐色细粉砂土。有棺已朽，仅余痕迹，长约1.9、宽约0.46、残高0.06米。无人骨发现，但根据随葬品推断头向东。随葬品有铜镜1件，放于墓室东北角；陶盖壶、陶盖樽、陶盖盒各1件，陶耳杯2件，放于墓室东南角（图一二；图版二三，1）。

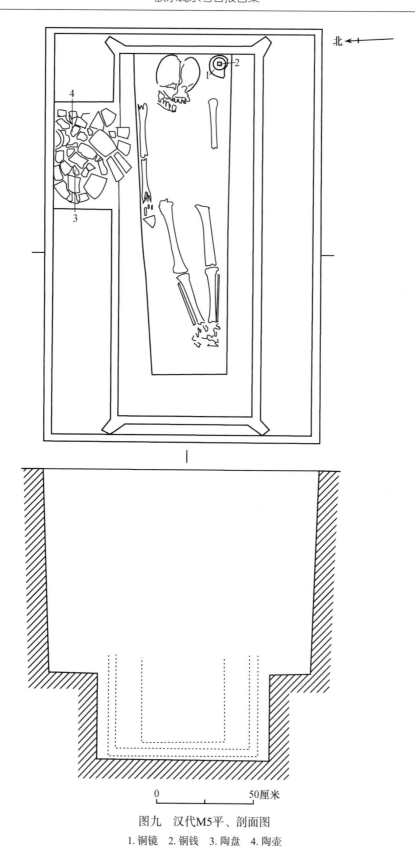

图九　汉代M5平、剖面图

1.铜镜　2.铜钱　3.陶盘　4.陶壶

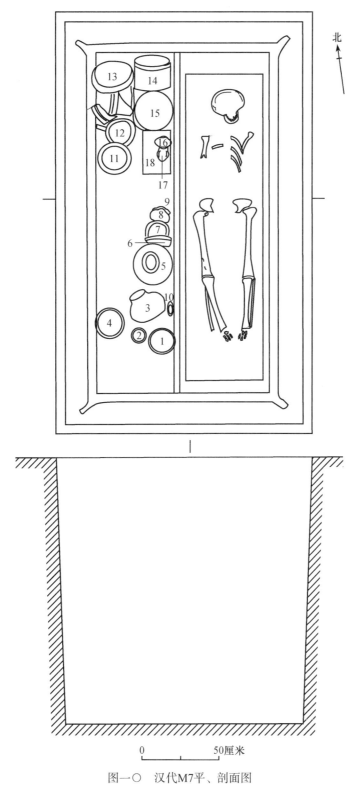

图一〇　汉代M7平、剖面图

1、18.陶樽　2、6.陶器盖　3、5.陶壶　4、11.陶盘　7.陶盒　8~10、16、17.陶耳杯　12.陶魁　13~15.陶奁

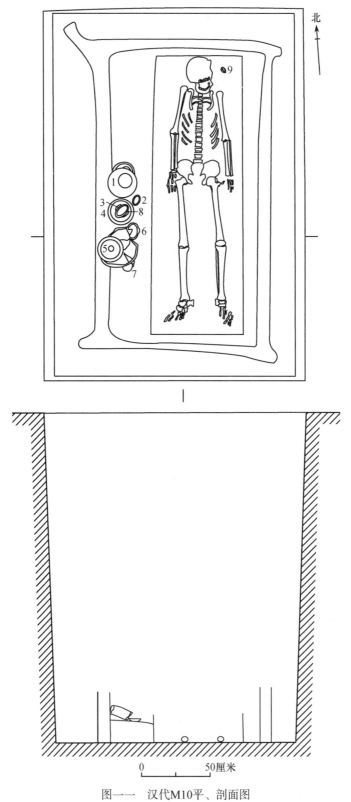

图一一　汉代M10平、剖面图

1.陶盖壶　2、3、6～8.陶耳杯　4.陶盘　5.陶盖樽　9.海贝

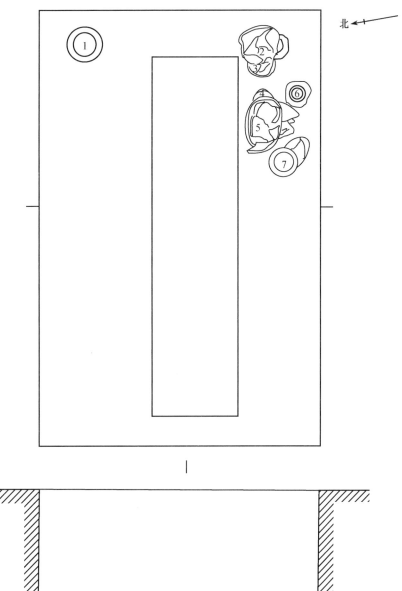

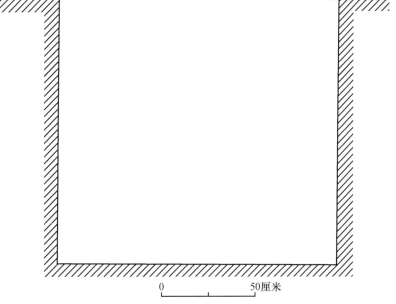

图一二 汉代M11平、剖面图

1.铜镜 2.陶壶 3、4.陶耳杯 5.陶盖樽 6.陶壶盖 7.陶盖盒

M12　墓口长2.8、宽1.8～2米，墓底长2.65、宽1.7～1.8米，墓口距墓底1.4米。方向97°。墓内填黄褐色细砂花土。有一棺一椁。椁长2.15、宽0.85、残高0.36米，棺长2、宽0.65、残高0.1米。葬式为单人仰身直肢葬，墓主头向东，面向不清。随葬品均为陶器，有盖盒、耳杯各2件，案、魁、盘、壶、樽各1件，放于椁外墓室北侧（图一三；图版二三，2）。

M18　墓口长2.65、宽1.95米，墓底长2.5、宽1.75、深1.9米。方向10°。墓内填黄褐色砂性花土。有一椁一棺，椁长2.4、宽1.1米、高0.45米，棺长1.95、宽0.72、残高0.1米。葬式为单人仰身屈肢葬，头向北，面向上。随葬有陶罐1件和碎兽骨，放于西侧二层台上的长方形器物箱内（图一四；图版二三，3）。

M19　墓口长2.56、宽2～2.08米，墓底长2.44、宽1.08～1.15米，墓口距墓底2.12米。方向18°。墓内填黄褐色砂性花土，经夯打。有一棺，朽成灰。长2.06、宽0.7米。葬式为单人仰身直肢葬，头向北，面向南。随葬陶器有耳杯、壶、樽、盆各1件，兽骨1堆，放于墓室西侧生土二层台中部的龛内（图一五；图版二三，4）。

（二）砖椁墓

M8　墓口长2.54、宽1.42米，墓底长2.46、宽1.34、深1.348米。方向102°。墓内填土为黄褐色砂性花土，经夯打。砖椁，由两种砖砌成，一种小砖，长0.272～0.28、宽0.1、厚0.06米，用在砖椁上部；一种大方砖，长0.44、宽0.44、厚0.034米，用来铺地及作砖椁前后及两侧挡砖。砖椁长2、宽0.96、高0.648米。葬式为单人仰身直肢葬，人骨腐朽，头向东，面向南。随葬陶器有耳杯2件，魁、壶、盒各1件，放于足端砖椁外（图一六；图版二四，1）。

M20　墓口长2.92、宽1.4米，墓底长2.68、宽0.85、深1米。方向3°。墓内填黄褐色砂性花土，经轻微夯打。砖椁长2.78、宽0.95、深0.6米。棺已朽。葬式为单人仰身直肢葬，人骨腐朽严重。随葬品有铜镜、铁镜架各1件，放于头骨右侧；五铢钱3枚，放于右手侧；陶耳杯3件，陶盆、盒、罐各1件，鱼骨1堆，放于人骨足端墓室南侧（图一七；图版二四，2）。

（三）砖室墓

1座。位于水塘北侧，墓地发掘区最北端。

M13　墓口长3.71、宽2.14米，墓底长3.23、宽1.8米。方向5°。墓葬上部受破坏严重，仅存砖室底部，残深0.4米。墓内填黄褐色砂性花土。墓葬平面呈船形，底部以长方形青砖斜向铺地，北侧以两排横向的青砖作门。墓砖的侧面为菱形纹。在被扰乱的墓土中发现夹砂灰白色陶片和2枚五铢钱（图一八；图版二四，3）。

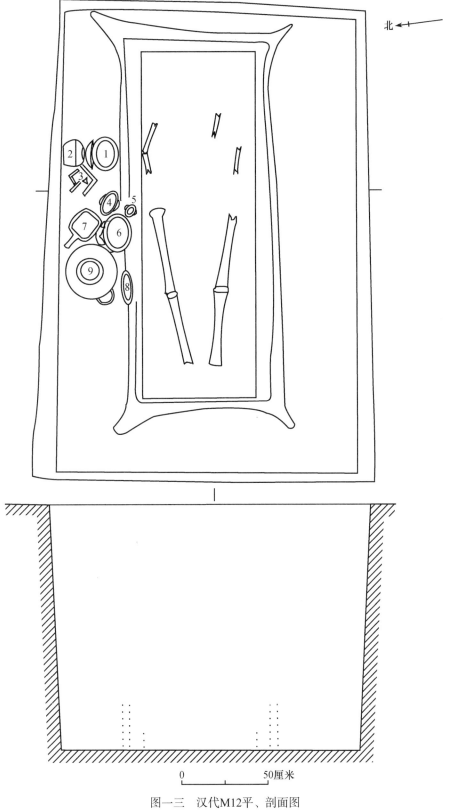

图一三　汉代M12平、剖面图

1、2.陶盖盒　3.陶案　4、5.陶耳杯　6.陶樽　7.陶魁　8.陶盘　9.陶壶

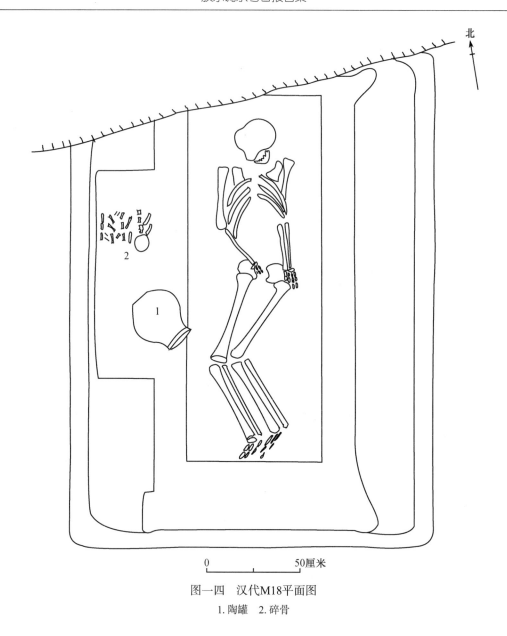

图一四　汉代M18平面图

1. 陶罐　2. 碎骨

（四）出土遗物

1. 陶器

出土陶器共71件，有壶、盘、樽、奁、耳杯、罐、案、魁、盒、扁壶、镳斗、碗等，举例如下。

罐　2件。泥制灰陶。侈口，束颈。下腹饰绳纹。M8：4，方唇，平折沿，圆腹，最大径在上部，平底微内凹。腹上部装饰一周凹弦纹。高26.5、口径13.5、腹径22.2、底径7、壁厚0.8～1厘米（图一九，1；图版二五，3）。M18：1，圆唇，卷沿，鼓腹，最大径在中部，平底微内凹。腹中部饰三周戳印纹，下腹及底饰绳纹。高26、口径13.6、腹径24.4、底径8.4、壁厚0.8～1厘米（图一九，2；图版二五，2）。

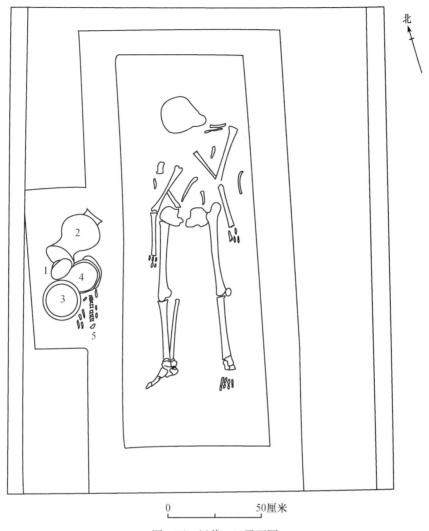

图一五　汉代M19平面图

1.陶耳杯　2.陶壶　3.陶樽　4.陶盆　5.兽骨

壶　10件。可分二型。

A型　4件。方唇，喇叭形口，鼓腹，圈足。可分三式。

Ⅰ式：2件。方唇，鼓腹，最大径偏下部，鼓腹较扁。M19：2，夹砂灰褐陶。素面。高24、口径12、腹径22、底径12、壁厚0.6～1厘米（图二〇，1；图版二五，4）。M20：9，泥质黑褐陶。矮圈足。高23.8、口径13.5、腹径20、底径10.5、壁厚0.7～1厘米（图版二五，5）。

Ⅱ式：1件。M11：6，夹砂灰褐陶。方唇，鼓腹，最大径近中部，鼓腹略扁，高圈足。腹中部饰一周凹弦纹。高26.4、口径12、腹径19.2、壁厚0.8厘米（图二〇，2；图版二五，6）。

Ⅲ式：1件。M10：1，夹砂灰褐陶。方唇，鼓腹，最大径位于腹中下部，近圆腹，矮圈足。颈部饰一周凹弦纹，腹部有数道轮转制作痕迹。高28.5、口径11.3、腹径20.2、底径10.2厘米。圆盖，子母口，方唇（图二〇，3；图版二六，1）。

B型　共6件。鼓腹，圈足。可分四式。

Ⅰ式：1件。M4：3，夹砂灰褐陶。直口，方唇，鼓腹，最大径近中部，矮圈足。腹中部

北

图一六　汉代M8平、剖面图
1、2.陶耳杯　3.陶魁　4.陶壶　5.陶盒

0　　　　　　50厘米

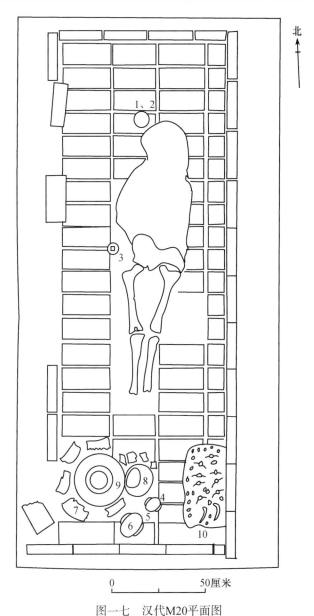

图一七　汉代M20平面图

1. 铜镜　2. 镜架（铜镜下）　3. 铜钱　4~6. 陶耳杯　7. 陶盆　8. 陶盒　9. 陶罐　10. 鱼骨

有一道制作痕迹。高29.7、口径11.2、腹径21.2、底径12.5、厚0.5~1厘米。圆盖，子母口，圆唇（图二〇，4；图版二六，2）。

　　Ⅱ式：1件。M5：4，夹砂灰褐陶。侈口，圆唇，鼓腹，腹最大径近中部，矮圈足。颈部装饰一周凹弦纹。高28.8、口径12.4、腹径23.4、底径14厘米（图二〇，5；图版二六，3）。

　　Ⅲ式：2件。方唇，喇叭形口，鼓腹，矮圈足。腹部装饰两周凹弦纹、两周绳纹。M7：3，高27.6、口径6、腹径20.8、底径11.2厘米。覆盘式盖，尖唇（图二〇，6；图版二六，4）。M7：5，高28.2、口径12.8、腹径23.2、底径10.2、厚0.8~1.2厘米（图二一，1；图版二六，5）。

　　Ⅳ式：2件。方唇，喇叭形口，鼓腹。腹中部装饰一对铺首衔环。M12：9，腹上部和中

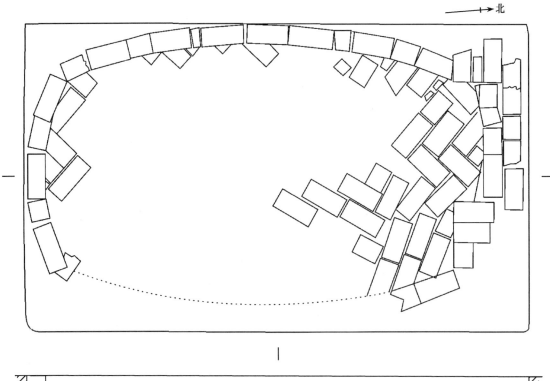

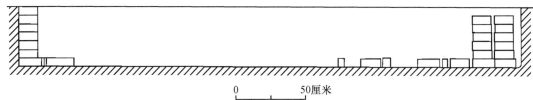

0 　　　　　　50厘米

图一八　汉代M13平、剖面图

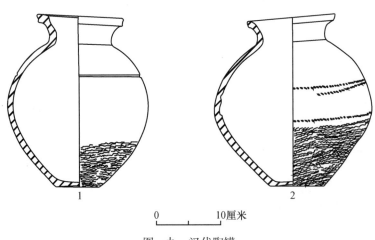

0 　　　　　　10厘米

图一九　汉代陶罐
1. M8：4　2. M18：1

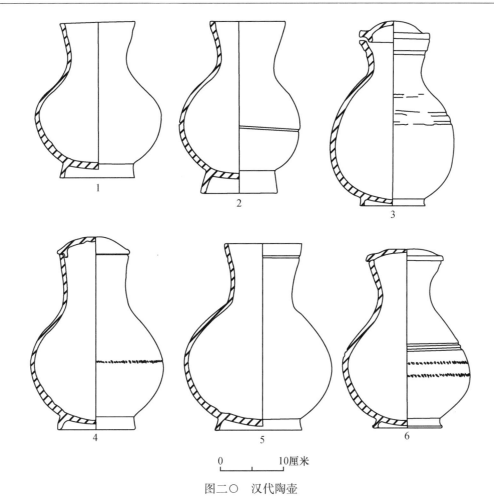

0   10厘米

图二〇　汉代陶壶

1.A型Ⅰ式（M19：2）　2.A型Ⅱ式（M11：6）　3.A型Ⅲ式（M10：1）　4.B型Ⅰ式（M4：3）　5.B型Ⅱ式（M5：4）

6.B型Ⅲ式（M7：3）

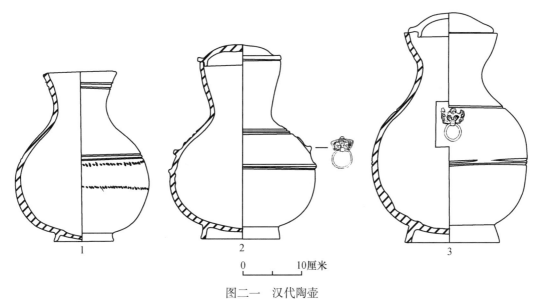

0   10厘米

图二一　汉代陶壶

1.B型Ⅲ式（M7：5）　2、3.B型Ⅳ式（M12：9、M2：1）

部各装饰两周凹弦纹。高32.6、口径13.6、腹径25、底径13.3、壁厚0.8～1厘米。圆盖，子母口，方唇（图二一，2；图版二六，6）。M2：1，腹上部饰一周凹弦纹，中部两周凹弦纹。高38.5、口径16、腹径26.6、底径16、壁厚0.8～1.5厘米。圆盖，子母口，尖唇（图二一，3；图版二七，1）。

盒　7件。子母口，带盖，小圈足、平底或圜底。可分三型。

A型　共2件。附碟式盖，平底。M11：7，泥质灰陶，夹滑石。小平底。高9.4、盖径15.2、高3.4厘米。盒口径12.8、高6.2、底径6.3厘米（图二二，1；图版二七，2）。M2：3，夹砂灰褐陶。盒平底内凹，盖底较平。盖高2.6、盖径16厘米，盒高6、口径14、壁厚0.5厘米（图二二，2；图版二七，3）。

B型　2件。附碟式盖，圜底。M7：7，夹砂灰褐陶。盖失。口径12.4、底径4、高8.2厘米（图二二，3；图版二七，4）。M20：8，夹砂灰褐陶，夹少量滑石。腹部有两周凹弦纹。盖口径15、高3.2厘米，盒高7.8、口径11.7、底径1.5厘米（图二二，4；图版二七，5）。

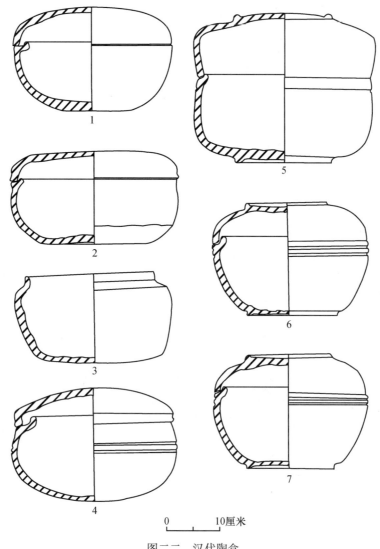

0　　　　10厘米

图二二　汉代陶盒

1、2.A型（M11：7、M2：3）　3、4.B型（M7：7、M20：8）　5.C型Ⅰ式（M4：5）　6、7.C型Ⅱ式（M12：1、M12：2）

C型　3件。盘形盖，小圈足。可分二式。

Ⅰ式：1件。M4：5，夹砂灰褐陶。盒近直壁，深腹。盖深腹敛口。腹上部装饰一周凹弦纹。盖高5.8、口径16厘米，盒高8、口径16.4、底径9、高13.5厘米（图二二，5）。

Ⅱ式：2件。盒弧壁，浅腹。盖浅腹，侈口。M12：1，夹砂灰陶。上腹部两周凹弦纹。盖高3.4、口径14.6厘米，盒高7.2、口径12.8厘米（图二二，6；图版二七，6）。M12：2，夹砂灰陶。上腹部两周凹弦纹。盖高4、口径14.3厘米，盒高7.4、口径15、底径8.4厘米（图二二，7；图版二八，1）。

樽　6件。方唇，筒形腹，蹄形足。可分二型。

A型　4件。腹部装饰一对铺首衔环。M4：1，夹砂灰褐陶。直口，圜底。盖装饰两周凹弦纹，纽装饰一个圆环。盖径21、高4.2厘米，樽口径20、高13、壁厚0.6厘米，通高17.2厘米（图二三，4；图版二八，2）。M10：5，夹砂灰褐陶。盖失。直口，圜底。口径18、壁厚0.7、高13.5厘米（图二三，5；图版二八，3）。M19：3，夹砂灰陶，夹滑石。口微敛，平底。盖装饰两周凹弦纹，纽有座并装饰一个圆环。盖径20、高4.8厘米，樽口径19、高12.2、壁厚0.7厘米（图二三，1；图版二八，4）。M12：6，夹砂灰褐陶。口微敛，圜底。盖纽有凹线刻划的座并装饰圆环。盖径18.5、高5.2厘米，樽口径18、高12.7、通高16.6厘米（图二三，2；

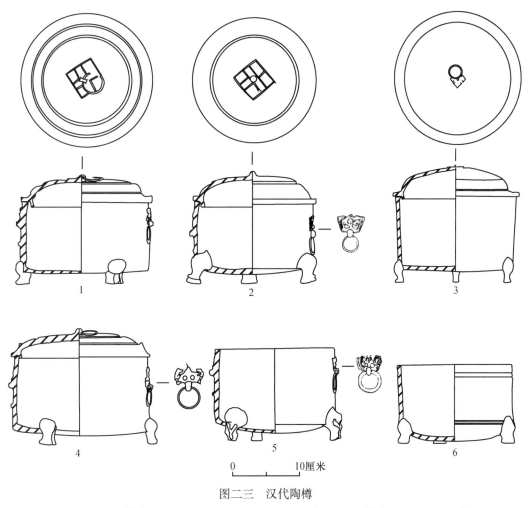

图二三　汉代陶樽

1、2、4、5.A型（M19：3、M12：6、M4：1、M10：5）　3、6.B型（M11：5、M7：1）

图版二八，5）。

B型　2件。直壁外斜，圜底。无铺首衔环。M7：1，夹砂灰褐陶。盖失。口微侈。腹上部和下部各装饰两周凹弦纹。口径17.6、壁厚0.6、高11.6厘米（图二三，6；图版二八，6）。M11：5，夹砂灰褐陶。口微敛，圜底。盖装饰两周凹弦纹，纽有座并装饰圆环。樽口径18.8、底径17.5厘米，盖径19.4、盖高4.5、壁厚0.6、高17厘米（图二三，3；图版二九，1）。

耳杯　共22件。椭圆形，圆唇，月牙耳，平底。根据口部的不同，可分二型。

A型　14件。两耳低于口沿。可分二亚型。

Aa型　7件。器形较大，腹较深。M19：1，泥质红褐陶。长13.1、宽12、高3、壁厚0.2～0.4厘米（图二四，1）。M4：2，泥质灰褐陶。器形狭长。长12.6、宽9.4、高3.4、壁厚0.2～0.3厘米（图二四，2；图版二九，2）。

Ab型　7件。小耳杯，腹浅。M8：1，泥质灰褐陶。长9、宽8.1、高2.4、厚0.2～0.4厘米（图二四，3；图版二九，3）。

B型　8件。两耳与口沿相平。可分二亚型。

Ba型　1件。大耳杯，深腹。M20：6，泥质浅灰褐陶，夹少量滑石。耳厚，平底微内凹。长14.8、宽12.3、高5.5、壁厚0.2～0.6厘米（图二四，4；图版二九，4）。

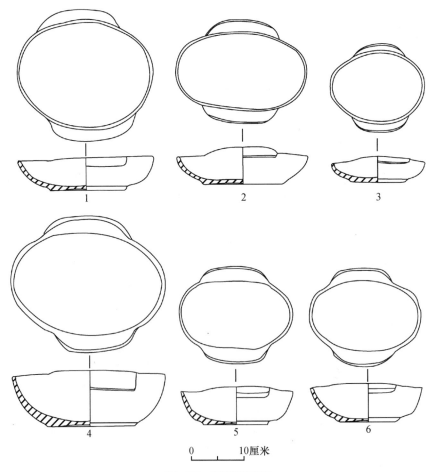

图二四　汉代陶耳杯

1、2. Aa型（M19：1、M4：2）　3. Ab型（M8：1）　4. Ba型（M20：6）　5、6. Bb型（M20：4、M20：5）

Bb型　7件。小耳杯。M20：4，泥质浅灰褐陶。平底微内凹。长10.8、宽9、壁厚0.2～0.4、高3.5厘米（图二四，5；图版二九，5）。M20：5，泥质灰褐陶。长10.1、宽9.5、壁厚0.2～0.4、高3.5厘米（图二四，6；图版二九，6）。

扁壶　1件。M1：1，泥质灰陶。直口微侈，方唇，扁腹，矮圈足，平底微内凹。肩部有两个对称的桥形鼻。腹径30.8、高29.4厘米（图二五，1；图版三〇，1）。

瓮　3件。夹砂灰褐陶。瓮身子母口。有盖，弧顶，顶部微下凹。M7：14，直壁，小平底微内凹。盖上一周凹弦纹，腹上部两周凹弦纹，腹中部一周凹弦纹，下部两周凹弦纹。腹径24.7、高23厘米（图二五，2；图版三〇，2）。M7：15，直壁微外斜，圈足。腹上部两周凹弦纹，内壁有轮制痕迹。腹径24、高23厘米（图二五，3；图版三〇，3）。M7：13，斜壁，圈底。腹上部两周凹弦纹，下部两周凹弦纹。腹径24、高22.8厘米（图二五，4；图版三〇，4）。

案　1件。M7：18，泥质灰陶。长方形，平底微弧。长27.4、宽20、高1.8厘米（图二六，1；图版三〇，5）。

鐎斗　1件。M3：1，夹砂褐陶。陶色不均，局部为灰褐色。侈口，圆唇，卷沿，束颈，鼓腹，圈底，直柄内空，剖面呈长方形，三个蹄形足。腹中部饰两周凹弦纹。腹内部有轮制痕迹。口径27.4、腹径20.2、高16.8厘米（图二六，2；图版三〇，6）。

盘　8件。敞口，浅盘，折腹，圈底。可分四型。

A型　1件。M5：3，泥质褐陶。圆唇，折沿，窄平沿。口径23.4、高4.7、壁厚0.4～0.6厘

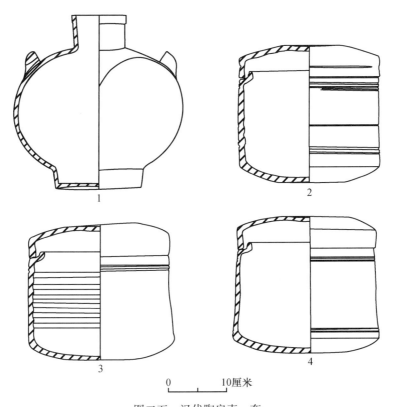

图二五　汉代陶扁壶、瓮

1.扁壶（M1：1）　2～4.瓮（M7：14、M7：15、M7：13）

米（图二七，1；图版三一，1）。

　　B型　3件。泥质灰陶。窄折沿，盘底有弦痕。可分三式。

　　Ⅰ式：1件。M4：4，方唇，窄沿较平，腹内有一圈制作痕迹。口径21.9、高4.9、壁厚0.4～0.5厘米（图二七，2；图版三一，2）。

　　Ⅱ式：1件。M10：4，方唇，窄沿内凹。口径18.6、高4.2、壁厚0.6厘米（图二七，3；图版三一，3）。

　　Ⅲ式：1件。M12：8，圆唇，敞口。口径20.6、高4、壁厚0.3厘米（图二七，4；图版三一，4）。

　　C型　3件。宽折沿，可分三式。

　　Ⅰ式：1件。M7：4，泥质灰陶，夹滑石。方唇，折沿微内凹。口径17.4、高4.2、壁厚0.4

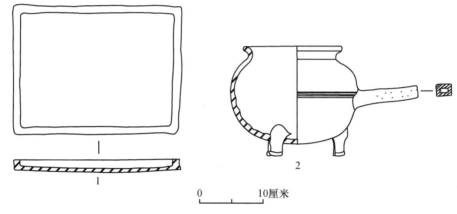

0　　　　　10厘米

图二六　汉代陶案、镳斗

1.案（M7：18）　　2.镳斗（M3：1）

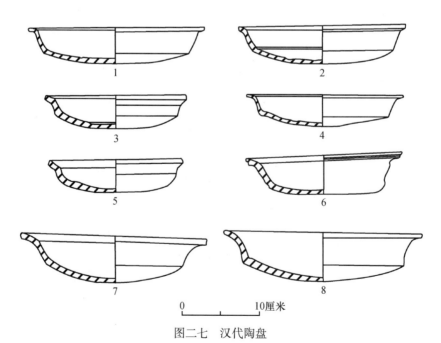

0　　　　　10厘米

图二七　汉代陶盘

1.A型（M5：3）　2.B型Ⅰ式（M4：4）　3.B型Ⅱ式（M10：4）　4.B型Ⅲ式（M12：8）　5.C型Ⅰ式（M7：4）　6.C型Ⅱ式（M7：11）　7.C型Ⅲ式（M20：7）　8.D型（M2：2）

厘米（图二七，5；图版三一，5）。

Ⅱ式：1件。M7：11，夹砂灰陶。圆唇，折沿近平。器形不甚规整，外壁有刮抹划痕。口径20.4、高5.3、壁厚0.6厘米（图二七，6；图版三一，6）。

Ⅲ式：1件。M20：7，泥质灰陶。方唇，折沿较弧。口径24.8、高6.2、壁厚0.6厘米（图二七，7；图版三一，7）。

D型　1件。M2：2，泥质灰陶。圆唇，卷沿。口径26、高6.3、壁厚0.5～0.9厘米（图二七，8；图版三一，8）。

碗　1件。M8：5，夹砂灰褐陶。侈口，圆唇，鼓腹，矮圈足。上腹饰两周凹弦纹。口径10.2、高9.2、壁厚0.5厘米（图二八，2；图版三二，1）。

魁　3件。敞口短柄。可分二型。

A型　1件。M12：7，泥质灰陶。平面呈椭圆形，近方，直口，尖唇，鼓腹，矮圈足，兽头形柄。口长径14、宽径14、高5.6、器身长11.6、壁厚0.2～0.3厘米（图二九，1；图版三二，2）。

B型　2件。泥质灰陶。平面圆形。侈口，圆唇，圜底，短柄呈方形，中空。M7：12，斜壁较直，短柄上翘。口径长17.2、高5.8、壁厚0.3、通长24.2厘米（图二九，2；图版三二，3）。M8：3，斜壁微弧。腹部装饰三周凹弦纹。短柄较平。口径19.8、高9、柄长18.2、壁厚0.4厘米（图二八，1；图版三二，4）。

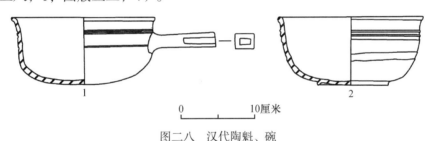

图二八　汉代陶魁、碗

1. B型魁（M8：3）　2. 碗（M8：5）

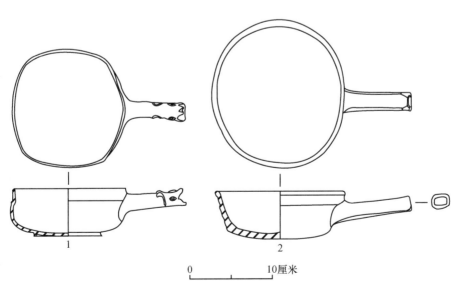

图二九　汉代陶魁

1. A型（M12：7）　2. B型（M7：12）

2. 其他

铜镜　3枚。2枚星云纹镜，1枚日光镜。

星云纹镜　2枚。M11∶1，连峰式纽，圆纽座，纽座边为内向十六连弧纹，其外为星云纹带，其间有四个带座的乳钉纹，乳钉间各有七个小乳钉。边亦为内向十六连弧纹。直径10.3、边厚0.3厘米（图三〇；图版三三，1）。M5∶1，连峰式纽，纽座边为圆圈纹，其外为乳钉组成的星云纹带。边为内向十六连弧纹。直径10.2、边厚0.2厘米（图版三三，2）。

日光镜　1枚。M20∶1，圆纽，圆座，近缘处一圈四言篆书铭文，共八字，"见日月之，相夫毋忘"，字与字间用"の"间隔。直径6.8、边厚0.3、边缘0.2厘米（图三一；图版三三，3、4）。

铜钱　共10枚。皆为圆形方孔钱。其中9枚五铢钱，1枚大泉五十。

五铢钱　钱径2.5厘米左右，穿0.9厘米左右。可分二型。

A型　"五"字相交两笔较直，"朱"字头方折，"金"字头三角形。M5∶2，钱径2.5、穿边1厘米（图三二，1）。M20∶3-1，"五"字相交两边稍弧。钱径2.5、穿边0.9厘米（图三二，2）。M20∶3-2，"五"字两横稍长。直径2.5、穿边1厘米（图三二，3）。

B型　"五"字相交两笔弯曲，"金"字头呈箭镞形。M20∶3-3，穿下一横。钱径2.5、穿径1厘米（图三二，4）。

大泉五十　1枚。M9∶1，钱形厚重。钱径2.7、穿边1厘米（图三二，5）。

铁镜架　1件。M20∶2，出土时位于镜下，锈蚀严重。残长5.7、宽1、厚0.2厘米（图三三，1）。

铁钁　1件。M7∶01，填土中出土。首部截面呈方形，中空成銎，上宽下窄，横截面呈"V"字形。首宽5、厚0.8、刃宽4、长14.3厘米（图三三，2；图版三二，5）。

齿贝　1枚。M10∶9，位于墓主头骨左侧。背面磨平，局部涂朱。长2.9、宽2.4、厚0.7厘米（图三四；图版三二，6）。

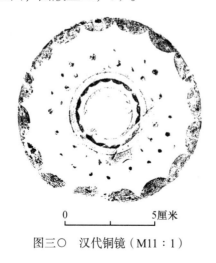

0　　　　　　5厘米

图三〇　汉代铜镜（M11∶1）

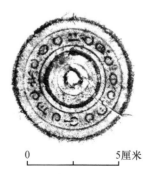

0　　　　5厘米

图三一　汉代铜镜（M20∶1）

莱州市碾头墓地发掘报告 · 133 ·

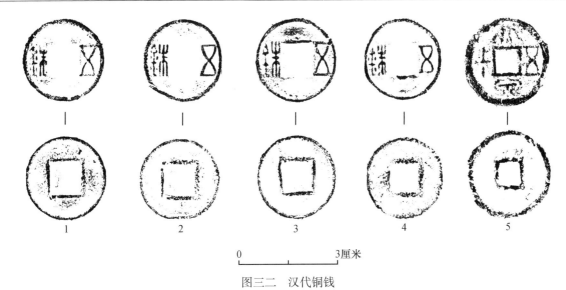

图三二　汉代铜钱

1~3.A型五铢钱（M5∶2、M20∶3-1、M20∶3-2）　4.B型五铢钱（M20∶3-3）　5.大泉五十（M9∶1）

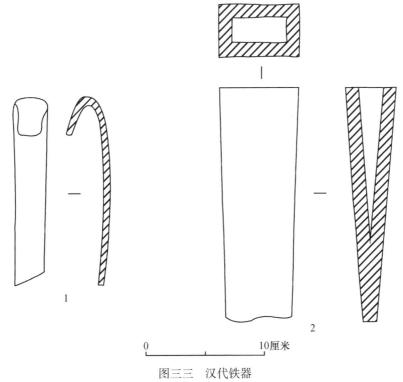

图三三　汉代铁器

1.铁镜架（M20∶2）　2.铁镢（M7∶01）

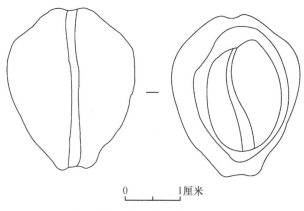

0 ____ 1厘米

图三四　汉代齿贝（M10：9）

三、清代墓葬

共4座。2座土坑竖穴墓，2座洞室墓。土坑竖穴墓西南—东北方向，夫妻并穴合葬。出土瓷灯、瓷罐、铜钱和铜扣。洞室墓东西向，也似并穴合葬，随葬器物同土坑竖穴墓。

（一）土坑竖穴墓

M16　墓口长2.55、宽0.5～0.9、深0.6米，墓底长宽同墓口。方向214°。墓内填土为黄褐色灰花土。有一棺，腐朽，长2.1、宽0.6、残高0.1米。单人仰身直肢葬，头向南，面向西。随葬品有瓷罐1件，铜扣5枚，铜钱3枚，位于棺内（图三五；图版三四，1）。

M17　墓口长2.35、宽0.6～0.8、深0.7米，墓底长宽同墓口。方向214°。墓内填土为黄褐色灰花土。有一棺，已朽，长1.9、宽0.5、残高0.3米。单人仰身直肢葬，头向南，面向东。随葬有瓷罐、灯盏各1件，铜扣8枚，铜钱3枚（图版三四，2）。

（二）洞室墓

M6　洞室墓。墓道位于东侧，平面呈梯形，上口长2.13、东端宽0.56、西端宽0.84米；下口长1.95米，宽同上口。墓道东端深约0.86、西端深1.04米。坑壁较光滑，但无加工痕迹。以土坯封门。墓室为椭圆形弧壁穹隆顶，墓底长2.2、宽0.72～1.26米。墓向58°。墓道内填土为黄砂土，墓室内为黄褐砂土夹杂灰褐土块、白淤砂块。有一棺，已朽。棺长2.08、头端宽0.68、脚端宽0.42、残高0.24米。墓内发现了铁质棺钉，长约0.05米。葬式为单人仰身直肢葬，人骨保存一般。西壁壁龛内随葬有板瓦、瓷罐、瓷灯盏各1件。2枚铜扣位于墓主右肋处，4枚铜钱位于盆骨和大腿处（图三六；图版三四，3）。

M14　洞室墓。墓室底部长2.3、宽1.1～1.42、墓顶至墓底1.1米。方向60°。墓内填土为黄褐砂性花土。有一木棺，朽成灰，长约2.13、头端宽0.64、脚端0.46、残高0.3米。墓内发现了铁棺钉，长约0.1米。墓道向东，平面成梯形，长2.46、东端宽0.8、西端宽1.28、深约1.1米。

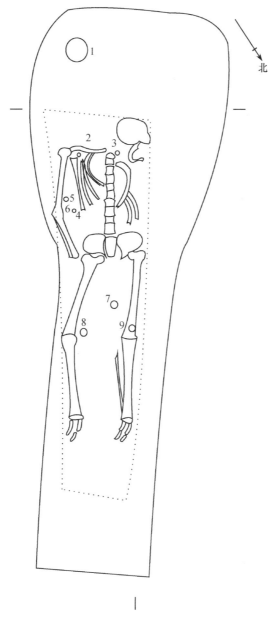

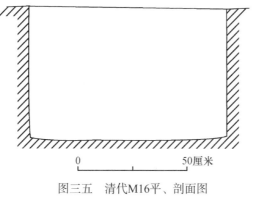

图三五　清代M16平、剖面图

1. 瓷罐　2~6. 铜扣　7~9. 铜钱

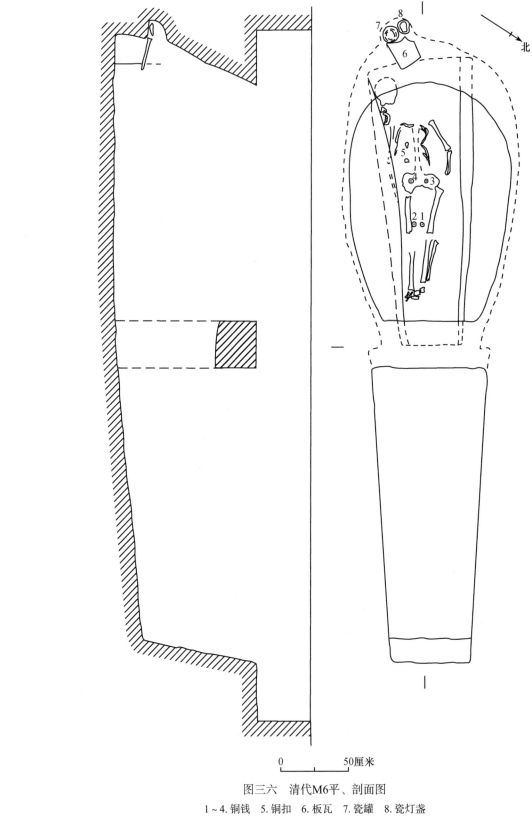

0　　　　　50厘米

图三六　清代M6平、剖面图
1~4.铜钱　5.铜扣　6.板瓦　7.瓷罐　8.瓷灯盏

底部较平整。以灰褐色土坯封门。单人仰身直肢葬，头向西。头端壁龛内放置瓷罐、灯盏、板瓦各1件（图版三四，4）。

（三）出土遗物

出土遗物有瓷罐、瓷灯盏、铜钱及铜扣等。

瓷罐　4件。敛口，圆唇，颈部有4耳，鼓腹，平底微内凹。颈部、腹上、腹下为酱色釉，中间白色釉。M16：1，上腹装饰卷云纹。口径7、高8.4、厚0.3厘米（图三七，1；图版三五，1）。M14：1，素面。口径7、底径6、高9.2、厚0.4厘米（图三七，2；图版三五，2）。M17：1，口径7.1、底径6、腹径8.8、高8.4厘米（图三七，3）。

瓷灯盏　3件。白胎，上酱色釉。灯面圆形，柄部装饰小花，两侧有乳钉纹。M16：2，柄部三朵小花，中间大两侧小。长10.2、宽8、高2.7、厚0.3~0.6厘米（图三七，4；图版三五，3）。M14：2，柄部有一朵小花。长10、宽8.2、高2.6、厚0.5厘米（图三七，5；图版三五，4）。

铜钱　7枚。皆清代铜钱。M6：1、M6：3、M6：4（图三八，1）、M16：8（图三八，2）、M6：9，均为"乾隆通宝"。M17：12，为"道光通宝"（图三八，3）。M17：11，为

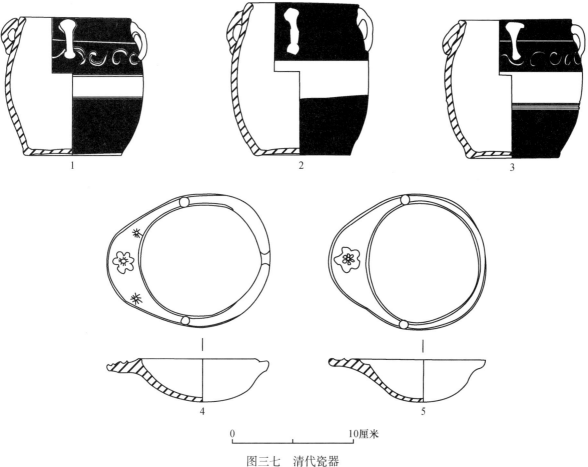

图三七　清代瓷器

1~3.罐（M16：1、M14：1、M17：1）　4、5.灯盏（M16：2、M14：2）

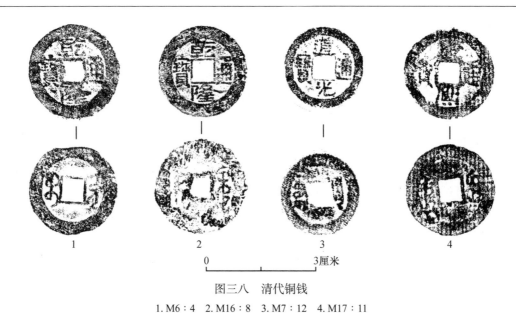

图三八　清代铜钱

1. M6：4　2. M16：8　3. M7：12　4. M17：11

"康熙通宝"（图三八，4）。

铜扣　锈蚀严重。圆形，直径1厘米。中空，有纽，应为衣服上的纽扣。

四、结　语

本次发掘墓葬20座，分别属于东周、汉代和清代，以汉代为主。东周墓葬仅发现1座，但使我们认识到此墓地当从战国时期就开始使用。该墓出土器物虽少，然从陶罐和盒的形制上来看，属于战国晚期。汉代墓葬皆为小型墓，器物组合以陶壶、盘、盒、樽、耳杯为主，个别墓葬只放置1件器物，如陶扁壶、镳斗等。随葬陶器多为实用器，如镳斗底部还有烧烤过的痕迹。汉代墓葬之间无打破、叠压关系，因此墓葬时代只能从墓葬形制特点及出土随葬品的器类和特征进行推断。M5、M11出土星云纹镜及五铢钱，星云纹镜流行于西汉中期，五铢钱同烧沟汉墓Ⅰ式钱，所以这两座墓为西汉中期[1]。M4出土的陶壶、盆与M5相似，时代相近或稍晚。M20出土日光镜形制与女郎山女西M11：3类似，应为西汉晚期[2]。M9出大泉五十铜钱，应为王莽时期。M13被严重破坏，从墓葬形制看属东汉时期。此处作为汉代墓地应该从西汉中期延续到东汉时期，延续时间较长。从埋葬习俗上看，M18、M19及M12、M5应该为夫妻并穴合葬。据当地村民介绍，原挖建水塘时出土过陶俑、铜镜等遗物，该墓地可能原有更高规格的墓葬。

综上，碾头墓地由战国晚期沿用至东汉，清代又作为墓地使用。该墓地的发掘为莱州地区的古代文化研究增添了一批珍稀的实物资料。

　　附记：该墓地发掘领队为崔圣宽，执行领队张溯，主要业务人员有临沂市考古队张子晓和山东省文物考古研究院技工崔来临、张学堂、周宽超。

绘　图：张学堂　周宽超

拓　片：李胜利

摄　影：张　溯

执　笔：张　溯　张子晓

注　释

[1]　中国科学院考古研究所：《洛阳烧沟汉墓》，科学出版社，1959年。

[2]　山东省文物考古研究所：《章丘女郎山战国、汉代墓地发掘报告》，《济青高级公路章丘工段考古发掘报告集》，齐鲁书社，1993年。

附表　莱州碾头墓地墓葬登记表

墓号	墓型	墓口尺寸（厘米）（长×宽-深）	层位关系	时代	墓向（°）	椁室尺寸/（厘米）（长×宽-高）	墓主人（头向、葬式）	壁龛或器物箱情况	随葬品及位置/件（堆）	备注
1	单室	226×120-96		汉	350	176×74-34	北，仰身直肢，腐朽		陶扁壶1，放于足端	
2	单室	260×136-90		汉	93	216×80-40	东，仰身屈肢，腐朽		陶壶1，陶盆1，放于足端端椁外	墓室中部有一盗洞
3	单室	224×104-120		汉	104		东，仰身直肢，腐朽	龛，64×18-25~45	陶镬斗1，足端壁龛内	
4		280×220-190		汉	99	230×100-50	东，仰身直肢，腐朽		陶樽1，陶耳杯1，陶壶1，陶盆1，陶盒1，放于北部椁外生土台上；铜钱4，放于东部椁内棺外方盒内，方盒长20，宽10厘米	
5	单室	220×148-152		汉	93	200×92-42	东，仰身直肢，腐朽	龛，56×40-20	陶盆1，陶壶1，放于北壁壁龛内；铜镜1，铜钱2，放于头东南侧木盒内，木盒朽	
6	洞室墓	220×（72~126）-106	打破M10	清	58		西，仰身直肢，一般	龛，26×14-14	板瓦2，瓷罐1，瓷灯盏1，放于壁龛内；铜钱4，位于盆骨和大腿骨；铜扣2位于墓主右肋	有墓道
7	单室墓	270×160-170		汉	8	230×125-40	北，仰身直肢，腐朽	边箱，230×50-40	陶樽1，器盖2，陶盒1，陶壶2，陶耳杯5，陶盘2，陶豆3，陶案1，放于墓主右侧；陶魁1，放于墓室西侧边箱内	
8	砖椁墓	254×142-134.8		汉	102	200×96-64.8	东，仰身直肢，腐朽		陶耳杯2，陶魁1，陶壶1，陶盒1，放于足端端椁外	
9	单室墓	320×240-120		汉	94	254×150-?	北，不明，腐朽		陶壶2，位于椁内北侧中部；铜钱2，位于上肢骨处和大腿骨下部；鱼骨位于椁内东北角	被盗，人骨已经移至盗洞内，葬式不清。随葬品仅余陶壶盖2枚，铜钱1件和鱼骨1堆

续表

墓号	墓型	墓口尺寸（厘米）（长×宽-深）	层位关系	时代	墓向（°）	椁室尺寸（厘米）（长×宽-高）	墓主人（头向、葬式）	壁龛或器物箱情况	随葬品及位置/件（堆）	备注
10	单室墓	266×190-236	被M6打破	汉	4	222×158-?	北、仰身直肢、腐朽		陶盖壶1、陶耳杯5、陶盘1、陶盖樽1、放于墓主人右侧棺外椁内；海贝1、放于墓主人头部左侧	
11	单室墓	230×150-140		汉	99		无人骨		铜镜1、陶盖壶1、陶耳杯2、陶盖樽1、陶盖盒1、位于墓室东南角	
12	单室墓	280×（180~200）-140		汉	97		东、仰身直肢、腐朽		陶盖盒2、陶樽2、陶耳杯2、陶盘1、陶盖壶1、放于椁外墓室北侧	
13	砖室墓	371×214-40		汉	5		无人骨		铜钱2	被破坏
14	洞室墓	230×110~110		清	60		西、仰身直肢、一般	龛、44×30-24	瓷灯盏1、板瓦1、放于壁龛内	
15	单室墓	290×156-104		战国	88	226×100-58	东、仰身直肢、腐朽	龛、46×36-34	陶罐1、陶盒1、放于龛内	
16	单室墓	255×（50~90）-60		清	214		南、仰身直肢、一般		铜扣15、铜钱3、放于棺内	
17	单室墓	235×?-70	被M6打破	清	214		南、仰身直肢、一般		瓷罐1、放于棺外南部；铜扣18、位于人骨胸部；铜钱3、位于下肢腿部	
18	单室墓	265×195-190		汉	10		北、仰身直肢、腐朽	箱、90×32-16	陶罐1、兽骨1堆、位于箱内	
19	单室墓	256×（200~208）-212		汉	18		北、仰身直肢、腐朽	龛、85×（28~32）-44	陶耳杯1、陶盆1、陶盖樽1、陶盆1、兽骨1、放于墓室西侧龛内	
20	砖椁墓	292×140-100		汉	3	278×95-60	北、仰身直肢、腐朽		铜镜1、铁架1、位于头骨右侧；铜钱3、位于右手侧；陶盖杯3、陶盒1、陶罐1、鱼骨1、位于墓室南侧	

山东龙口望马史家墓地发掘简报

山东博物馆

望马史家墓地位于山东省龙口市西南约13千米，濒临渤海，西距莱州湾海岸约9千米。地理坐标为北纬37°35′33″，东经120°24′9.4″，海拔约40米。地势较为平坦，威乌高速路从墓地南侧经过，马南河流经墓地西侧（图一）。

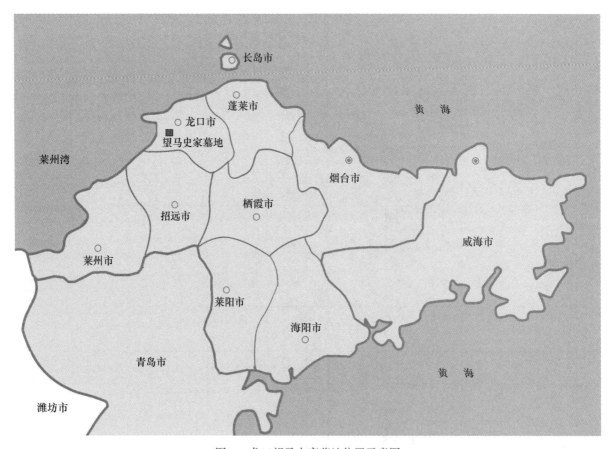

图一　龙口望马史家墓地位置示意图

为配合南水北调胶东段调水工程，2007年4～6月，山东博物馆考古队在此进行考古发掘，面积达700平方米，清理墓葬29座（图二）。出土陶、瓷、铜、琉璃器等各类器物90余件，现将发掘情况介绍如下。

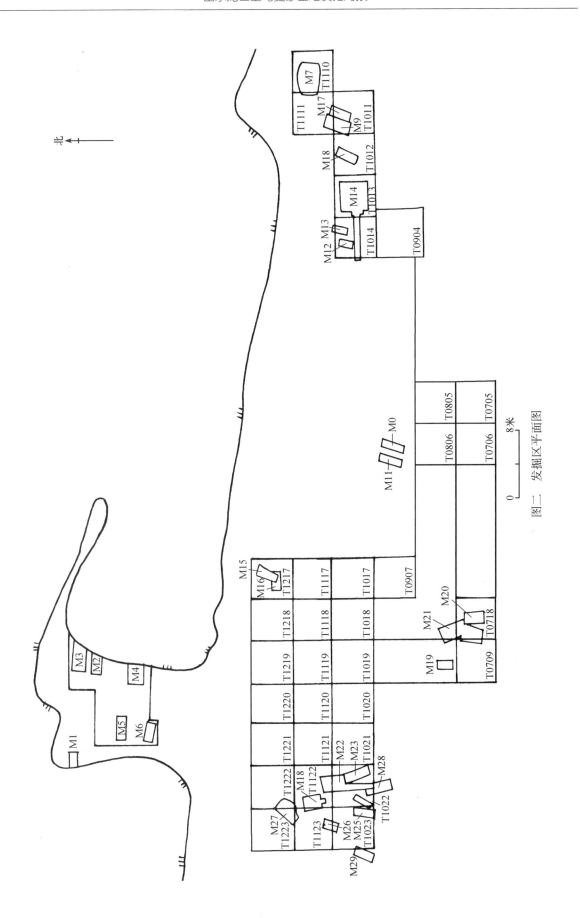

图二 发掘区平面图

一、墓地概况

　　望马史家村南侧有两个大取土坑，发掘中为记录方便，依其位置分别命名为"南坑"和"北坑"。南坑呈长方形，东西长约300、宽100~120米。北坑长330、宽35~100米。近十年附近砖厂一直在此取土，深度达7米以上，因此古代遗存遭到严重破坏。在这些坑内，可见到大量古代墓砖残块和陶片。南水北调胶东段工程即将修建的河道从南坑西南侧斜穿至北坑，大体呈东北—西南走向，宽70~80米，发掘区就在"南坑"西南外侧尚未破坏的河道内预定区域。

二、墓葬介绍

　　该墓地共发掘墓葬29座，其中砖室墓11座，砖石混合墓7座，土坑墓11座。从墓葬时代上划分，东汉墓10座、清代墓19座。下面按照时代结合墓葬形制进行介绍。

（一）东汉墓葬

　　10座。分为砖室墓（7座）和土坑竖穴墓（3座）。

1. 砖室墓

　　（1）M1　位于发掘区A区T1内，方向100°。长方形土坑竖穴砖室墓。西部破坏严重，顶部已完全破坏。墓室残长2.7、宽1.15~1.5、墓室深1.04米。填灰黄色花土，质地紧密干燥，板结严重。墓室结构为单砖平砌，墓砖长30、宽15、厚6厘米。墓砖有两种花纹：一为菱形纹和网纹；另为菱形纹、网纹和连环纹。砖的花纹位于墓砖长侧面并朝向墓室，没有发现铺地砖。M1为合葬墓，中间人骨头向东，仰身直肢葬，骨架保存较差；东侧也发现人骨，应为二次葬。未发现葬具，中间人骨头部发现琉璃耳珰一对，腰部发现多枚五铢钱，其上有织物包裹的痕迹（图三）。

　　（2）M14　位于T1014、T1013内，方向272°。长方形土坑竖穴砖室墓，被盗扰。由墓道、墓门和墓室组成，墓道为长方形斜坡状，位于墓室西部，长6、宽1~1.15米，墓门处深3.8米。墓门石质，弧顶长方形，高1.28、宽0.86、厚0.1米。墓门下有长方形垫脚石，厚0.1、宽0.4、长1米。墓门框砖砌，起券圆弧顶，高1.5米，门顶为内外平错双圈砖，外层单砖平错0.6米，内侧错口为单砖竖立，高1.28米。墓室呈弧边方形，长3.4、宽3.42米。四壁叠涩内收起券，穹隆顶，顶已残。西壁墓门北侧从离底0.65米处涩收，南侧从离底1米处涩收，墓室东南角从离底0.8米处涩收。墓壁起券中每隔若干层丁向平砌一层，推断其作用为起券过程中加固墓壁。墓砖有3种，分别为菱形纹、钱币纹和网纹，花纹位于墓砖一长侧面，花纹一侧绝大多

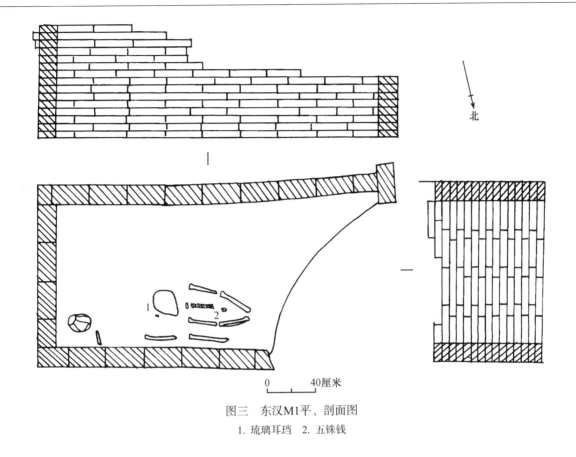

图三　东汉M1平、剖面图
1. 琉璃耳珰　2. 五铢钱

数朝向墓室。钱币纹砖位于墓门券顶及墓门口底部。尺寸长28～30、宽14～16、厚5～6厘米。墓底有"人"字形铺地砖。填黄灰色花土，夹砂中夹杂黄土块，近底部有大量碎砖块。M14为夫妻合葬墓，头向东，仰身直肢葬，骨架保存较差。骨架周边发现棺痕，北侧棺长2.2、宽0.48米，南侧棺长2、宽0.48米。北侧棺外东部放置1件白陶碗，两棺棺内铜钱若干，包括五铢钱、货泉、榆荚钱等。南侧棺外南部发现1件漆碗，无法提取。在白陶碗周围还发现其他器物遗痕，器物被盗扰（图四）。

（3）M28　位于发掘区C区T0922内，方向10°。土坑竖穴砖室墓，砖室为弧边长方形，南北向长边呈弧形，略内倾，南壁为直壁。墓葬破坏严重，墓室上部已荡然无存，北部被M22墓道打破。墓室残长3.08、宽0.84～1.12、深0.2米。墓砖一长侧面有菱形花纹，朝向墓室。砖长32、宽14、厚5厘米。墓底有"人"字形铺地砖。填黄灰色花土，致密、较硬。墓主为单人二次葬，骨架保存很差，仅残留部分头骨和肢骨。在头骨南侧发现铜镜一面，为四乳四神镜。墓底北部数枚五铢钱（图五）。

2. 土坑竖穴墓

（1）M4　位于发掘区B区东南部，方向92°。东部被取土破坏。墓室残长2.1～2.2、宽1.9、深1.9米。内填灰黄色花土，致密、坚硬，含部分砂粒。墓主为单人仰身直肢葬，头向东。骨架保存很差，仅残存部分头骨和肢骨。未见葬具。在头部东侧发现1面四乳四虺纹铜

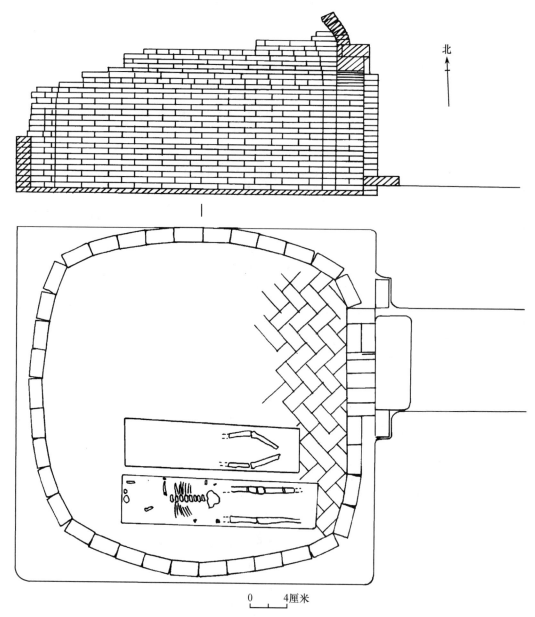

0　　　4厘米

图四　东汉M14平、剖面图

镜，砾石及残铁削各1件（图六）。

（2）M5　位于发掘区B区M4西侧，方向90°。墓室长2.58、宽1.06、深1.44米。填灰黄色花土，夹少量细砂，致密、坚硬。单人仰身直肢葬，头向东，面向上，骨架保存较差，仅残存部分头骨和下肢骨。葬具为一棺一椁，棺长2.1、宽0.8米，椁长2.52、宽1米。在棺内东北角发现四乳四虺纹铜镜1面，已残，表面有织物包裹痕迹（图七）。

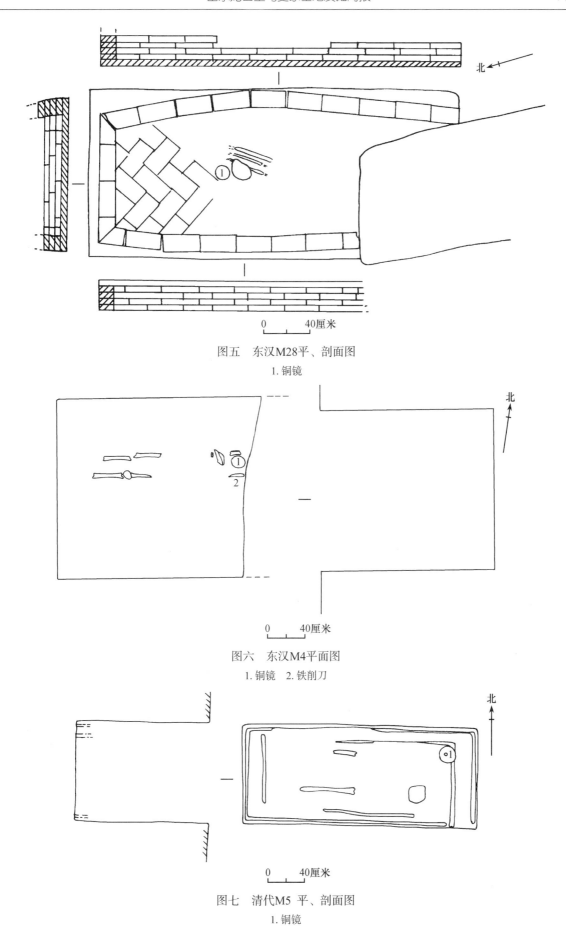

图五　东汉M28平、剖面图
1. 铜镜

图六　东汉M4平面图
1. 铜镜　2. 铁削刀

图七　清代M5 平、剖面图
1. 铜镜

（二）清代墓葬

19座，分别为砖室墓4座、砖石混筑墓8座和土坑竖穴墓7座。

1. 砖室墓

（1）M9　位于T1011、T1012内，方向13°。从墓葬开口平面观察，M9打破M17，两墓东西并列，共用一隔墙，应为夫妻合葬墓。两墓为长方形土坑竖穴砖室墓。M9土坑长3.1、宽1.64、深1.66米。填黄褐色、灰褐色花土混合，并夹杂少量细砂。南、西、北三壁青砖砌筑，砖墙上部以一层丁砖压顶，其下均为顺砖平砌，共15层砖，高1.05米，砖长25.8、宽12.6、厚5.5厘米。西壁北部有一壁龛，高37、宽15、进深13厘米。东壁与M17共用。垒砌不甚规则，或丁或顺，采用碎砖较多，共13层，高1.04、宽0.26米，砖长26、宽13、厚6.4厘米。东壁偏北有一壁龛，高39、宽14、进深13厘米。壁龛底部距墓底32厘米。墓室平面为梯形，北宽南窄，长2.3、宽0.68～0.96、高1.05米。四壁砖墙使用白灰填缝，砖室上部填有一层三合土，厚0.7～0.8米（图八）。墓主为女性，单人仰身直肢葬，骨架保存较好，头向北，面向上。葬具为一棺，根据遗痕观察，棺呈倒梯形，上宽下窄，长1.76、宽0.36～0.6米。棺周围散落铁棺钉，长16～17厘米。在东壁龛放置1件瓷罐，西壁龛放置1件瓷灯，墓主两大腿骨之间铜钱1件，能辨出字迹为"雍正通宝"。人架左侧胸前朱书陶瓦1件，中间为道符，两侧各有二字，分别为"镇墓""灵符"。

（2）M17　位于T1011内、M9东侧，方向16°，西壁即M9东壁。M17土坑被M9打破，长2.86、残宽1.22、深1.66米。填土同M9。中部略偏北与M9东壁龛相对位置亦有一壁龛，龛高27、宽22、进深13厘米，壁龛底部距墓底24厘米。北、东、南三壁仅在上部平砌3层砖，高23厘米，以白灰填缝。砖长26、宽13、厚6.4厘米。砖墙下垫熟土并夯实，壁面平整，有一层木炭痕迹。墓室平面呈长方形，长2.4、宽0.77～0.81、深1.04米。墓主为男性，单人仰身直肢葬，骨架保存较好，头向北，面向上。葬具为一棺，根据遗痕观察，棺呈倒梯形，上宽下窄，长1.85、宽0.44～0.58米。棺周围散落铁棺钉，长15～17.5厘米。在西壁龛设置瓷灯1件，盆骨下面铜钱数枚，能辨字迹者为"雍正通宝""乾隆通宝"。人架右侧胸前见板瓦碎块，表面无字迹（图八）。

（3）M15　位于发掘区C区T1217内，方向33°。土坑砖椁双室墓，上层被扰动过，上部平面不甚规则，底部平面大致呈长方形。墓口长1.6～2.56、宽1.6米，墓底长2.56～2.9、宽1.6、墓深1.46米。填黄褐色花土，掺杂大量碎砖块及烧土颗粒，底部填土较为纯净，为黄色淤砂土。墓向大致呈南北向，分为东西两室，之间以早期墓砖残块垒成一道矮砖墙相隔。从现状分析，应先建西室，后在东侧建东室，东室上部为不规则弧边，底部向东北角掏洞建成，底部平面为长方形。另外南部打破M16，用其墓砖垒砌墓室的南壁和西壁。东室人架一具，骨架保存较差，仰身直肢葬，头向北，面向东。葬具为一棺，未完全塌陷，北宽南窄，长1.88、宽0.32～0.48、残高0.26米。棺前面两侧板略长，长约12厘米。棺底见有宽5厘米垫木痕迹，棺内

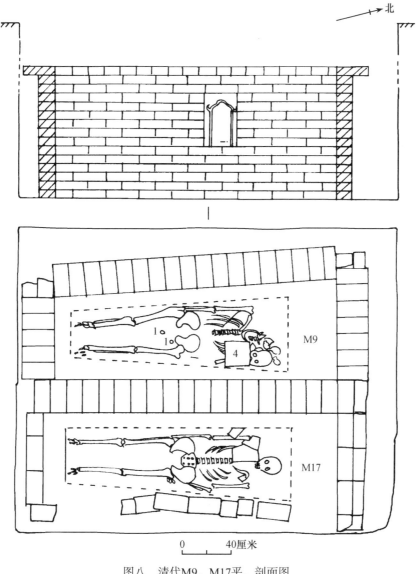

图八　清代M9、M17平、剖面图
1.铜钱　2.瓷罐（壁龛内）　3.瓷灯（壁龛内）　4.陶板瓦

外10余枚铁棺钉。棺内人架周围放置5枚铜钱，分别为熙宁元宝2枚，景德元宝、皇宋通宝、嘉祐通宝各1枚（图九）。

（4）M21　位于发掘区C区T0718和T0818内，方向175°。长方形土坑竖穴双室砖墓，由墓道、墓门、墓室三部分组成。墓道位于墓门外南部，东西两室各有一条墓道。东室墓道为圆角长方形斜坡状，建成较西侧早，东部被M20打破，修建西室墓道时其上部被破坏。残长2.4、宽0.84～0.96、近墓门处深1.3米。西室墓道套在一圆角长方形竖穴坑内，该坑打破墓室土坑南部及东室墓道，坑长3.1、宽2.3米。西室墓道为圆角长方形斜坡状，长2.3～2.6、宽1.1、近墓门处深1.3米。墓门位于墓室南部，两室各有一门，墓门券顶。券顶上有碎砖砌成的砖墙。西侧墓门由整砖和碎砖"人"字形交叉平砌封堵。东侧墓门外底部有一长条形垫脚石，其上由若干砖块不规则封堵。墓室土坑长3、宽2.3、深1.3米。墓室砖砌，东西双室，两室底部平面呈梯

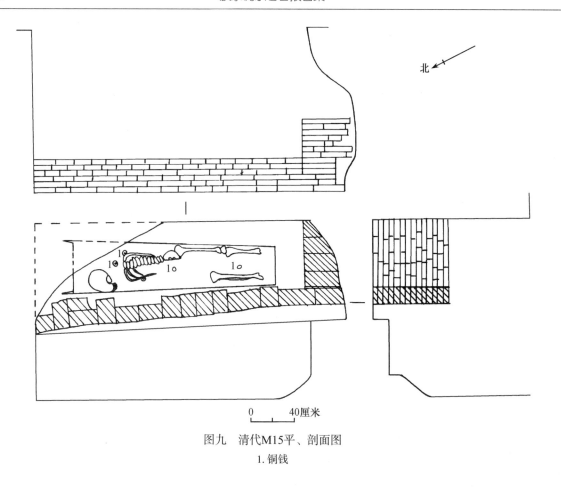

图九　清代M15平、剖面图
1.铜钱

形，南宽北窄，东室长2.68、宽0.56～0.74米，西室长2.62、宽0.54～0.7米。两室中间隔以36厘米宽砖墙，其南部接近墓门的地方有一壁龛贯通两室。东室东壁、西室西壁南部近墓门处各有一龛。墓壁和隔墙由21层砖顺丁无规律结合平砌而成。从第15层砖开始逐渐往两室内涩收，至顶由一层单砖竖立斜向燕尾形交叉排列封顶，顶部保存较好。墓砖尺寸、颜色不一，夹杂大量汉代花纹转及碎砖块。填灰黄色花土，较为致密、坚硬。M21为夫妻合葬墓，仰身直肢葬，面向上。东侧人架头向南，保存较好，为男性。葬具为一棺，长1.8、宽0.4～0.48米。西侧人骨头向北，保存一般，为女性。葬具一棺，长1.96、宽0.44～0.5米。两棺棺底铺有一层青灰。东侧人架口部铜钱1枚，字迹不清。人架头部有镇墓瓦1件，无字。东室东壁壁龛放置瓷灯1件，中间隔梁壁龛内放置瓷罐、瓷灯各1件。西室人架腰部铜钱数枚，棺南部人架下肢骨东侧铜钱1枚，分别为至道元宝1枚，祥符元宝3枚，咸平元宝、元符通宝、元祐通宝各1枚。人骨架脚部有镇墓瓦1件，无字。

2. 砖石混筑墓

（1）M8　位于T1012内，方向20°。长方形土坑竖穴砖石混筑墓。填黄褐色花土，内掺少量灰褐土和细砂。砖、石结构，南北向。墓口平面为长方形，长3.1、宽1.8米。顶部用4块长方形石板封盖，墓室西壁以青砖垒砌，青灰填缝，砖墙南北长2.47、宽0.26、高1.04米，中部偏北留有壁龛，龛宽22～24、高25、进深26厘米。砖长26、宽12.5、厚6厘米。墓底有生土二层台，台面高34厘米，宽度按东、南、西、北依次为26～36、24、28、36厘米。墓底平面为不规则长方形，长2.5、宽1.16～1.28、墓深约1.55米。上部石盖板西端压在砖墙上，东端则直接压在二层台上，导致盖板倾斜。单人仰身直肢葬，头向北，面向南，骨架保存一般，性别不明。骨架底部有棺板腐朽痕迹，棺尺寸不明。在壁龛内放置瓷罐1件，东侧二层台台面放置瓷灯1件，墓主人头骨上方发现朱书陶板瓦1件，中间为道符，两侧各有二字，分别为"镇墓""灵符"。在墓主人骨架胸部和下肢骨之间有铜钱4枚，填土中铜钱1枚，分别为雍正通宝1枚，康熙通宝2枚，乾隆通宝2枚（图一〇）。

（2）M18　位于C区T1122，方向183°。长方形土坑竖穴砖石混筑墓，由墓道、墓门、墓室三部分组成。墓道位于墓室南部，平面为长方形，南高北低斜坡状，长2.78、宽1.1～1.16、近墓门处深2.94米。墓门直接与西侧墓室相通。墓门为不规则形石板，加工粗糙，高0.2～0.44、宽0.76、厚0.1米。墓室为长方形土坑竖穴砖石混筑，土坑长2.8、宽2.4米，内填黄灰色花土，质坚硬。墓顶以数块不规整的石板平铺封盖。其下为砖石混筑东西双室，东室长2.4、宽0.76～0.8米，西室长2.6、宽0.76米，两室四壁所用砖石杂乱不均。两室中间隔墙南部有龛，贯通两室。龛为方形，高26、宽28厘米，未见放置器物。在东侧墓室棺外南部有1件瓷罐，疑为从该龛内滑落所致。夫妻合葬墓，骨架保存较好，葬式为仰身直肢葬，头向南。东侧

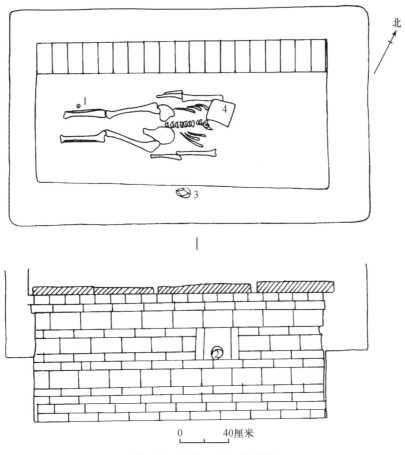

图一〇　清代M8平、剖面图
1.铜钱　2.瓷罐　3.瓷灯　4.朱书陶板瓦

墓室为一成年男性，葬具为一棺，长1.98、南宽0.46、北窄0.3米。西侧墓室葬成年女性，葬具亦为一棺，长1.82、南宽0.5、北窄0.4米。两棺棺底铺有一层较厚青灰。东侧墓室棺外南部及西部各有四系瓷罐1件，北壁下贴壁立有1件镇墓瓦，上面有朱书道符。西侧墓室在死者左臂肘关节处亦有镇墓瓦1件，有朱书道符（图一一）。

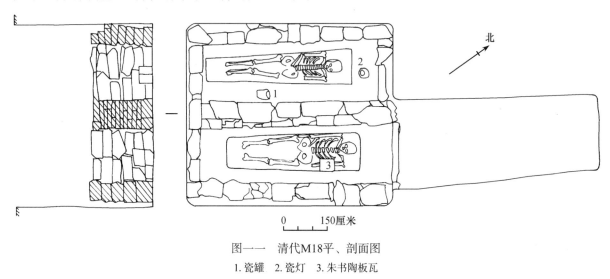

图一一　清代M18平、剖面图
1.瓷罐　2.瓷灯　3.朱书陶板瓦

（3）M22　位于发掘区C区T1122与T1022内，方向174°。长方形土坑竖穴砖石混筑墓，由东西两条墓道、墓门和墓室组成。墓道位于墓室南侧，有东、西两条，分别通向东西墓室。西墓道南侧打破M28，平面为长方形，方向为165°，南高北低呈斜坡状，长3.3、宽1.1米。东墓道被M23打破，未进行清理。墓门为两块不规则石板。墓室与墓门之间单砖起券，进深0.3米。墓室为长方形土坑竖穴砖石混筑。土坑长4、宽2.2米。填灰黄色花土，致密坚硬，包含物较少。墓顶为多块不规则石板平铺封盖。其下为砖石混筑东西两室，东室长2、宽0.52米；西室长2、宽0.6米。两室四壁所用的砖与石块杂乱不均。西侧墓室西壁有龛，高12、宽10、进深11厘米，内置瓷灯1件。东西墓室之间的墙上有龛，呈梯形，顶部宽20、底部宽34、高30厘米，贯通两室，内置瓷灯1件。该墓为夫妻合葬墓，骨架保存较好，葬式为仰身直肢葬，头向南。东侧墓室为一成年男性，葬具为一棺，长1.65、南宽0.42、北窄0.3米。西侧墓室一成年女性，葬具亦为一棺，长1.8、宽0.42米。两棺棺底铺有一层青灰。东墓室墓主人头部西侧无字板瓦1件，腰部铜钱1件，为祥符通宝。两墓室中间隔墙龛内东侧放置有瓷灯、瓷罐各1件，西侧瓷罐1件。西墓室墓主胸部无字板瓦1件，头部摆放淳化元宝铜钱1枚，西壁壁龛内亦有瓷灯1件（图一二）。

（4）M26　位于发掘区C区T1023、T1123内，方向190°。长方形土坑竖穴砖石混筑双室墓。土坑长2.66、宽2.22、深1.3米。填灰黄色花土，致密、坚硬。墓顶以若干不规则石板封盖。墓壁由乱石块、整砖、碎砖混筑而成，东西双室，中间隔墙宽0.4米，由或整或碎的砖块顺丁结合平砌而成。隔墙南部有一壁龛贯通两室，壁龛顶部由9块整砖起券而成，高26、底径30厘米。东室东壁南部与中间隔墙壁龛相对的位置有一小龛，高8、宽14、进深30厘米。东室长2.04、宽0.56米，西室长2、宽0.66米。从平面观察，东室土坑打破西室土坑，下葬较西室

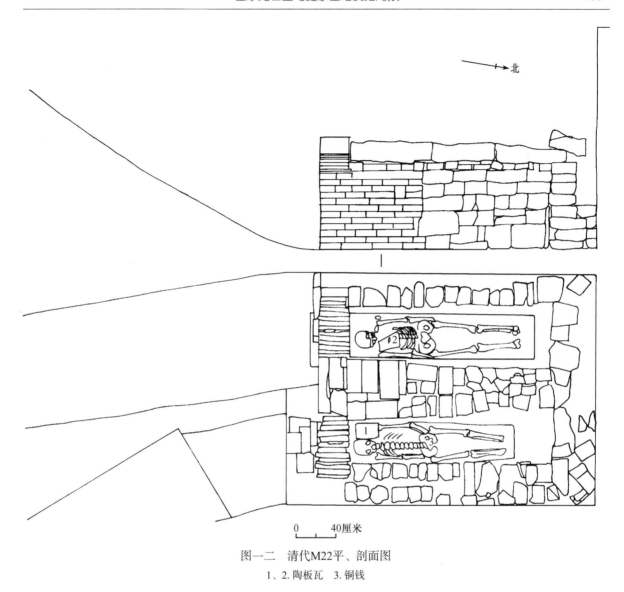

图一二 清代M22平、剖面图
1、2. 陶板瓦 3. 铜钱

晚。该墓为夫妻双人合葬，骨架保存较好，均为仰身直肢葬，头向南。东侧为男性，面向上，葬具为一棺，尺寸不详，棺底铺有青灰。西侧为女性，头骨因上方顶盖塌陷而偏离原位置，葬具为一棺，南宽北窄，长1.64、宽0.36～0.48米，棺底铺有青灰。西室人骨胸部有朱书陶板瓦1件，中间隔墙壁龛内放置瓷罐2件，瓷灯1件，东室人架胸部有无字板瓦1件，东壁壁龛放置瓷灯1件，腰部有铜钱3枚，字迹不清（图一三）。

3. 土坑竖穴墓

（1）M11 位于T0914内，方向20°。土坑竖穴墓，平面呈梯形，北宽南窄，长2.4、宽0.8～0.96、深1.84米。填土为黄褐色，内掺少量灰褐土和细砂。四壁较直，较规整。单人仰身直肢葬，骨架保存较好，头向北，面向西，为男性。葬具为一棺，上宽下窄，未完全塌陷，长1.76、宽0.36～0.52、残高0.12米。棺头两侧板略长，长约10厘米。棺周围清理棺钉近20枚，长

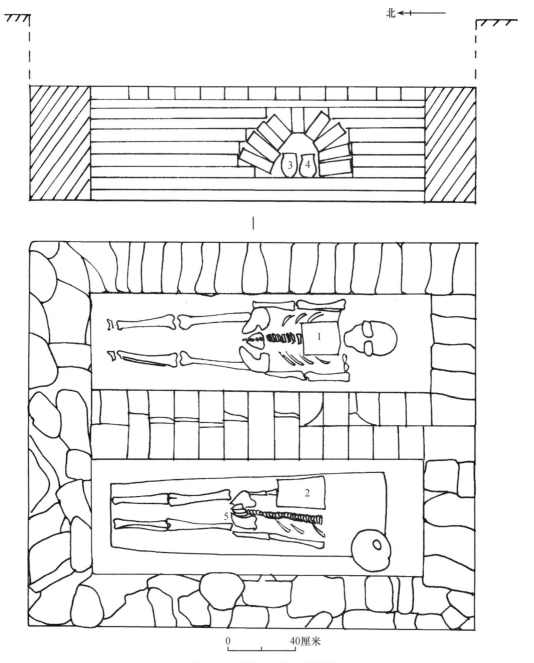

图一三　清代M26平、剖面图

1.朱书陶板瓦　2.陶板瓦　3.陶罐　4.陶灯　5.铜钱

11～12厘米。在人架头部和胸部之间有铜扣1件，腿部铜钱3枚，能辨出2枚为乾隆通宝。人架胸前放置无字板瓦1件（图一四）。

（2）M24　位于发掘区C区T1022内，方向210°。土坑竖穴墓，平面大致呈长方形，西南角略弧。长2.16、宽0.44～0.56、深1.3米。填黄灰色花土，致密、坚硬，较纯净。墓壁较直。单人仰身直肢葬，头向南，面向西，骨架保存较好，墓主为女性。未发现葬具。人架腰部放置无字板瓦1件，墓室中间偏西侧放置瓷罐、瓷灯各1件。

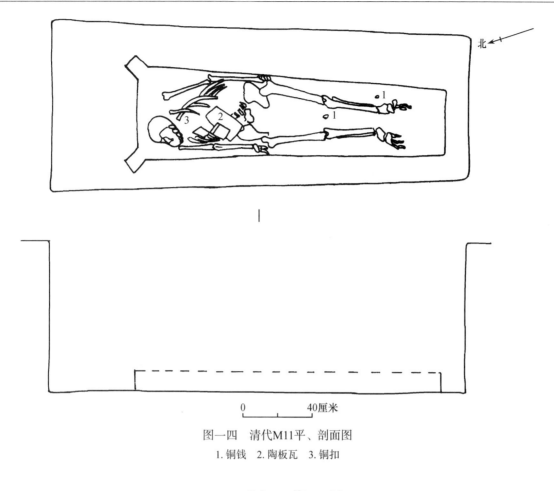

图一四　清代M11平、剖面图
1. 铜钱　2. 陶板瓦　3. 铜扣

三、随 葬 品

随葬品共36件（组），包括罐、灯、陶饰、耳坠、耳珰、铜镜、铁削及磨石等，质地包含陶、瓷、铜、铁、石及琉璃多种，时代为东汉与清代两大时期。

（一）东汉墓葬随葬器物

随葬品有陶器2件、铜镜3件、铁器1件、琉璃耳珰2件、磨石1件以及铜钱若干。

（1）陶碗　1件（M14：1）。白陶。平沿，侈口，深腹，平底。口沿下饰2道凹弦纹，腹部最大径靠上。口径20、高7.6、底径10.6厘米（图一五）。

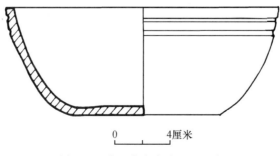

图一五　东汉白陶碗（M14：1）

（2）陶饰　1件。M6:1，灰陶。不规则圆形，表面略有弧度，应为残陶片改制，中心圆孔两面对钻。直径2.8~3.2、厚0.4~0.5、孔径0.4~1厘米。

（3）铜镜　3面。M4:1，四乳四虺镜，圆纽座，座外四乳间饰四虺形纹，虺的腹背两侧缀有禽鸟纹及卷云纹。素宽平缘。镜面微凸，呈弧形，保存较好。直径12.4、镜身厚0.4、边厚0.8、纽径1.5、纽高1.1厘米（图一六，1）。　M5:1，锈蚀严重。四乳四虺镜，圆纽，四乳间饰四虺形纹，虺的腹背两侧缀有禽鸟纹及卷云纹。素宽平缘。镜面微凸，呈弧形。直径9.8、镜身厚0.4、边厚0.8、纽径1.7、纽高0.9厘米。　M28:1，四乳四神镜，圆纽，四乳间饰四神，分别为青龙、白虎、朱雀、玄武。四乳外有一圈铭文带，锈蚀不清。其外有两重三角锯齿纹带。镜面微凸，呈弧形。锈蚀较为严重，纹饰较难分辨，铭文模糊不清。直径11.4、镜身厚0.4、边厚0.7、纽径1.7、纽高0.7厘米（图一六，2）。

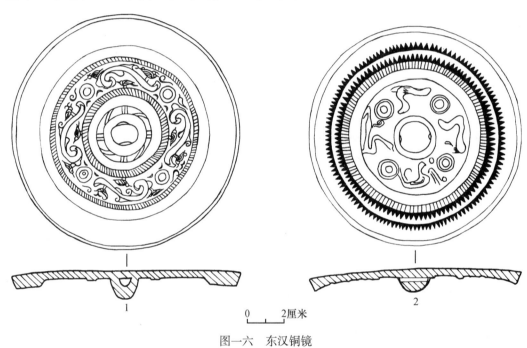

图一六　东汉铜镜
1.四乳四虺镜（M4:1）　2.四乳四神镜（M28:1）

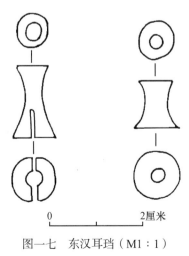

图一七　东汉耳珰（M1:1）

（4）铁削　1件。M4:3，残断，从仅存部分看，弧刃尖首，表面锈蚀。与磨石同出，应该为墓主人生前常用之物品。残长10.7、背厚0.35、刃厚0.2厘米。

（5）琉璃耳珰　2件。一对。浅蓝色。亚腰圆柱形，中有圆形穿孔，其中1件一端有对称的两条凹槽。M1:1，较细长，高1.5、顶径0.7、腰径0.4、底径0.8、中心孔径0.3厘米。底部有宽0.1、深0.6厘米凹槽。另一件高1、顶径0.8、腰径0.4、底径1、中心孔径0.3厘米（图一七）。

（6）磨石　1件（M4:2）。不规则长方形残石条，断面不规则，正背两面皆有明显使用过的痕迹。长8.6、宽3.1、厚

1.3～1.9厘米。

（7）铜钱　以五铢为主，另有少量榆荚钱和货泉。

五铢钱形状规整，有内外郭，字纹较清晰。"五"字中间为曲笔，曲度略有不同。"铢"字"金"字旁顶部作等边或锐角三角形，下面四点作短竖形，"朱"字上下画有方折也有圆折。M14北：2，"五"字中间为曲笔，"铢"字"金"字旁顶部作等边三角形，下面四点作短竖形，"朱"字上下画圆折。有内外郭，素背。钱径2.6、穿宽1、厚0.8厘米。

榆荚钱　1件。M14南：2，锈蚀严重，无内外郭，质地轻薄。钱径1.7、穿宽0.9、厚0.1厘米。

货泉　1件。M14北：2，钱形规整，有内外郭，面书"货泉"二字，钱文清晰。钱径2.3、穿宽0.7、厚0.1厘米。

（二）清代墓葬随葬器物

随葬品主要有陶罐、瓷罐、瓷灯、陶瓦、铜钱等。

（1）陶罐　2件。均为灰陶。

小口鼓腹罐　1件。M20：6，夹砂灰陶。制作粗糙，器体厚实，圆肩鼓腹，平底素面。口沿已残，颈部有四穿系，两两相对。高10.6、腹径12.8、底径8厘米（图一八，1）。

大口罐　1件。M20：3，泥质灰陶。肩部有双系，桥形，左右对称。尖圆唇，侈口，矮竖颈，溜肩，斜直深腹，最大腹径在肩部，大平底。口径12、腹径14.2、高14.5、底径9.4厘米（图一八，2）。

（2）瓷罐　12件。按形体大小分两种。

大瓷罐　圆唇，敛口，溜肩，鼓腹，饼形足。肩部有四系，呈矩形对角线对称。大部分口沿部位留有一圈内胎，白色，口沿以下至肩部及器物内壁施黑釉或酱釉，器物腹部施有一圈宽带状白色陶衣，下至器底不施釉。另外，器底与器腹之间有明显接缝，应为分开制作的。M24：4，肩施黑釉，肩部饰一圈乳钉纹。口径10.6、腹径14.6、底径7.6、高16.6厘米（图

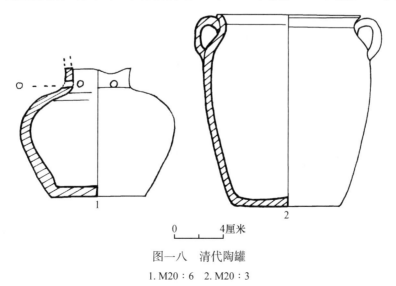

0　　　　4厘米

图一八　清代陶罐

1. M20：6　2. M20：3

一九，1）。 M22东：1，黑釉。圆唇敛口，溜肩鼓腹，下腹内收较大，肩部饰一圈乳钉纹，腹部白色陶衣带内饰2周凸弦纹。口径10.8、腹径15.2、底径7.6、高16.6厘米（图一九，2）。M8：2，四系罐。口径7.6、腹径10、底径6.6、高11.3厘米（图一九，3）。 M12：2，施酱釉，肩部至腹部饰3周凸弦纹，上部两弦纹之间饰简化花瓣纹。口径7.2、腹径9、底径6.2、高9.3厘米（图一九，4）。

小瓷罐　敛口，溜肩，大鼓腹，圈足或饼形足。肩部饰双系，左右对称，口沿及肩部施黑釉或酱釉，多腹下部及底不施釉。 M21：3，施黑釉，腹下部及底不施釉。口径8.6、腹径12.6、底径6.4、高9.6厘米（图一九，5）。

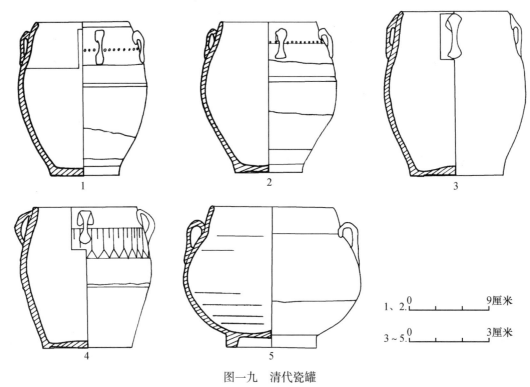

图一九　清代瓷罐
1.M24：4　2.M22东：1　3.M8：2　4.M12：2　5.M21：3

（3）瓷灯　10件。分平底、圜底两种。

平底瓷灯　6件。碗形，小平底，外壁较直，柄部不明显。M27：1，制作较粗糙，施釉局限于盏内，外壁无釉。直径9.4、柄宽1.4、高3.5厘米（图二〇，1）。 M26：5，灯盏内口起一圈扉棱，内施酱黑色釉。直径9.2、柄宽2.1、高2.7厘米（图二〇，2）。 M26：1，碗形，一侧有圆柱形柄，中空，与底相通。直径8.5、柄径3.1、高3.3厘米（图二〇，3）。

圜底瓷灯　4件。圆口，圜底，一侧有月牙形柄，连接处有对称的两矮柱，柄上有装饰花纹。M24：1，除底部外，通体施以酱黑色釉。直径8、柄宽1.7、高3.2厘米（图二〇，4）。M9：3，大圜底，内部较浅。直径9.4、柄宽2.2、高3.2厘米（图二〇，5）。

（4）陶板瓦　10件。 均泥质灰陶。瓦面有朱书文字或镇墓道符。M18：3，瓦长19、宽16～17、厚1.1厘米。正面有红色朱砂书写的道符，瓦背有麻布纹。M18：4，瓦长25、宽

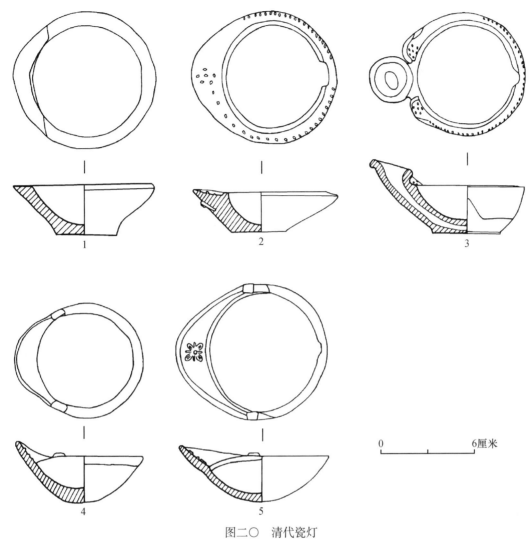

图二〇　清代瓷灯
1. M27：1　2. M26：5　3. M26：1　4. M24：1　5. M9：3

20、厚1.5厘米。正面有红色朱砂书写的道符，瓦背有麻布纹。M 8：4，瓦面中间朱书镇墓道符，道符两侧上部左右分书"镇""墓""灵""符"四字。长19.5、宽18、厚1.2厘米。M9：4，瓦面中间朱书镇墓道符，道符两侧上部左右分书"镇""墓""灵""符"四字。长19.3、宽15.5～18.5、厚1.2厘米。M12：3，瓦面中间朱书镇墓道符，瓦面四角分别朱书"永""镇""幽""宅"四字。长19、宽14.5～16.5、厚1.2厘米。

（5）铜耳坠　1件。M11：2，圆球形，空心，顶部有一环形纽。直径0.8、环形纽外径0.4、内径0.2厘米。

（6）方孔铜钱　37件。其中唐代开元通宝1枚、宋代年号钱28枚、清代年号钱8枚。

开元通宝1枚（M19：1）。唐代年号钱。直径2.4、厚1.2厘米。

淳化元宝1枚（M22西：3）。宋太宗年号钱。直径2.5、厚1.1厘米。

熙宁元宝、景德元宝、嘉祐元宝各1枚，皇宋通宝2枚（M15：1）。分别为北宋神宗、真宗、仁宗年号钱。直径2.5、厚1.1厘米。

至道元宝（M21西：1）、明道元宝（M20：4）、咸平元宝（M21西：1）、祥符元宝（M21西：1）、祥符通宝（M21西：1、M22东：3），元符通宝（M20：7、M21：4）、元祐元宝（M21西：1）、熙宁元宝（M21西：1）各1枚，祥符通宝、元符通宝各2枚，分别为北宋太宗、真宗、仁宗、哲宗的年号，直径均为2.5、厚1.1厘米。此外，宋代年号钱另有12枚字迹不清，未辨识。

康熙通宝2枚（M8：1）。清代年号钱。直径2.7、厚1.2厘米。

雍正通宝1枚（M8：1）。清代年号钱。直径2.6、厚1.2厘米。

乾隆通宝5枚（M8：1、M11：1）。清代年号钱。直径2.5～2.6、厚1.2厘米。

四、结　　语

该墓地面积较大，延续时间较长，但是被当地农民在烧砖取土的过程中所破坏，其中心墓葬区毁坏殆尽。此次发掘汉墓10座，清代墓葬19座，随葬品50余件（组）。

汉墓以砖室墓为主，多为弧边长方形，有的大墓还有墓道和甬道。由于墓地延续时间长，汉墓遭到严重破坏，许多后代墓葬即使用汉墓的建筑材料砌筑墓室，致使汉墓被破坏，遗留的随葬品很少。M14白硬陶碗体现出胶东地区汉墓随葬品之特点，3面铜镜中，2面为四乳四虺镜，1面为四乳四神镜，均为东汉晚期铜镜式样。铜钱既有西汉五铢，又有王莽时期货泉，还有东汉五铢钱，因此墓葬时代为东汉晚期。

19座清代墓葬中，多为夫妻同穴异室合葬墓，壁间有龛，放置瓷罐和瓷灯组成的长明灯，隔墙中的龛多数相通。砖室墓系夫妻合葬墓，其中M8已经垒砌中间砖墙，但因故未能合葬。其墓葬特点以M9、M17最为典型，使用青砖垒砌，以石板盖顶；以白灰填缝，垒砌工整，中间隔墙上有如意云头形顶的壁龛，其内放置瓷罐和灯；出土钱币中，除1枚唐代开元通宝外，全部为北宋、清代前期的年号钱，部分置于口中或者握在手里，有的放置在腿部。零星的墓葬中，M19系迁葬后残余的墓穴，M23祔葬于M22的东侧墓道中，二者应该存在夫妻或血缘关系。M24、M25位于M22西侧相邻处，应该同样存在夫妻或者血缘关系，表现出清代墓葬习俗中夫妻合葬常见；在M27中，东侧为二次葬，说明即使夫妻死亡时间不同，也会在第一次建造时预留墓穴，或者在建造墓穴时将早亡者迁葬。出土器物主要是长明灯，伴出铁器、陶板瓦各1件。根据当地群众反映，当地至今还遗留随葬长明灯和锅铁习俗。铁器断面呈弧形，较薄，可能是铁锅残块。放置铁锅、长明灯、盛装食物的瓷罐、陶瓦等，象征着生人对死者能够重生、继续人间生活的美好幻想。M13只残留砖砌墓底，可能系一座迁葬墓。M10～M12为土坑竖穴墓，大小仅可容棺，随葬品较少。

总之，龙口望马史家墓地清理的汉代墓葬和遗物以及清代墓葬所反映的墓葬习俗，填补了胶东地区汉墓和清代墓葬之空白，为胶东地区汉代墓葬及后期文化研究提供了一批新的重要资料。

附记：发掘工作开展时，配合工作的龙口市博物馆蒋惠民馆长、马志远副馆长多方协调，在考古队进场之前，征地工作和考古队驻地均安排妥当，解除了考古队的后顾之忧，尤其是在当地民工的选择上更是尽心尽力，为这次考古发掘工作的顺利进行提供了根本保障。龙口望马史家的房东提供了家一般的住宿，每天提供必需的后勤保障，随队工作的民工工作热情高，在很短的时间内就实现了从民工到技术工人的跨越，展现出龙口人民极高的综合素质，给每一个考古队员都留下了非常美好的回忆！在此谨向龙口市博物馆全体同仁以及望马史家的所有村民表示最为诚挚的感谢！

发掘领队：杨　波

执行领队：于秋伟　肖贵田

发　　掘：卫松涛　梁国庆　闫　勇　杨爱国

　　　　　杨三军　杨三臣　路元晨

摄　　影：于秋伟

绘　　图：朱　华

执　　笔：于秋伟　朱　华　卫松涛　李　宁

附表　龙口望马史家墓地墓葬登记表

墓号（M）	墓向（°）	墓葬形制	葬具	墓圹尺寸（米）	墓砖尺寸（米）	头向与葬式	随葬品及位置	时代	备注
1	100	砖室墓		2.7×1.5-1.04	0.3×0.15-0.06	东，仰身直肢葬，骨骼2具，北侧为二次葬	琉璃耳珰2，五铢钱	东汉	
2	100	砖室墓		2×1.4-0.94	0.3×0.15-0.06	东，遭到破坏，不明	无	东汉（？）	
3	不明	砖室墓		3×1.67-0.97	0.35×0.16-0.07	不明	无	东汉（？）	
4	92	土坑墓	未发现	2×1.9-0.90		东，仰身直肢葬	铜镜1，磨石1，铁削1	东汉	
5	90	土坑墓	一棺一椁	2.58×1.06-0.87		仰身直肢葬	铜镜1	东汉	
6	102	土坑墓	一棺一椁	2.16×1.22-1		东，仰身直肢葬	陶饰件1	东汉	
7	272	砖室墓	不明	3.7×2.7-2.3	0.3×0.13-0.06	西，不明	无	东汉	由墓道、墓门、甬道和墓室构成，墓室为弧边方形，形成穹隆顶，已经被破坏，地面铺有人字纹铺地砖

墓号（M）	墓向（°）	墓葬形制	葬具	墓圹尺寸（米）	墓砖尺寸（米）	头向与葬式	随葬品及位置	时代	备注
8	20	砖石混合墓	一棺	2.5×1.28-1.55		北，仰身直肢葬	年号铜钱，瓷罐1，瓷灯1，陶板瓦1	清代	板瓦表面有朱砂写成的文字，中部有"寿""敕"字样，左右两侧有"镇墓灵符"字样
9	13	砖室墓	一棺	3.1×1.64-1.66		北，仰身直肢葬	年号铜钱，瓷罐1，瓷灯1，陶板瓦1	清代	陶板瓦与M8相同，与M17相邻，为夫妻合葬墓
10	16	土坑墓	一棺	2.6×0.96-1.12		北，仰身直肢葬	无	清代	
11	20	土坑墓	一棺	2.4×0.96-0.84		北，仰身直肢葬	年号铜钱3，铜坠1，陶板瓦1	清代	板瓦上未发现文字
12	16	土坑墓	一棺	2.4×1-1.08		北，仰身直肢葬	年号铜钱，陶罐1，陶板瓦1	清代	四角朱砂文字"永镇幽宅"
13	8	砖室墓		2.46×1.06-1	0.3×0.15-0.048	北，仰身直肢葬	无	清代	残留砖砌墙体，在填土中发现砖块和白瓷片，推测为迁葬墓的遗留
14	272	砖室墓	有棺痕	4×3.8-3.25	0.3×0.16-0.06	西，不明	白陶碗1，五铢钱	东汉	由墓道、墓门和墓室组成，墓门石质，高128、宽86、厚10厘米。墓室呈弧角方形，穹隆顶，顶部残，人字纹铺地砖。墓砖花纹有菱形、钱币和网纹
15	33	土坑墓	东室置一棺	2.9×1.6-1.26		北，仰身直肢葬	年号铜钱4枚	清代	
16	88	砖室墓		2.94×1.4-1.26		东，不明	无	东汉	被M15打破
17	16	砖室墓	一棺	2.86×1.22-1.66	0.26×0.13-0.064	北，仰身直肢葬	瓷灯1，年号铜钱	清代	被M9打破，与M9为夫妻合葬墓
18	183	砖石墓	一棺	2.8×2.4-1.84		南，仰身直肢葬	瓷罐2，陶板瓦2	清代	

续表

墓号（M）	墓向（°）	墓葬形制	葬具	墓圹尺寸（米）	墓砖尺寸（米）	头向与葬式	随葬品及位置	时代	备注
19	181	砖石墓	一棺	2.28×1.24-1.44		不明	铜钱1枚	清代	墓使用汉砖和石混筑
20	188	砖石墓	各有一棺，夫妻合葬	2.5×2.16-1		南，仰身直肢葬	陶板瓦2，瓷罐2，瓷灯2，年号铜钱	清代	东室陶瓦放置头侧，西室放置胸前
21	175	砖室墓	各有一棺，夫妻合葬	3×2.3-1.3		南，仰身直肢葬	年号铜钱，瓷灯2，瓷罐1	清代	东西双室，壁龛内两室相通，放置随葬品
22	174	砖石墓	一棺	3×2.2-2.2		南，仰身直肢葬	年号铜钱，瓷罐2，瓷灯2	清代	
23	200	砖石墓	一棺	2.6×1-0.24		南，仰身直肢葬	元符通宝1	清代	除南壁外，三面均以碎砖、石垒砌，顶有石盖板
24	210	土坑墓		2.16×0.56-1.3		南，仰身直肢葬	瓷灯1，瓷罐1	清代	
25	185	土坑墓	一棺	2.26×0.8-1.3		南，仰身直肢葬	无	清代（？）	
26	190	砖石墓	双室，各有一棺	2.66×2.22-1.3		南，仰身直肢葬	东室：瓷灯1，瓷罐1，朱书陶板瓦1；西室：瓷罐1，瓷灯1，铜钱	清代	双室墓，以碎石砌墙，中有砖砌隔墙，砖墙中部偏南有两室相通的壁龛。随葬罐、灯即放置在壁龛内
27	40	砖石墓	西室有棺痕	2.6×1.84-1.36		北，仰身直肢葬，东室为二次葬	西室：瓷灯1，瓷罐1，"治平通宝"铜钱，陶板瓦1	清代	双室墓，有砖、石混合盖顶，中有隔墙，墙上有相连的壁龛。西室西壁另有一龛
28	10	砖室墓	不明	3.22×1.4-0.2		北，二次葬	铜镜1，五铢钱	东汉	残存墓底
29	230	砖石墓	一棺	3.34×1.48-1.5		南，仰身直肢葬	无	清代	砖石混筑，石板盖顶

［原载于《海岱考古》（第十辑），科学出版社，2017年］

平度市埠口遗址发掘报告

山东省文物考古研究院

平 度 市 博 物 馆

遗址位于山东青岛平度市明村镇埠口村北约200米，地处胶东半岛的中部偏南，胶莱河的东岸，西距胶莱河约1千米，东为东西绵延的低埠矮丘（图一）。这里以农业、园林种植为主，在现代生活中，小麦、玉米、花生、红薯、苹果、梨、山楂为其主要作物，生活具有较为浓郁的海洋文化特征，海洋食品占据一定比例。生活、文化、习俗具有较为浓厚的地方特点。

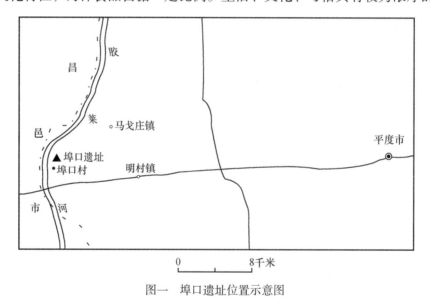

图一　埠口遗址位置示意图

一、发掘工作概况

为配合山东胶东地区引黄调水工程的施工建设，2004年对遗址进行了调查勘探，在地面发现大量的周代、汉代陶片，勘探发现下面有文化堆积。据村民介绍，平整土地时曾发现砖室墓葬。出土遗物有青瓷碗、陶罐等。墓葬位于遗址的北部和西北部，钻探发现少量的砖室墓，并发现少量较薄的文化层堆积。

2006年11～12月，山东省文物考古研究所、平度市博物馆对工程占压遗址部分进行了发掘。参加发掘人员有李振光、李顺华、于克志（平度市博物馆）、张英军（莱州市博物馆）、宁荫堂（章丘市博物馆）、石念吉、张宪英等。沿工程占压路线，布10米×10米正方向探方8个，5米×10米探方3个，发掘面积950平方米（图二；图版三六，1、2）。发现灰坑、窖穴、水井、石砌排水沟等遗迹现象，出土了较为丰富的陶器、瓷器、铁器、石器、骨器等。

北 ←

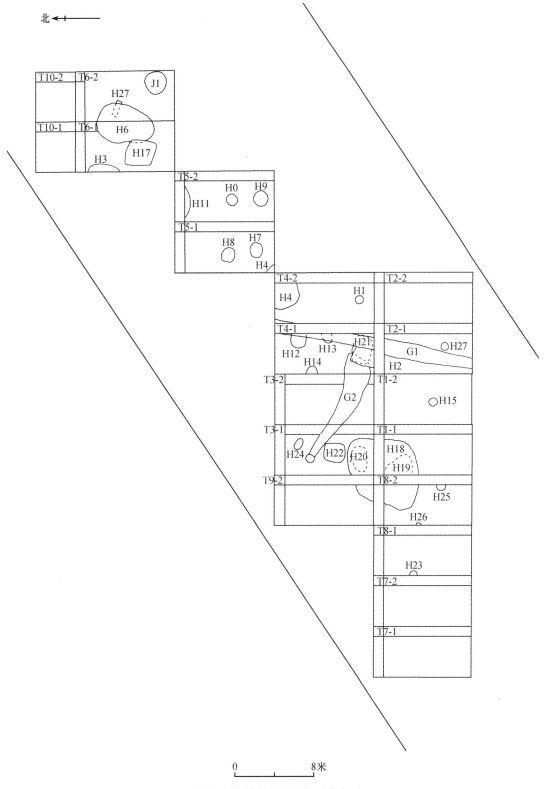

0   8米

图二 平度埠口遗址发掘区分布图

二、文化层堆积

遗址文化堆积较为简单，呈较为平整的层状分布，可以分为四层。

第1层：耕土层。分布全部工地。

第2层：黄沙土层。土质较硬，较为纯净，未见陶瓷片。

第3层：黑褐色土。土质较硬，内含陶瓷片、烧土颗粒。

第4层：灰褐色土。土质较硬，内含少量陶瓷片、烧土颗粒。

其下为浅黄色的土，内含料姜石，为生土层。

T6-2东壁剖面见图三。

第1层：黄褐色土。较为疏松，内含植物根系。瓷片、近现代陶片、砖块。厚0.2～0.36米。为现代耕土层。

第2层：黄沙土层。土质较硬，较为纯净，未见陶瓷片。距地表深0.2～0.36、厚0.15～0.35米。

第3层：黑褐色土。土质较硬，内含陶瓷片、烧土颗粒。距地表深0.45～0.55、厚0.5～0.65米。

其下为浅黄色土。内含料姜石。为生土层。

T1-1东壁剖面地层如下。

第1层：黄褐色土。较为疏松，内含植物根系，瓷片、近现代陶片、砖块。厚0.2～0.36米。为现代耕土层。

第2层：黄沙土层。土质较硬，较为纯净，在探方内分布得较薄。距地表深0.2～0.3、厚0.1～0.15米。

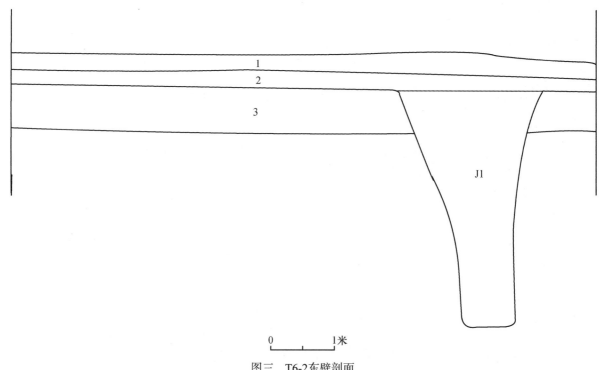

图三　T6-2东壁剖面

第3层：黑褐色土。土质较硬，内含陶瓷片、烧土颗粒。距地表深0.3~0.35、厚0.25~0.35米。

第4层：灰褐色土。土质较硬，较纯净，内含零星陶瓷片、烧土颗粒。距地表深0.55~0.6、厚0.2~0.25米。

其下为浅黄色土。含料姜石。为生土层。

三、遗　　迹

遗址内发现的遗迹较少，主要有灰坑、水井、水沟等。

1. 灰坑

共28个。分为圆形、椭圆形、长方形和不规则形灰坑。

圆形灰坑　共14个。

H15　位于T1，开口于第2层下。圆形斜壁内收平底灰坑。口径0.83、底径0.72、深0.25米。坑内填土为灰褐色土，杂有烧土颗粒。内出1件铁镶斗（图四）。

H7　位于T5，开口于第2层下。圆形直壁平底灰坑。口径1.4、深0.82米。坑内填土为较为疏松的灰褐土，内含少量草木灰和陶片。出有陶罐1件、铁镰刀1件（图五）。

H8　位于T5，开口于第2层下。圆形直壁平底灰坑。口径1.32、深0.42米。坑内填土为黑褐色粉砂土，内含烧土颗粒、草木灰。出有少量陶片，内出铁鼎1件（图六）。

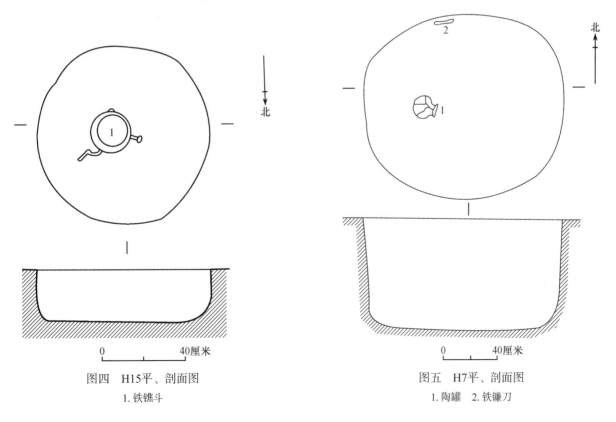

图四　H15平、剖面图
1. 铁镶斗

图五　H7平、剖面图
1. 陶罐　2. 铁镰刀

　　H23　位于T8，开口于第2层下。圆形斜壁灰坑，底部较平。坑口直径0.8、深0.3米。坑内填土为灰褐土，含少量草木灰。内出白陶碗1件、陶罐1件（图七）。

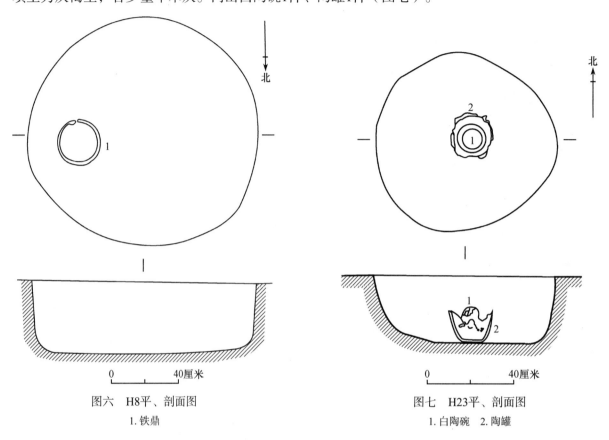

图六　H8平、剖面图　　　　　　　　　　　　　　图七　H23平、剖面图
1.铁鼎　　　　　　　　　　　　　　　　　　1.白陶碗　2.陶罐

　　H16　位于T2，开口于第2层下。圆形斜壁平底灰坑。口径1.7、底径1.2、深0.5米。坑内填土为灰褐色土。坑内中部摆放铁器一堆，共41件，紧密地摆放在一起，为人为摆放埋藏而成。属铁器窖藏（图八）。

　　椭圆形灰坑　1个。

　　H24　位于T3-1，开口于第2层下。平面呈椭圆形，斜壁、圜底。长径1.32、短径0.84、坑深0.6米。坑内填土为黑褐色土，内含草木灰、烧土颗粒（图九）。

　　长方形灰坑　共4个。

　　H17　位于T6，开口于第2层下。平面呈不规则的长方形。长2.88、宽2.44、深0.88米。坑内填土为较松的灰褐土。东侧坑壁较斜，余三面坑壁较直。东侧坑底有弧形台阶，台阶高约0.12米，用途不明（图一〇）。

　　H22　位于T6，开口于第2层下。平面呈一边弧形的不规则长方形。长2.16、宽1.86、深0.85米。坑内填土为灰褐土，内出陶瓦（图一一）。

　　不规则形灰坑　9个。

　　H20　位于T3，开口第2层下。坑口平面呈不规则形，斜壁较直，底部较平。坑口长2.4、宽1.56、深0.5～0.6米。坑内填土为黑褐色土，内含草木灰与烧土颗粒。内出陶虎子1件、铜钱1枚、网坠1个（图一二）。

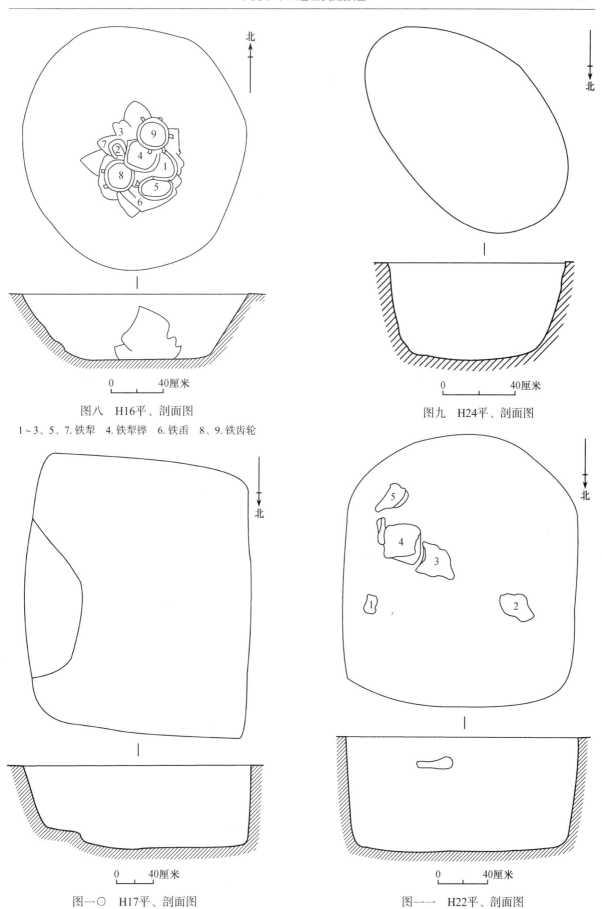

图八　H16平、剖面图
1~3、5、7.铁犁　4.铁犁铧　6.铁臿　8、9.铁齿轮

图九　H24平、剖面图

图一〇　H17平、剖面图

图一一　H22平、剖面图
1~5.陶瓦

2. 水井

一眼。

J1　位于T6东部，开口于第2层下。平面呈圆形，大敞口。口径2.12～2.3米，水井回填后在井口堆放大量的石块。下部井筒呈圆筒状，直径约1.2米。底部直径约0.7米。在距离井口2米深处发现一铁釜。应为遗址使用时取水用井（图一三）。

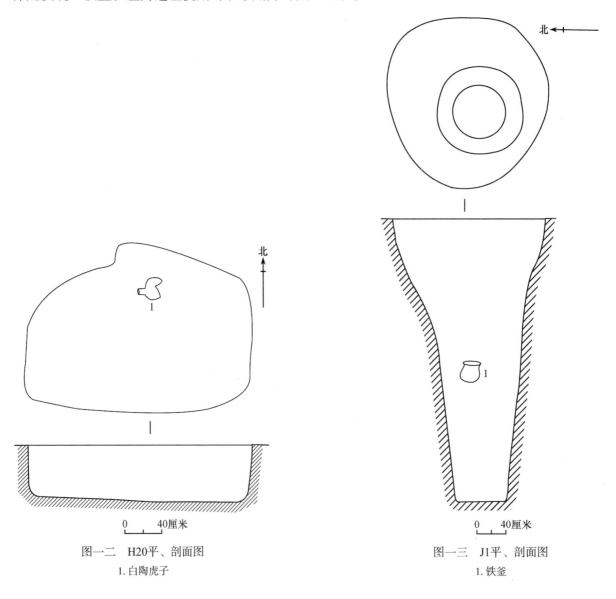

图一二　H20平、剖面图
1.白陶虎子

图一三　J1平、剖面图
1.铁釜

3. 水沟

一条。

G2　位于T3、T4内，开口于第2层下。平面呈东南西北不规则的长条形。西端为一圆形小坑，直径0.85、深0.4米。向东与西端窄而浅、东端宽而深的长条沟连接，西端沟宽0.7、深0.1

米，东端宽2.85、深0.7米，沟长9.6米。沟内用石块垒砌或铺垫，形成窄的石砌排水沟，沟长约7.2、宽约0.3米，在水沟的东端上面用石板搭盖，底下有水道相通。从发现的水沟分析，其应为从西面提水向东流淌灌溉用水沟（图一四）。

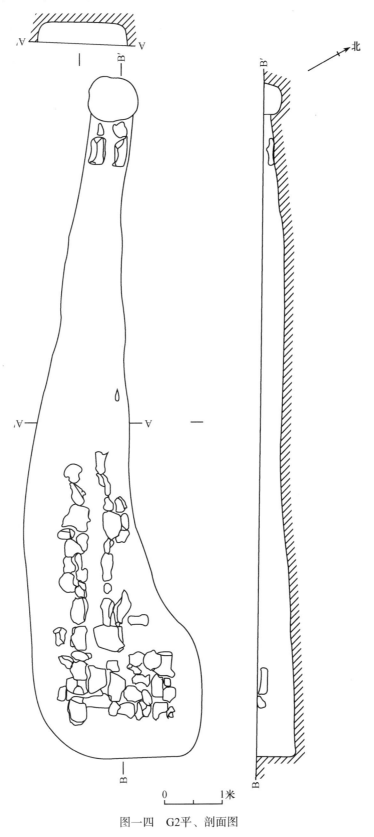

图一四　G2平、剖面图

四、遗　物

出土遗物有陶器、瓷器、铁器、石器、骨器等。

（一）陶器

陶器有泥质灰陶、白陶，夹砂灰陶、红陶等，器形有盆、罐、壶、碗、瓮、虎子、纺轮、瓦等。

盆　5件。发现标本皆为口沿、腹、底残片。H11：1，夹砂灰陶。敞口，厚方唇，窄折沿，沿面下弧曲，沿折处凸棱高凸，曲腹斜内收，腹部有数道刮痕，且存有两个修补用的钻孔。孔径0.6、残高14厘米（图一五，1）。H21：1，夹砂灰陶。敞口，厚方唇，窄折沿，沿

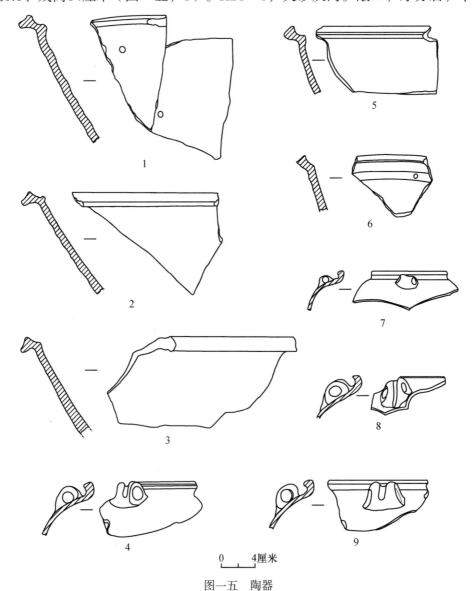

图一五　陶器

1~3、5、6.盆（H11：1、H21：1、H19：3、H6：15、G1：2）　4、7~9.罐（H19：2、H21：6、T5-2③：1、T3-1③：1）

面弧曲，沿折处凸棱较高，曲腹斜内收。素面。残高12厘米（图一五，2）。H19：3，夹砂
灰陶。敞口，厚方唇，窄折沿，沿面弧曲，曲腹斜内收。素面。残高8厘米（图一五，3）。
H6：15，夹砂灰陶。敞口，厚方唇，窄折沿，沿面弧曲，曲腹斜内收。素面。残高10.5厘米
（图一五，5）。G1：2，夹砂灰陶。敞口，厚方唇，窄折沿，沿面弧曲，曲腹斜内收。上腹一
周附加堆纹，上面钻有一孔。残高7厘米（图一五，6）。

　　罐　8件。H19：2，夹砂灰陶。敛口，厚方唇，卷沿，鼓腹。肩部饰一牛鼻状桥形耳。素
面。残高6厘米（图一五，4）。H21：6，夹砂灰陶。敛口，厚方唇，鼓腹，肩部饰牛鼻状桥
形耳。残高4.4厘米（图一五，7）。T5-2③：1，夹砂灰陶。敛口，厚方唇，卷沿，鼓腹。肩部
饰牛鼻状桥形耳。残高4.2厘米（图一五，8）。T3-1③：1，夹砂灰陶。敛口，圆唇，卷沿，鼓
腹，肩部饰牛鼻状桥形耳。残高5.8厘米（图一五，9）。T3-2③：3，夹砂灰陶。侈口，圆唇，
卷沿，鼓腹。素面。复原口径14、残高4厘米（图一六，1）。J1：2，夹砂灰陶。口部残。鼓
肩，斜腹，小平底。素面。残高20厘米（图一六，3；图版三七，1）。T6-2C1：2，泥质灰
陶，侈口，圆唇，沿面弧曲，短束颈，鼓腹，下腹残。素面。残高12厘米（图一六，2）。
H4：2，泥质灰陶。侈口，圆唇，矮束颈，溜肩，鼓腹。素面。残高4厘米（图一六，4）。

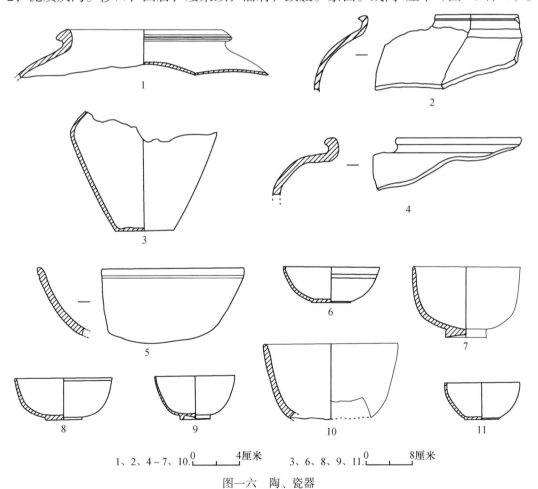

1、2、4 ~ 7、10.┗━━━━┛ 4厘米　　　3、6、8、9、11.┗━━━━┛ 8厘米

图一六　陶、瓷器

1 ~ 4. 陶罐（T3-2③：3、T6-2C1：2、J1：2、H4：2）　5、6、8、9、11. 白陶碗（H17：4、H6：7、H6：6、H23：1、
H6：5）　7、10. 瓷碗（H6：1、H6：8）

壶　3件。用高岭土加工而成，白陶，又称素烧瓷器。H6∶2，侈口，圆唇，唇面一道凹槽，高束颈。素面。口径14.5、残高10厘米（图一七，1；图版三七，2）。H21∶7，泥质白陶。侈口，厚圆唇，卷沿，高束颈，鼓腹，下腹斜内收，平底。素面。口径9、腹径15、底径6.8、高20厘米（图一七，2；图版三七，3）。H6∶12，敞口，圆唇下垂，壶口略成盘状，高束颈，下部残。口径7.4、残高6.8厘米（图一七，3）。

碗　6件。白陶。H6∶5，口微敛，圆唇，曲壁，下部内斜收。平底。口径12、底径6、高6厘米（图一六，11；图版三七，4）。H6∶6，敞口，圆唇，曲壁较直，下部内曲收。饼状平底较厚。口径15.6、底径6、高6.8厘米（图一六，8；图版三七，5）。H6∶7，口部微敛，圆唇，曲壁。碗较浅。外壁有一周凹槽。饼状底足较薄。口径15.6、底径6.8、高6厘米（图一六，6；图版三七，6）。H17∶4，敞口，圆唇，曲壁。外壁口下有一周凹槽。残高6厘米（图一六，

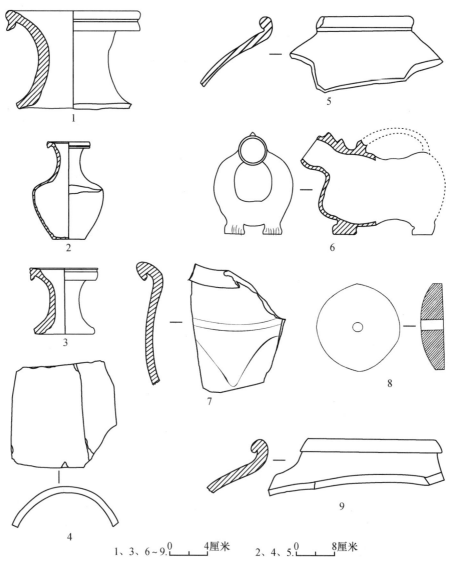

图一七　陶器

1~3.白陶壶（H6∶2、H21∶7、H6∶12）　4.瓦（T4-2②∶1）　5、7、9.陶瓮（H18∶1、H2∶1、T4-1②∶1）

6.白陶虎子（H20∶1）　8.陶纺轮（H18∶2）

5；图版三八，1）。H23：1，敞口，尖圆唇，曲壁，圈足较高。外底心下凸。素面。口径13.6、足径5.2、高7.2厘米（图一六，9；图版三八，2）。

瓮 3件。H18：1，泥质灰陶。敛口，厚圆唇。卷沿。鼓腹。素面。残高14.2厘米（图一七，5；图版三八，3）。H2：1，泥质红陶。敛口，厚方唇，口沿向外下翻卷。器表饰成组的横向弦纹和波折状弦纹。残高13.6厘米（图一七，7）。T4-1②：1，夹砂红陶。敛口，厚圆唇，口沿向外下翻卷。鼓腹。素面。残高5.4厘米（图一七，9）。

虎子 1件。H20：1，白陶。粗圆管状流上翘，流上鸡冠状凸起似兽头。横向虎身状腹部，上部下弧，提手残。矮粗兽蹄状四足。素面。长15.4、高10.8厘米（图一七，6；图版三八，4）

纺轮 1件。H18：2，泥质灰陶。一面平，一面弧凸。中部有一孔。孔径1、直径8.8、厚2.4厘米（图一七，8；图版三八，5）。

瓦 2件。T4-2②：1，泥质灰陶。素面。残长22、宽21.5、高8厘米（图一七，4）。H22：2，夹砂灰陶。外侧面为素面，内侧面饰有布纹。残长17厘米。

（二）瓷器

有碗、豆盘、豆柄、房顶模型等，标本较少。皆为红褐胎。

碗 3件。H6：1，敞口，圆唇，壁较直，下部内曲收。饼状足，外底心上凹。外部下半部分及底足露红褐胎，内壁及外上施黄绿釉。口径9.6、足径3.8、高6厘米（图一六，7；图版三八，6）。H6：8，敞口，圆唇，碗壁较直，碗较深，底部残。胎泛红，施黄绿釉。复原口径11.8、残高6厘米（图一六，10）。H19：4，碗口，敞口，圆唇，曲壁，下部残。胎较粗糙，泛红，釉黄中泛红。残高7厘米（图版三九，1）。

豆盘 1件。H21：9，侈口，圆唇，卷沿，盘下部折，盘底部较平。胎泛红，黄绿色釉。残高3.8厘米（图版三九，2）。

豆柄 1件。H19：5，仅存豆柄中间一段，中部内束，下部较粗。白胎，黄釉。残高9.2厘米（图版三九，3）。

房顶模型 1件。H21：10，泥质红陶。两面坡，竖向瓦垄。高9.6厘米（图版三九，4）。

（三）铁器

共51件。有铁鼎、镬斗、釜、锄头、锄钩、镢、铲、镰刀、犁头、犁铧、剪刀、舌、带钮铁板、带环铁板、器耳、刀、斧、凿子、马镫、齿轮、铁条、铁环、钉等。铁器是人为摆放在坑内的。从H16出土铁器看，类型齐全，为一户农民使用基本器具。

鼎 2件。H8：1，敞口，宽折沿，沿面弧曲，斜直腹，大平底，三个弧形板状足，足尖残。口部残存1圆形板状耳，鼎耳中部有一圆孔。素面。口径26、底径18.6、通高22、足高10、耳高4厘米（图一八，3；图版四〇，1）。H2：2，敞口，宽折沿，沿面弧曲，斜直腹，大平底，三个马蹄形足，鼎足横截面呈凹弧状。素面。口径34、底径30、通高24.2、足高14厘米

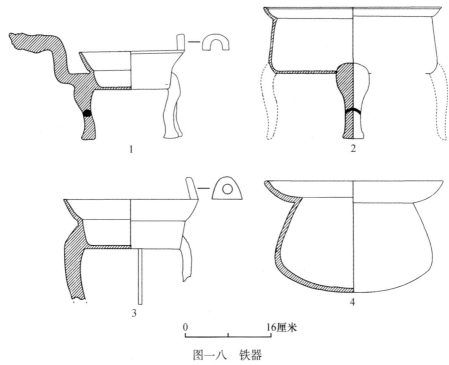

图一八　铁器

1.镰斗（H15∶1）　2、3.鼎（H2∶2、H8∶1）　4.釜（J1∶1）

（图一八，2；图版四〇，2）。

镰斗　1件。H15∶1，敞口，圆唇，宽折沿，沿面弧曲，曲腹较浅，大平底，细高马蹄形足，鼎足横截面呈圆形。弧曲长把手。与把手对应部位鼎口部有一宽扁环形耳。口径20.4、底径14.4、通高18.2厘米（图一八，1；图版四〇，3）。

釜　1件。J1∶1，敞口，厚圆唇，宽折沿外敞，沿面弧曲，上腹内敛，下腹外凸下垂，底部向下弧曲。素面。口径34、腹径30、高22厘米（图一八，4；图版四〇，4）。

斧　2件。H16∶23，顶部平面呈长方形，作锤子用。宽6、厚2.5、通高12厘米。两侧面弧曲，刃部较宽，刃部宽8厘米。斧子前侧较直，后侧内弧曲，中部有一道折棱，且有一长方形銎，銎高4.6、宽0.7厘米（图一九，2；图版四二，5、6）。H16∶24，顶部平面呈长方形，作锤子用。宽6.4、厚3、通高12.6厘米。两侧面弧曲，刃部较宽，宽6.6厘米。斧子前侧较直，后侧内弧曲。中部有一长方形銎，銎高4.8、宽0.7厘米（图一九，3；图版四三，1、2）。

犁头　5件。分为二型。

A型　3件。整体呈三角形。H16∶1，犁头较尖，前面中部起脊，呈扁三角形，后面弧曲。两翼较直，宽16、高13厘米。銎较宽扁，宽8、厚6厘米（图一九，5；图版四三，3）。H16∶3，前侧中部呈脊状凸起，后侧呈半圆形空状銎。两翼宽扁较薄，略弧曲。通体宽17、高13.8厘米（图一九，4；图版四三，5）。H16∶2，犁头较尖，前面中部起脊，呈三角形凸起，后面弧曲，上部微下凹。弧边三角形銎，銎宽6、厚3厘米。弧曲板状侧翼。通体宽14.5、高14.8厘米（图版四三，4）。

B型　2件。整体呈"V"字形。H16∶7，尖头及两翼开刃，两翼刃部微外弧曲。銎内侧开

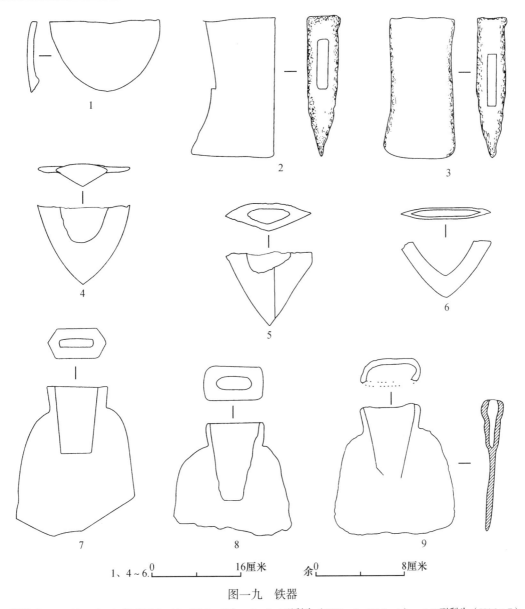

图一九 铁器

1. 犁铧（H16∶4） 2、3. 斧（H16∶23、H16∶24） 4、5. A型犁头（H16∶3、H16∶1） 6. B型犁头（H16∶7）
7～9. 锄头（H16∶32、H16∶25、H26∶1）

"V"字形槽。宽17、高10厘米（图一九，6；图版四三，6）。H16∶5，尖头及两翼开刃，两翼刃部微内弧曲。銎内侧开"V"字形槽。宽19.6、高10厘米（图版四四，1）。

犁铧 1件。H16∶4，呈半圆形。犁铧大面微弧，周边呈凸棱状凸起。宽20、高12厘米（图一九，1）。

锄头 3件。H16∶25，弧缘扇形锄面，刃部残。銎外部平面呈圆角长方形，宽5.6、厚3.1厘米；銎内部平面呈长椭圆形，长3.4、宽1.2厘米；銎内截面呈梯形，深6.8厘米。残高10厘米（图一九，8；图版四〇，5）。H16∶32，弧缘扇形锄面，刃部残。銎外部平面呈宽扁六边形，宽5.7、厚2.8厘米；銎内部平面呈长椭圆形，长3.2、宽1厘米；銎内截面呈梯形，深6厘米。残高13厘米（图一九，7；图版四〇，6）。H26∶1，弧缘扇形锄面，刃部残。銎外部平面呈长椭圆形，宽11厘米；銎内部平面呈长椭圆形，长9.2厘米；銎内截面呈梯形，深8.5厘米。残高11.4厘米（图一九，9）。

　　锄钩　2件。H16：13，钩柄长33厘米，呈一端细一端粗的棍状，细端实心，粗端呈圆形銎状，中心空，外径4.4、銎径3.6、深16.8厘米。钩长7厘米，呈宽扁铁板状，宽2、长2.8、厚0.6厘米。钩端与铁锄銎部相连（图二一，4；图版四一，1）。G1：1，形状与结构同H16：13，钩柄长28.4厘米。銎部用铁片卷成，留有缝隙。銎部中心空，外径4、銎径3.2、深16厘米。钩长7厘米，呈宽扁铁板状，宽2、长2.8、厚0.6厘米。钩端内曲勾呈宽扁状，钩长3厘米（图二〇，2）。

　　镢　2件。H16：22，镢头呈梯形，上端略窄，圆角长方形銎，宽4、高5、外缘宽1.4、厚4厘米。镢面中部内折勾，刃端锋利，保存完好。通高27厘米（图二〇，5；图版四一，2）。

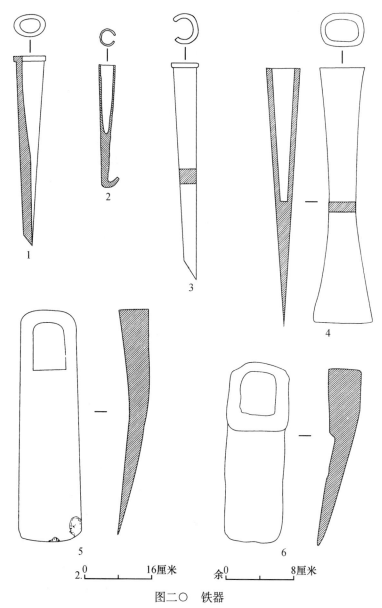

图二〇　铁器

1、3.凿（H16：17、H16：30）　2.锄钩（G1：1）　4.铲（H16：14）　5、6.镢（H16：22、H16：21）

H16：21，镢头呈梯形，上端略窄，圆角长方形銎，宽4、高5.6、外缘宽1.4、厚3.4厘米。銎部较之镢面外凸。镢面中部内折勾，刃端锋利，保存完好。通高20.8厘米（图二〇，6；图版四一，3）。

铲　4件。H16：14，椭圆状銎，内长径4、短径2.8、深15.5、外缘厚0.6厘米。铲身呈扁方形，宽3.2、厚1.2厘米。厚铲刃端宽扁，宽7厘米。刃部较锋利。通高29.8厘米（图二〇，4；图版四一，4）。H16：15，圆角长方形銎，两侧扁平，两端弧曲。长3.8、宽2.2、外缘厚0.5、銎深14.4厘米。铲刃部宽扁，宽6.5厘米。铲身中部较窄。保存较好。通高33.6厘米。H16：16，圆銎，用铁片两侧向内弯曲而成。内径3.2、外缘厚0.4厘米。铲身较窄，厚0.6厘米。刃部宽扁，宽7.6厘米。刃部保存较好。通高28厘米（图版四一，5）。H16：20，通体呈宽扁长方形。圆角长方形銎，两侧铁皮向内弯折而成，中间有缝隙。銎内径长4.6、宽2厘米。铲身宽扁，厚约1厘米。刃部较薄。通高23.2厘米（图版四一，6）。

镰刀　4件。H16：11，镰刀呈弧曲长条状，长28厘米。背部平而厚，厚0.6厘米。镰刀截面呈三角状，刃部锋利。三角状尖头。銎部残（图二一，3；图版四二，1）。H16：12，镰刀呈弧曲长条状，长30厘米。背部平而厚，厚0.6厘米。镰刀截面呈三角状，刃部锋利。三角状尖头。銎部残（图二一，1）。T3-2G2：1，镰刀呈弧曲长条状，长28厘米。背部较直，平而厚，厚0.6厘米。镰刀截面呈三角状，刃部锋利。三角状尖头。銎部残（图版四二，2）。G2：2，镰刀背部较直，长22厘米。背部平而厚，厚0.6厘米。刃部弧曲，较为锋利。銎部残。

凿　6件。H16：17，把手呈圆銎状，内径2.4、深10.8厘米。銎口外侧呈叠唇状。凿子下部截面呈正方形，尖部呈斜尖刃。通高20.6厘米（图二〇，1；图版四二，3）。H16：18，把手呈圆銎状，一侧没有闭合，留有较宽的缝隙，内径2.4、深12厘米。銎口外侧呈叠唇状。凿子下部截面呈正方形，尖部呈斜尖刃。通高25厘米。H16：30，把手呈方銎状，銎内侧长1.2、宽0.8、深8厘米。銎上口外张。凿子下部截面呈正方形，尖部呈斜尖刃。通高24.6厘米（图二〇，3；图版四二，4）。H16：31，把手呈圆銎状，内径1.7、深9.4厘米。銎上端一侧有三角状缝。凿子下部截面呈正方形，尖部呈斜尖刃。通高25厘米。

剪刀　1件。H16：36，仅余一侧。圆形把手，截面呈圆形，长条刀刃，刀背较厚，约0.4厘米，刃部锋利。长22厘米（图二一，6；图版四四，2）。

舌　1件。H16：6，整体呈长方形。上部中间留有长方形孔，宽5～6.4厘米。三面有凹槽状銎，銎深3厘米。两侧面弧曲，弧状宽扁刃。宽14.2、厚3、高14厘米（图版四四，3）。

马镫　4件。H16：26，扇形系纽，中部有一横向长方形孔。上宽下窄的弧边梯形镫扣，底部平，用圆铁棍打制而成。高16.4厘米（图二二，1；图版四四，4）。H16：27，梯形系纽，中部有一横向长方形孔。弧边长方形镫扣，底部呈双钩状，中部缺。用圆铁棍打制而成。高19.4厘米（图二二，2；图版四四，5）。H16：28，三角形系纽，中部有一横向长方形孔。上宽下窄的梯形镫扣，底部平，用圆铁棍打制而成。高16.4厘米（图二二，3；图版四四，6）。H16：29，扇形系纽，中部有一横向椭圆形孔。圆形镫扣，底部平，用圆铁棍打制而成。高12厘米（图二二，4；图版四五，1）。

齿轮　3件。H16：8，圆形中圈，高4.4、厚1.8厘米，上部向内倾斜。外侧有均匀分布的6

个齿轮，齿轮长1.7、厚1厘米左右。齿轮直径15.6厘米（图二一，10；图版四五，2）。

带扣　1件。H16：35，圆形环，外径12.8厘米。长条形钉状系。长11.8厘米（图版四五，3）。

铁钉　1件。H16：37，圆形冒，圆锥状长钉。顶帽直径4.8、钉长12.8厘米（图二一，7；图版四五，4）

铁板　1件。H16：19，宽扁长条状，长26、宽4、厚1厘米。

带环铁板　1件。T5-1，一端呈圆环状，内径1厘米。铁板宽2、长16.2厘米。

铁条　2件。H16：38，长铁条，呈弧曲状，截面呈正方形。长24、厚0.8厘米（图二一，

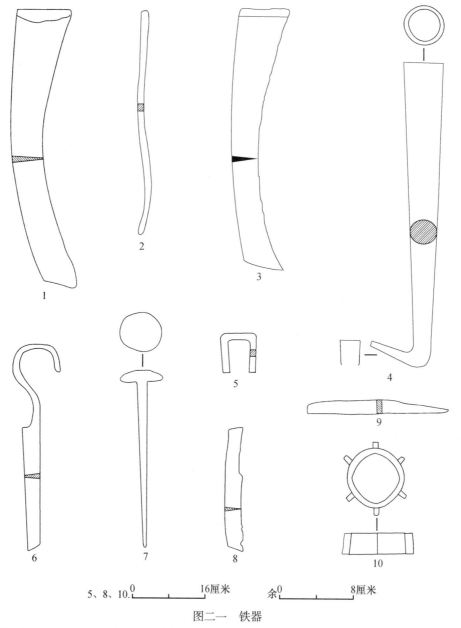

5、8、10. |0———————16厘米|　　余 |0—————8厘米|

图二一　铁器

1、3.镰刀（H16：12、H16：11）　2、9.铁条（H16：38、H16：40）　4.锄钩（H16：13）　5.器耳（H16：33）

6.剪刀（H16：36）　7.铁钉（H16：37）　8.铁刀（H1：1）　10.齿轮（H16：8）

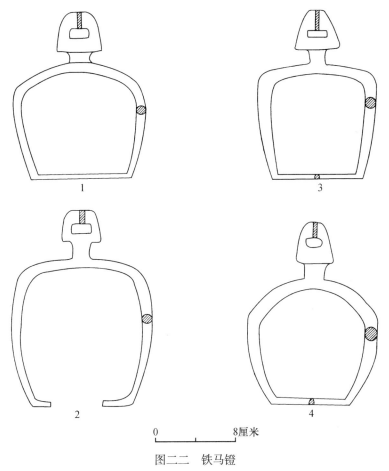

图二二　铁马镫

1. H16：26　2. H16：27　3. H16：28　4. H16：29

2）。H16：40，一端宽扁，一端呈尖状。长15.6、宽1.4、厚0.6厘米（图二一，9）。

器耳　1件。H16：33，呈倒"U"形。截面呈正方形。高8.4厘米（图二一，5）。

刀　2件。H1：1，长条形刀片，截面呈三角形，刀背较厚，厚0.8厘米。板状刀柄。长10、宽2.8厘米（图二一，8；图版四五，5）。

（四）石器

磨盘　1件。H5：4，仅存一小部分，用石头雕凿而成。磨盘平面雕凿成斜条痕，磨心中部呈凹弧状下陷，磨心一侧呈宽棱凸起。残长18、厚5.7厘米（图二三，4）。

碾　1件。H5：3，呈圆盘状。两侧面扁平，周边较直，略呈弧曲状。直径29.4、边缘厚8、中部厚14厘米。中部有一圆孔，直径8.6厘米（图二三，5）。

地界石　2件。H5：1，多棱形界石。下部呈四方形，上部四角内凿。残高50厘米（图二三，1）。H5：2，呈四方的长条状，四边棱角呈圆弧状。顶端呈圆弧状。下部残。宽12、厚10、残高30厘米（图二三，2）。

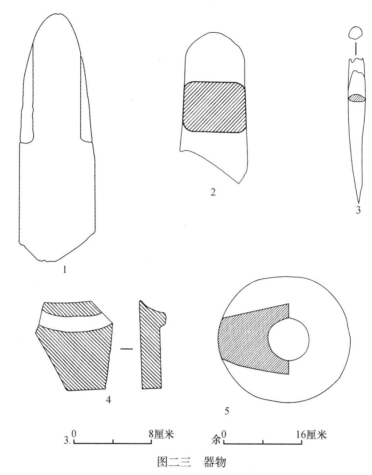

图二三　器物

1、2. 地界石（H5：1、H5：2）　3. 骨锥（H17：2）　4. 石磨盘（H5：4）　5. 石碾（H5：3）

（五）骨器

锥　1件。H17：2，骨锥前端磨制光滑，后部呈扁圆状。长14.8厘米（图二三，3；图版四五，6）。

五、结　语

埠口遗址文化堆积非常简单，遗址仅存在第3层和第4层两层文化堆积，包含物较少。遗址发现的遗迹单位较少，900多平方米仅发现28个遗迹单位。说明该聚落民众在这里生活的时间较短，活动不是很频繁。从发现的遗迹单位看，有水井和石头垒砌的排水沟，说明这里存在从水井提水浇灌的活动。

遗址的发掘发现了一批小型窖藏，窖穴较小，但穴内人为埋藏有铁器和陶器，多为一个坑穴埋藏1件铁鼎或铁镦斗，有的埋藏1件铁鼎和1件陶罐，个别在直径90厘米的小坑内埋葬铁器40余件。器物人为摆放整齐，为故意掩埋，内有农具、木工用具、生活用具、车马用具，应为一农家全套的铁质工具去掉木柄后的集中摆放。存在居民临时搬迁，将无法带走物件故意埋藏以备返回家园时重新使用的可能。

该遗址的性质应为短期的居住活动居址，因战乱或其他特殊原因紧急搬离，存在计划返回居住的可能。

遗址出土的铁器51件，有鼎、镤斗、釜、锄头、锄钩、镢、铲、镰刀、犁头、犁铧、斧、凿子、马镫、齿轮、铁条、铁环、钉等。

H16出土铁器最多，有锄头、锄钩、镢、铲、镰刀、犁头、犁铧、斧、凿子、马镫、齿轮、铁条、铁环、钉等，有犁地、铲地、松土、收获、砍伐、木工加工和运输工具，基本包含了一个家庭生活需用的全部铁工具，其中犁头、犁铧、镢、镰刀的延续时间较长，与汉代铁器基本相似，尚无法确定年代。齿轮和马镫类车马用具可能对年代的确定更有参考或帮助。1955~1960年，在湖南长沙西晋永宁二年（302）墓葬[1]中，出土3件骑马青瓷俑，发现在马鞍左前侧处做出三角状镫，这是最早的马镫形象，右侧没有，应为上马镫。安阳孝民屯西晋墓[2]和朝阳袁台子晋墓出土的马镫，为木芯铜包片，镫柄长，镫体为扁圆形。1965~1970年南京象山发掘了东晋琅琊王氏墓群，7号墓出土了1件装双镫的陶马[3]，年代为东晋永昌元年（322）。目前普遍认为马镫出现在南北朝时期。H16出土的马镫形制规整，已经是比较成熟的马镫，其时代当在北朝或隋代。

遗址出土2件铁鼎、1件铁镤斗、1件铁釜，铁釜在J1中和陶罐共出，陶罐为隋唐时期典型器物。铁鼎和铁镤斗在灰坑中单出，其时代不好确定。遗迹单位开口于遗址第2层下，应与H16所出铁器为同时代遗物。

从遗址出土的陶瓷器看，H21：7素烧白陶壶束颈盘口、H21：9折腹盘状豆青釉瓷盘、H21：6牛鼻状耳陶罐、H19：4黄釉瓷碗、H19：5瓷豆柄、H6所出豆青釉瓷碗、白陶碗、盘状口形白陶壶皆为北齐到隋代典型遗物，H20：1白陶虎子也应为同时期遗物。因此该遗址的时代当为北齐到隋代，应早于唐代。

H23：1，白陶素烧瓷碗，碗的口壁同于遗址出土的同类器物，但是碗的底足为圈足，外底心下垂。白陶碗底的特征与瓷器的发展演变应该存在差异。

该遗址面积较小，在发掘区外没有发现其他遗迹现象，文化堆积简单，没有发现居住房屋。而发现的埋藏铁器等的窖穴，反映了人群短期性居住和迁移状况。因此，该遗址为北齐到隋代的临时居住遗址，居住人群较少，活动时间较短。由于特殊的原因，人们搬迁离去，却没有返回居住，可能反映了该时期山东地区多战乱的历史状况。

绘　图：许　姗　王站琴

摄　影：李顺华

执　笔：李振光　于克志　万　菲

注　释

［1］　湖南省博物馆：《长沙两晋南朝隋墓发掘报告》，《考古学报》1959年第3期。

［2］　中国社会科学院考古研究所安阳工作队：《安阳孝民屯晋墓发掘报告》，《考古》1983年第6期。

［3］　南京博物馆：《南京象山5、6、7号墓发掘简报》，《文物》1972年第11期。

莱州市后趴埠墓地发掘报告

山东省文物考古研究院

莱 州 市 博 物 馆

墓地位于莱州市虎头崖镇后趴埠村南1千米的丘陵北坡上（图一）。这里地处胶东半岛的西北侧，莱州湾的东岸，西北距莱州湾1千米。虎头崖港位于墓地西北，港内停泊着大量的渔船，岸边有大面积的人工海产养殖池塘。当地为农业耕作与海洋捕捞、养殖相结合的经济类型。

2003年为配合山东胶东地区引黄调水工程的施工建设，山东省文物考古研究所和烟台市博物馆、莱州市博物馆对工程沿线进行了徒步考察，在这里发现了大量的花纹砖，初步断定为宋金时期的家族墓地。2004年春对墓地进行了考古勘探。2007年春山东省文物考古研究所与莱州市博物馆对该墓地进行了详细的考古勘探，并对所发现墓葬进行了考古发掘。共发掘墓葬10座，多数墓葬没有随葬品，仅1座出土了瓷器、滑石器等（图二）。现报道如下。

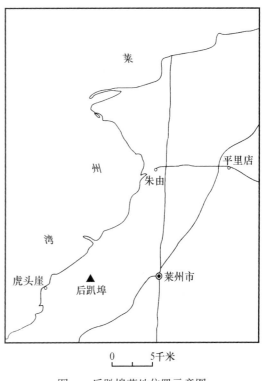

图一　后趴埠墓地位置示意图

一、墓 葬 形 制

墓葬分为斜坡墓道砖室或石室墓、长方形竖穴石椁墓。

甲类　斜坡墓道砖室或石室墓，共6座。多为短墓道的土坑砖室墓或石室墓，墓向东南或西南，墓穴为圆形或方形，墓室为砖或石片垒砌的攒尖顶，墓室底部的北侧多垒砌有平台。墓门外用砖封堵。皆为二次葬，为一个至三个个体，骨架摆放在墓底平台上。多数墓葬无随葬品。

M1　南向斜坡短墓道，长1.2、宽1.1、深0.92米。墓向189°。不规则圆形墓穴，长径1.72、短径1.56、深0.8米。券顶形墓门，宽0.44、高0.68米。门外用侧立单砖封门，封门砖高0.8米。券顶短甬道，进深0.34米。圆形砖室，平砖砌筑直墙，直墙高0.5米。上部用侧立砖叠涩收成

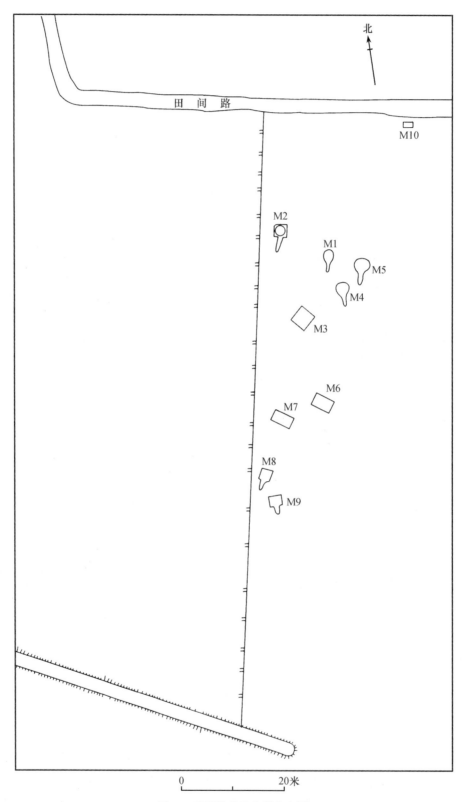

图二　后趴埠墓地墓葬分布图

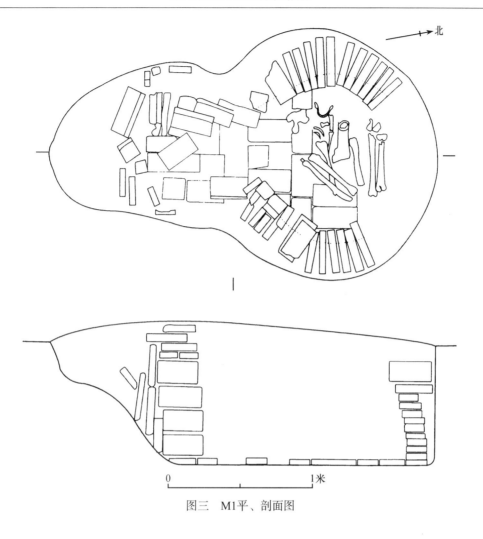

图三　M1平、剖面图

攒尖顶。墓室残高0.9米。底部用单砖平铺。墓内埋葬散乱骨头，为二次埋葬。无随葬品（图三；图版四六，1）。

M2　南向斜坡长墓道，向西斜偏，墓道长3.3、宽0.56～1.02、深1.28米。墓向209°。方形墓穴，南北长2.5、宽2.45、深1.28米。平顶短甬道，宽0.5、高0.72、进深0.64米。用石板封门。圆角方形墓室，用石板垒砌而成，下部较直，上部斜内收，顶部收为攒尖顶。墓室残高1.2米。墓室后部用石板平铺台，南北宽1.1米，高0.05米。台上摆放2具人骨架，人为摆放，为二次葬。台下西南角随葬滑石碗2、滑石盏2、滑石勺1、瓷碗1（图四；图版四六，2）。

M4　南向斜坡墓道，长1.6、宽0.44～1.24米。墓向187°。圆形墓穴，直径2.16、深1.28米。石板垒砌圆形墓室，下部较直，上部内收为攒尖顶。石砌短甬道，宽0.7、进深0.48、高0.6米。外用砖封堵。内埋葬有三具骨骼，骨架摆放在墓室底部西侧后部，头向西，骨架叠放在一起（图五；图版四六，3、4）。

M5　南向斜坡短墓道，长2.14、宽0.42～0.96米，墓向186°。圆形墓穴，直径2.4、深0.98米。石板垒砌圆形墓室，攒尖顶，高0.98米。顶部破坏。墓底北侧用石板铺平台，南北宽0.6、高0.14米。骨架零散摆放在台上，头在西侧。石砌短甬道，宽0.7、进深0.22、高0.76米。外用单砖平砌封门（图六）。

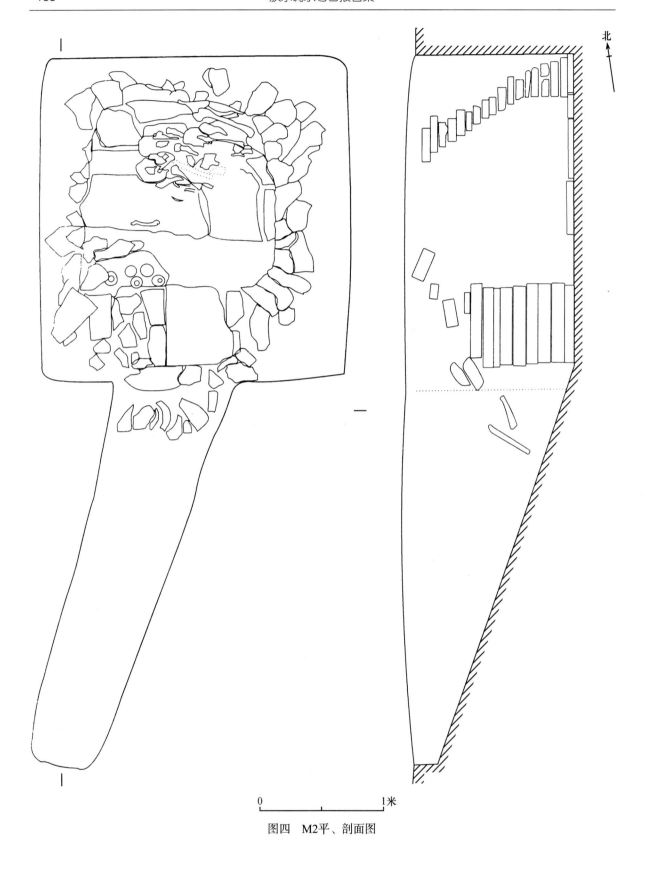

图四　M2平、剖面图

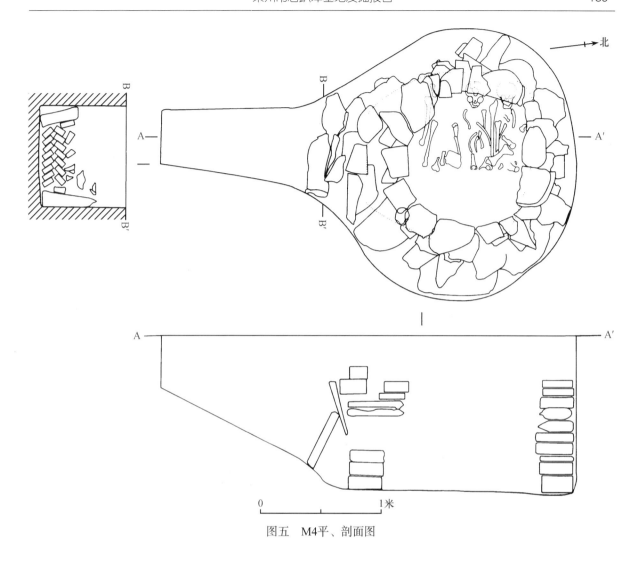

图五　M4平、剖面图

M8　南向台阶短墓道，长0.74、宽0.35～0.54米。墓向205°。"凸"字形墓穴，南北长2.1、外凸部分宽1、墓室部分宽1.66、深1.18米。砖砌方形墓室，南北长1.2、宽1.3、残高0.9米。东壁雕砖砌灯台，北壁砌一门、二窗。墓室北部用平砖铺台面、立砖砌台边，台南北长0.76、高0.28米。砖砌短甬道，长0.58、宽0.46、残高0.79米。甬道北端用单砖封门。墓中无随葬品（图七；图版四七，1、2）。

M9　南向台阶短墓道，长1.06、宽0.46～0.86、深0.6米。方形墓穴，南北长1.46、东西宽1.48、深0.6米。墓向185°。没有砌筑墓室，未发现骨架。

乙类　长方形墓穴石椁墓，共4座。

M3　长方形竖穴，长3、宽2.8、深1.2米。长方形双石椁同穴合葬墓。用长0.2、宽0.1米左右的石板垒砌石椁。石椁长2.6、宽1.25、残高0.2米。木棺。棺内皆为单人仰身直肢葬。头向312°。

M6　长方形竖穴，长3.3、宽2.1、深1.2米。石板垒砌并列双椁室，长3.08、宽2、高0.8米。顶部平盖石板。南侧椁室有木棺，长2.35、宽1.4、高0.9米。南侧仰身直肢葬，头向290°；北侧二次葬。墓中没有发现随葬品（图八）。

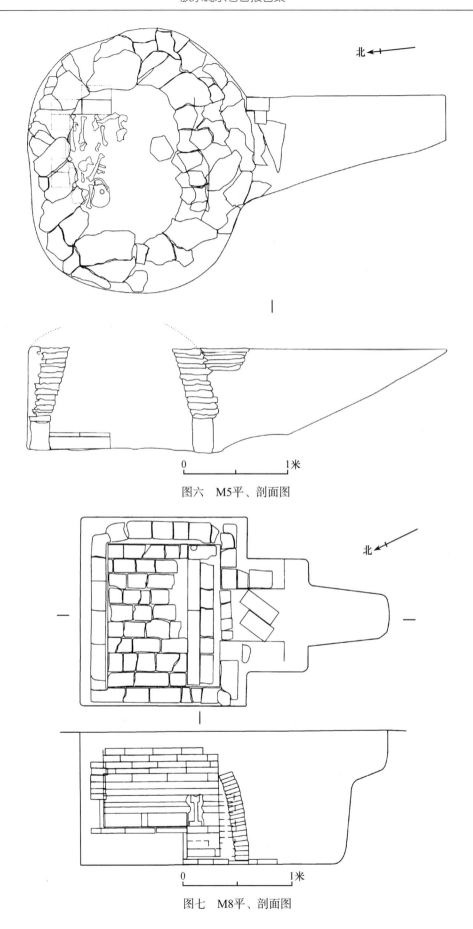

北

图六　M5平、剖面图

北

0　　　　　　1米

图七　M8平、剖面图

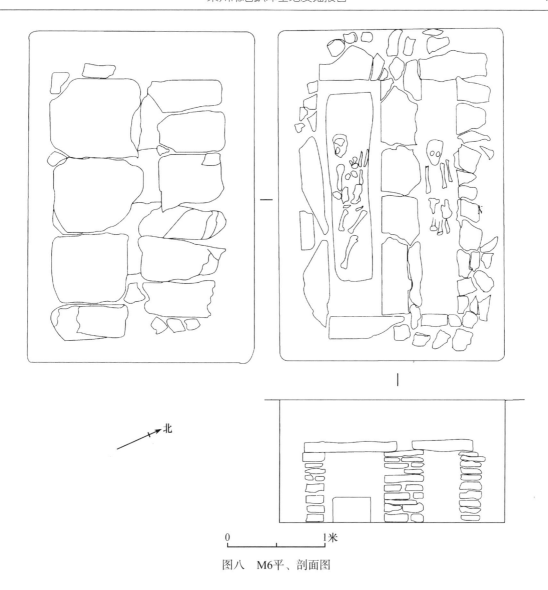

北

0　　　　　　　1米

图八　M6平、剖面图

M7　长方形竖穴，长3.2、宽1.9~2、深1.3米。石板垒砌并列双椁室，长2.68、宽1.84、高0.7米。顶部平盖石板。墓向285°（图版四七，3）。

M10　长方形墓穴，长1.5、宽1、深0.62米。用石板垒砌成不规则长方形石椁，顶部用石板搭盖。长1.4、高0.42米。单人仰身直肢葬，应为幼儿。头向282°（图九）。

二、出土遗物

1. 瓷器

碗　1件。M2：6，白胎。大敞口，圆唇，曲壁。圈足较高，下部外斜，圈足较宽，足跟斜削。碗底外底心下凸。内壁及外壁上半部施白釉，外壁中部有一宽条带底彩，外壁下半部及底足露胎。内底有三支钉痕。口径20.6、底径8.2、高7.6厘米（图一○，4；图版四八，1）。

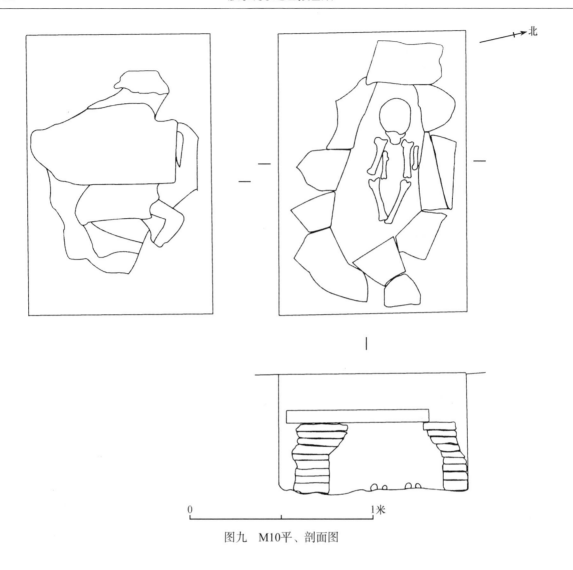

图九　M10平、剖面图

2. 滑石器

共5件。有碗、盏、勺。皆用莱州当地产的滑石雕刻而成。

碗　2件。M2：1，大敞口，圆唇，曲壁，外壁近底部微内弧。圜底略平。内壁有数道凸棱痕，内底微下凹。器壁旋磨光滑。口径10.4、高3厘米（图一〇，2；图版四八，3）。M2：2，大敞口，尖圆唇，唇部较平。曲壁，圈足较高，足跟较窄，外底心上凹。内底心下凹。碗外壁有数道旋磨痕。口径10.4、底径5.5、高3.6厘米（图一〇，3；图版四八，4）。

盏　2件。用滑石雕刻而成，杯、托上下一体。M2：4，内心杯平面呈圆形，圆唇，外壁较直，微内曲，内壁斜内曲，壁的下部加厚。托盘呈四瓣的葵花状口，大敞口，曲壁。下为高圈足，足较薄，外底心上凹。器物内外壁旋磨光滑。杯口径6.4、托口径10.8、足径5.2、高3.75厘米（图版四八，5）。M2：5，内心杯平面呈圆形，圆唇，外壁较直，微内曲，内壁斜内曲，壁的下部加厚。内底较平，底心微下凹，底部较厚。托盘呈四瓣的葵花状口，敞口，曲壁中部微折。下为高圈足，足较厚。器物内外壁旋磨光滑。杯口径6.6、托口径11.5、足径5.6、高4.15厘米（图一〇，1；图版四八，6）。

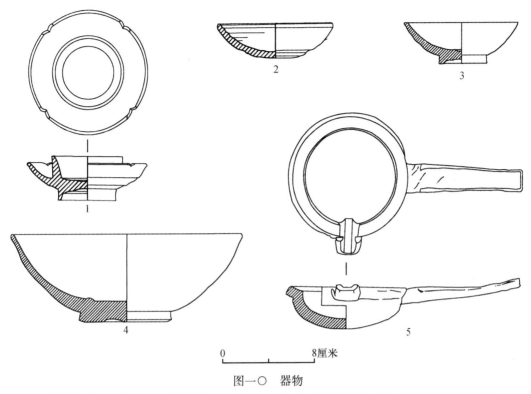

图一〇 器物

1.滑石盏（M2：5） 2、3.滑石碗（M2：1、M2：2） 4.白瓷碗（M2：6） 5.滑石勺（M2：3）

勺 1件。M2：3，圆形勺，宽折沿，厚方唇，沿面微下凹。曲壁较厚，圈底。勺一侧雕刻长流，宽扁长条状把手。勺口径10.8、高3.6厘米。把手长10.4、宽2～2.4、厚1～1.4厘米（图一〇，5；图版四八，2）。

三、结　语

1. 墓葬的类型

后趴埠的墓葬很有特点，砖室或石室墓皆为斜坡墓道，圆形或方形墓穴，用砖或石板砌筑墓室，皆有短甬道，墓室的北侧砌筑矮台。墓葬皆为二次葬，骨架摆放在台上，未见葬具。墓道方向为东南向或西南向。

长方形或方形墓穴石椁墓，用石板垒砌石椁，内有木棺。多为双人并列埋葬，一座为幼儿葬，皆为一次葬。

2. 墓葬的布局

发掘的墓葬较少，仅10座。斜坡墓道砖室或石室墓分为南北两区，墓道皆南向。长方形或方形竖穴石椁墓位于中部。墓葬之间没有打破关系。M10位于墓地的北侧。

3. 墓葬的时代

墓葬出土遗物较少,仅M2出土了随葬品。所出的白瓷碗矮圈足较宽,内底有支钉痕,外壁露胎施白釉不到底,应为晚唐风格。但滑石碗圈足较高,具有宋代碗足风格,因此M2定为宋代墓葬较为合适。而斜坡墓道砖室或石室墓中台上摆放骨架的二次葬在胶东地区多有发现,大莱龙铁路沿线的龙口阎家店墓地发现成片埋葬的砖室墓,60平方米内曾发现13座墓葬。烟潍高速公路在莱州梁郭沟子杨墓地也曾发现这类墓葬。墓葬形制相同,因此这类墓葬的时代应为宋代。

长方形或方形墓穴石椁墓,内葬并列二棺,墓中没有发现随葬品,时代不好确定。但是同处一个墓地,没有墓葬间打破关系,其时代可能与斜坡墓道砖室或石室墓相同或相近。

描　图:许　姗

执　笔:李振光　张英军

附表　莱州后趴埠墓地墓葬登记表

墓号	墓道	墓穴	墓向(°)	头向	墓室				葬具	葬式	随葬品	时代
					甬道	封门	台	墓室				
1	南向斜坡短墓道，长1.2、宽1.1、深0.92米	不规则圆形墓穴，长1.72、短径1.56、深0.8米	189		券顶短甬道	侧立单砖封门	无	圆形墓室，平砖砌筑墓室，上部用侧立砖叠涩收成攒尖顶。墓室内径1.1、高0.9米。底部用平铺单砖铺地	无	二次葬，散乱骨头	无	宋
2	南向斜坡长墓道。向西偏斜长3.3、宽0.56~1.02米	方形墓穴，南北长2.5、东西宽2.45、深1.28米	209	西	平顶短甬道。宽0.5、高0.72、进深0.64米	用石板封门	用单层石板平铺，南北1.1米	圆角方形，用石板垒砌。下部垒砌，上部内收，顶部收为攒尖顶，残高1.2米	无	二次葬，两具骨架人为摆放	滑石碗2、滑石盏2、滑石勺1、瓷碗1	宋
3		长方形竖穴，长3、宽2.8、深1.2米	312		长方形双石椁同穴合葬墓。用长0.2、宽0.1米的石板垒砌石椁。石椁长2.6、宽1.25、残高0.2米				木棺	棺内皆为单人仰身直肢葬	无	?
4	南向斜坡墓道，长1.6、宽0.44~1.24米	圆形墓穴，直径2.16、深1.28米	187	东	石砌短甬道，宽0.7、进深0.48、高0.6米	用砖封堵，外立石板		石板垒砌圆形墓室，下部较直，上部内收为攒尖顶	无	内有三个个体。骨架摆放在墓室底部西侧后半部	无	宋
5	南向斜坡短墓道，长2.14、宽0.42~0.96米	圆形墓穴，直径2.4、深0.98米	186	头向西	石砌短甬道，宽0.7、进深0.22、高0.76米	外用单砖平砌封门	墓底北侧用石板铺平台，南北宽0.6、高0.14米	石板垒砌圆形墓室，下部较直，攒尖顶，高0.98米。顶部破坏	无		无	宋
6		长方形竖穴，长3.3、宽2.1、深1.2米	290					石板垒砌并列双椁室，长3.08、宽2、高0.8米。顶部平盖石板	南侧椁室有木棺，长2.35、宽1.4、高0.9米	南侧：仰身直肢葬；北侧：二次葬	无	?

续表

墓号	墓道	墓穴	墓向(°)	头向	墓室				葬具	葬式	随葬品	时代
					甬道	封门	台	墓室				
7		长方形竖穴，长3.2，宽1.9~2，深1.3米	285					石板垒砌并列双椁室，长2.68，宽1.84，高0.7米。顶部用盖石板				?
8	南向台阶短墓道，长0.74，宽0.35~0.54米	"凸"字形墓穴，南北长2.1，外凸部分宽1，墓室部分宽1.66，深1.18米	205		砖砌短甬道，长0.58，宽0.46，残高0.79米	甬道北端用单砖封门	墓室北部用平砖铺台面，立砖砌台边，台南北长0.76，高0.28米	砖砌方形墓室，南北长1.2，宽1.3，残高0.9米。东壁雕砖砌灯台，北壁砌一门，二窗	无	无	无	宋
9	南向台阶短墓道，长1.06，宽0.46~0.86，深0.6米	方形墓穴，南北长1.46，东西宽1.48，深0.6米	185	282								?
10		长方形墓穴，长1.5，宽1，深0.62米						用石板垒砌长方形台椁，顶部用石板搭盖。长1.4，高0.42米		单人仰身直肢葬，应为幼儿		?

山东威海米山水库崮头集墓地发掘报告

山东省文物考古研究院

威海市文化和旅游局

文 登 区 博 物 馆

米山水库是1958年在母猪河中游建立拦河坝，汇集昆嵛山以东诸多支流而成的灌溉防洪相结合的胶东地区大型水库。崮头集村位于米山水库西岸，北距威海市约60千米，东距文登县城直线距离15千米，属文登区界石镇（图一）。墓地位于村南俗称"于家岚子"的低山丘陵的南坡，东西长约1500米，海拔26～55米，地理坐标为北纬37°11′52.7″，东经122°54′05.0″。20世纪六七十年代，墓地被改造为梯田，大多数墓葬毁坏殆尽，只有墓地东南部海拔26～29米的部分尚残存石墓底部，低水位时裸露于砾石、低草间，分布范围东西约200、南北约20米（图版四九，1，2）。

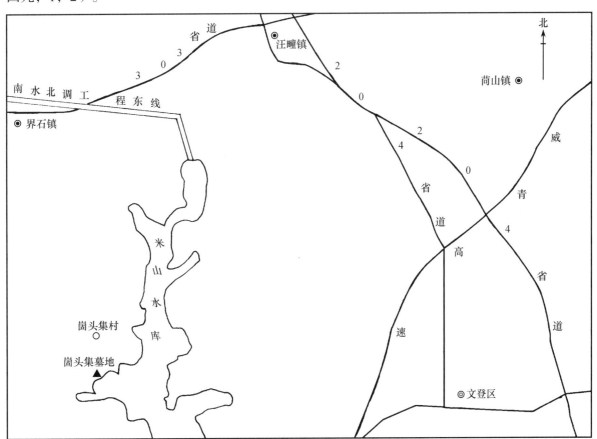

图一　崮头集墓地位置示意图

米山水库是南水北调东线胶东调水工程的引水终端。枯水期引入黄河水后，米山水库水位最高升至29米，残存石墓将被淹没。根据山东省文化厅南水北调文物保护工作办公室总体安排，2007年4～11月，山东省文物考古研究所与威海市文物管理办公室、文登市文物管理所联合组成考古队，利用枯水期对崮头集墓地残存石墓进行了抢救性发掘清理。两个阶段清理晚唐至明初各时期石墓40座（图二），获取了一批重要的实物资料。

一、墓葬形制

本次发掘的墓葬之间极少有打破关系，开口层位清晰。同时限于发掘条件，未能采用布方的方法进行发掘，只是对地表裸露的40座残墓分别进行了清理。这些墓葬俱由本地产石板砌筑，统称石板墓，按形制与规模之不同，细分为石室墓、塔墓、石椁墓三类。

1. 石室墓

33座。石室墓构成崮头集石板墓的主体，延续时代也最长。其建筑方法是先在地面上挖好一个"凸"字形土圹，然后在地下部分由单层或多层石板砌筑成断面呈梯形的斗状墓室，墓室内底为生土，有的在墓室北半部用砖石等材料铺设棺床；地面以上大部分破坏严重，结构不明，少数可见南北两壁石板内侧扣合成"人"字形者。此类墓葬一般都在墓室的四周地面堆砌石块来标明墓域，因此可称为积石式土坑石室墓。墓葬保存现状很差，墓室多经自然破坏或人为扰乱，随葬品很少或根本没有，除了几例火葬，大部分葬式不明。时代最早的可到晚唐五代，最晚的约在明初。

M1 墓室南北长1.62、东西宽约1.56、深0.66米。方向4°。上部结构不明，底层石室尚存东壁、北壁、南壁及墓门，二层及顶盖的一部分残断石块塌落墓室内。残存墓葬构件内侧均经加工，有粗线条的斜线纹。墓室内为扰乱的含有沙石的黄褐土，内有零星布纹瓦块，生土底。不见葬具、骨架和随葬品（图三）。

M2 长0.7、宽0.65、深0.4米。方向350°。墓室由四块石板围合而成，口小底大，顶部或盖有石板，已失。由于长年处于水库底部，墓室严重扰乱，积满河沙和淤土，碎砖和小石板铺底。底部东南角有一釉瓶残底，不见葬具、骨架和随葬品（图四）。

M3 长0.78、宽0.4、深0.55米。方向318°。墓室由四块石板围合而成，顶部无存。由于长年处于水库底部，墓室严重扰乱，积满河沙和淤土，条砖铺底。不见葬具、骨架和随葬品（图五）。

M4 长1、宽0.7、深0.4米。方向304°。墓室由不规则的四块石板围合而成，外侧填充石块以加固。口小底大，顶部或盖有石板，已失。由于长年处于水库底部，墓室严重扰乱，填满沙砾和淤土，墓底满铺单层条砖6块。随葬瓷碟1件，不见葬具、骨架（图六）。

M5 长0.72、宽0.48、深0.4米。方向332°。墓室由四块石板围合而成，盖顶石板尚存。墓室积土相对纯净、松软，底部为黑褐色土。不见葬具、骨架和随葬品（图七）。

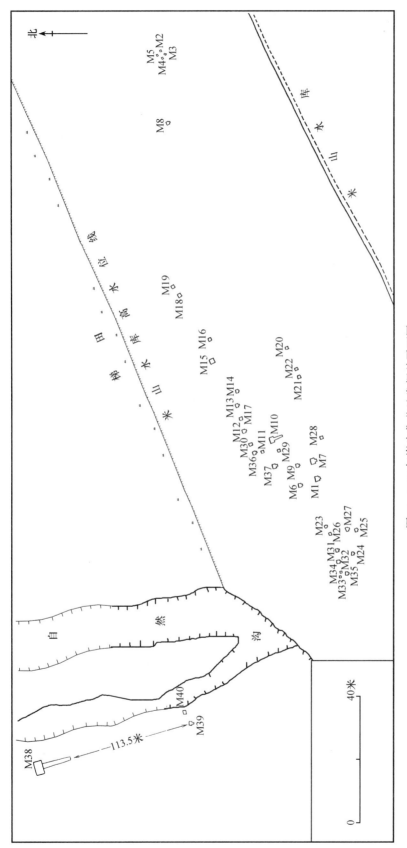

图二 2007年崮头集墓地发掘总平面图
注：M38的实际位置已在本图之外

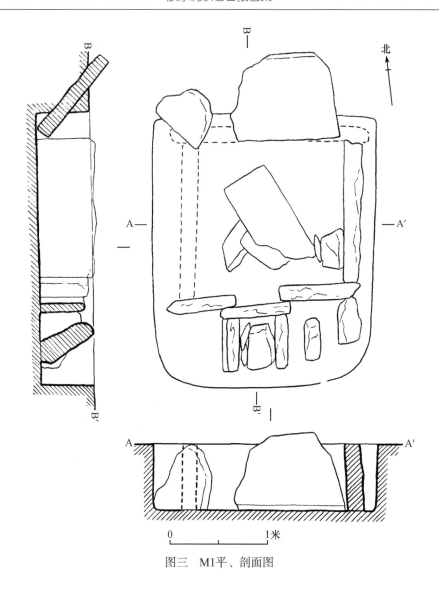

图三　M1平、剖面图

　　M2～M5成组分布（图版五一，1），远离墓葬密集区，墓室结构简单。

　　M6　墓室东西长1.44、南北宽1.05、深0.7米。方向4°。上部已毁，底层保存大致完整。东、西、北三面内壁均经加工，南壁两块石板东西相对，中间一块在外侧，形成墓门。墓圹较墓室底部稍大，四面向中心倾斜，墓圹与墓石之间用土填充，上部用石块垫实。墓口四周有石块较规则地围合，大致呈圆角方形分布，其西北部地面比底层墓石稍高，呈现多层石块垒砌的态势。墓室内积土为较纯净的黄褐土，致密坚硬，含少量石块，生土底。扰乱严重，不见葬具、骨架和随葬品（图八）。

　　M7　墓室东西长1.9、南北宽1.7、深0.8米。方向4°。上部结构不明，底层除东壁遗失外，余皆保存完整。西、北壁内侧均经精细加工，为斜线底纹，再以减地浅浮雕技法雕刻图案。北壁为墓主夫妇坐饮图，高桌高椅，一壶二杯。主人分两边垂足而坐，右边主人身体前倾，似在欠身致礼，身后各有小童婢女侍候（图九，1）。西壁雕刻四爪猛兽，头向墓门方向，尾巴翘起（图九，2）。墓门位于南部正中，外侧有顶门石；墓门外又由四块石板围合成一空间，长

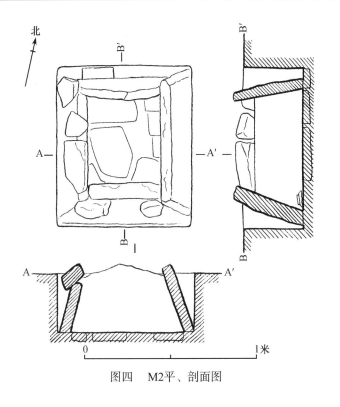

图四　M2平、剖面图

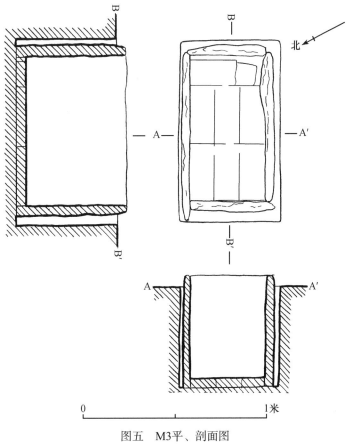

图五　M3平、剖面图

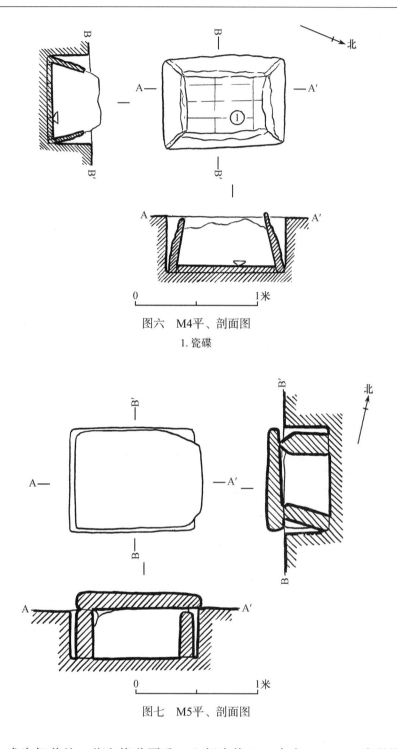

图六　M4平、剖面图

1. 瓷碟

图七　M5平、剖面图

1.34、宽0.7米，或为祭奠处。墓室扰乱严重，上部为扰土，中有0.1～0.15米的淤沙，下为黄褐土，含少量石块，生土底。不见葬具、骨架和随葬品（图一〇）。

　　M8　墓室东西长1.54、南北宽1.14、深1.62米。方向350°。多层石室墓，规模较大。地势较低，在水库常年水位以下，枯水期墓室内也存有很深的积水。上部扰乱较严重，下部墓室结构完整。墓室四周有排列不甚规则的积石，大致呈圆形分布，直径3.5米。墓室在墓圹内砌筑，向上逐渐内收形成梯形，到墓口时墓室东壁与墓圹间距0.42米，南壁与墓圹间距0.7米。墓室内为黄褐

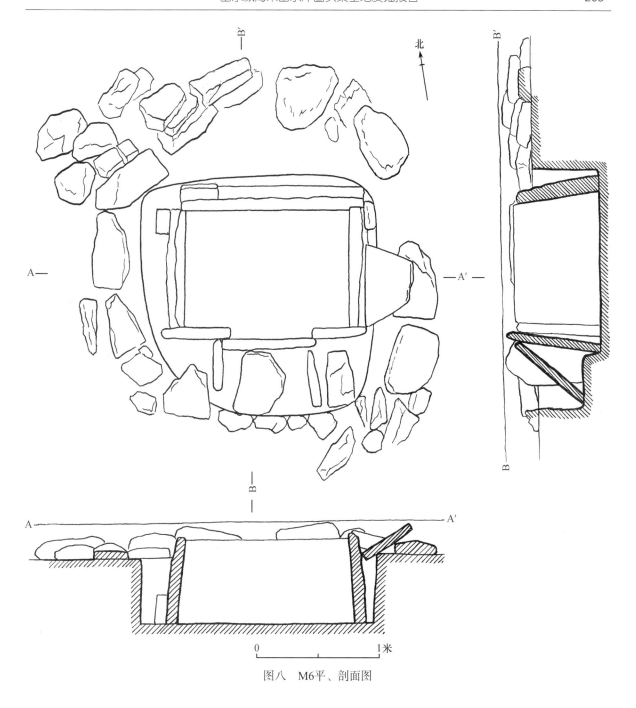

图八 M6平、剖面图

1

2

图九 M7画像石刻
1.北壁 2.西壁

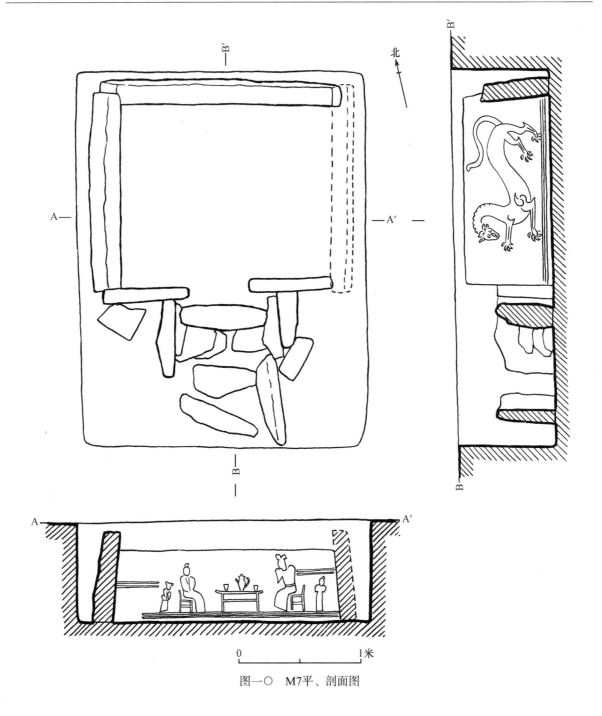

图一〇　M7平、剖面图

土，混有上层塌落的石块。墓底北半部距北壁0.52米处东西向铺条砖一排作为棺床，个别条砖有菱形花纹和圆形方孔铜钱图案，应为利用此地早期墓葬建筑材料的反映。底层东、西、北壁内侧均有画像石刻，其中北壁雕刻二人在设有帷幔的空间内隔桌对饮，画面中央为长方形高桌，桌上一壶四杯，右侧一人身体前倾（图一一，1）。东壁（图一一，2）、西壁（图一一，3）雕刻龙虎类神兽，东壁为减地浅浮雕技法，兽头向北；北、西两壁俱为阴线刻。土圹在积石下，说明积石应该是当时地面以上用来标示墓域。墓室内未见葬具、骨架和随葬品（图一二；图版五二，1）。

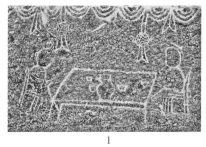  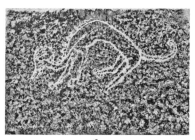

图一一 M8画像石刻
1.北壁 2.东壁 3.西壁

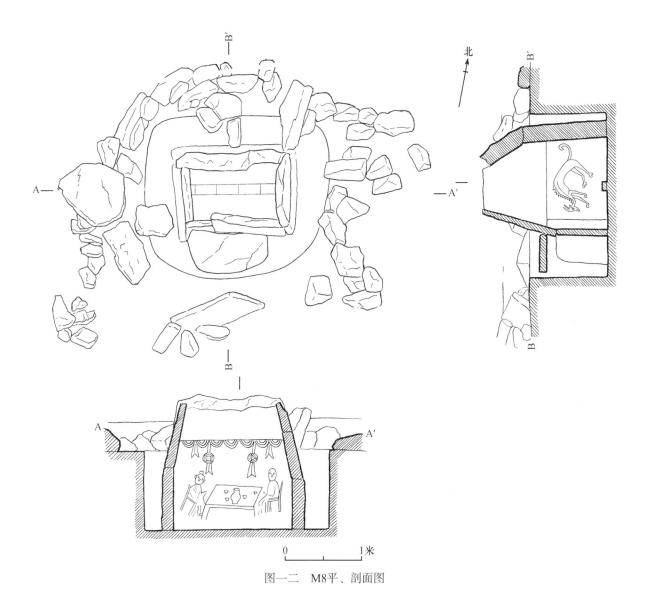

图一二 M8平、剖面图

　　M9　墓室长1.15、宽0.79、深0.56米。方向342°。仅存墓室底部。由于位置较高，其东北角的北部、东部尚残存当时位于地面以上的部分积石。墓室扰乱严重，积满含沙石的黄褐土，生土底。不见葬具、骨架痕迹和随葬品（图一三）。

　　M11　墓室长1.05、宽1.02、深0.7米。方向342°。仅存墓室底部。墓室扰乱严重，黄褐土中含有黑釉碗残片。生土底。不见葬具、骨架痕迹（图一四）。

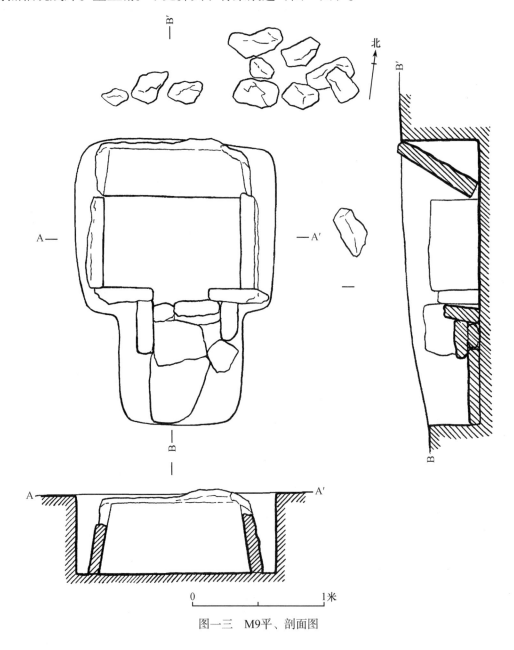

0　　　　　　　　　　1米

图一三　M9平、剖面图

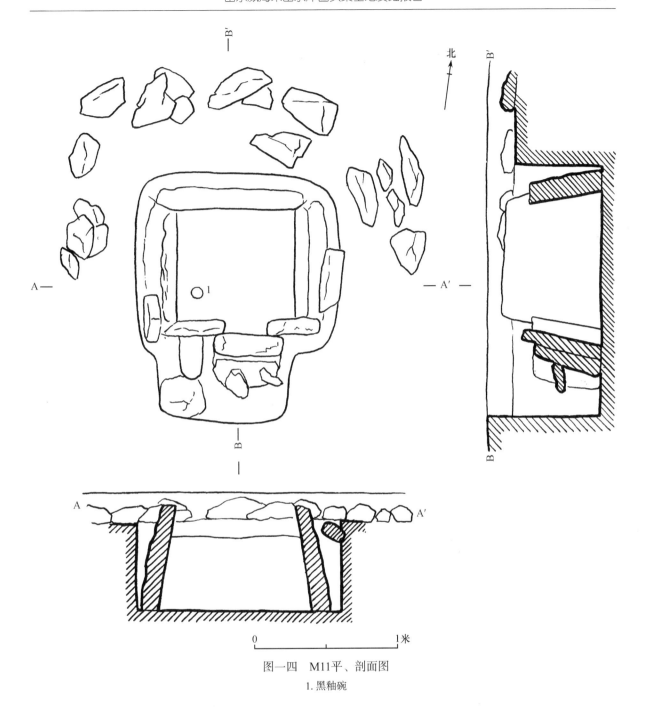

图一四　M11平、剖面图
1. 黑釉碗

M12　墓室东西长1.45、南北宽1.26、深0.88米。方向352°。石板较粗糙，仅存墓室底层。墓圹在积石下，距墓壁0.1～0.2米，填土中含与墓石同质的松软小石块，系墓室砌筑完成后将残余石渣回填所致。墓室周边人为散布石块以标明墓域。墓门外东西两块石板相对，内有纵横两块顶门石。墓室内为黄沙土和较纯净的黄褐土，生土底。西北角淤土内出土青釉碗、白釉碗各1件，上下相叠压。不见葬具、骨架痕迹（图一五）。

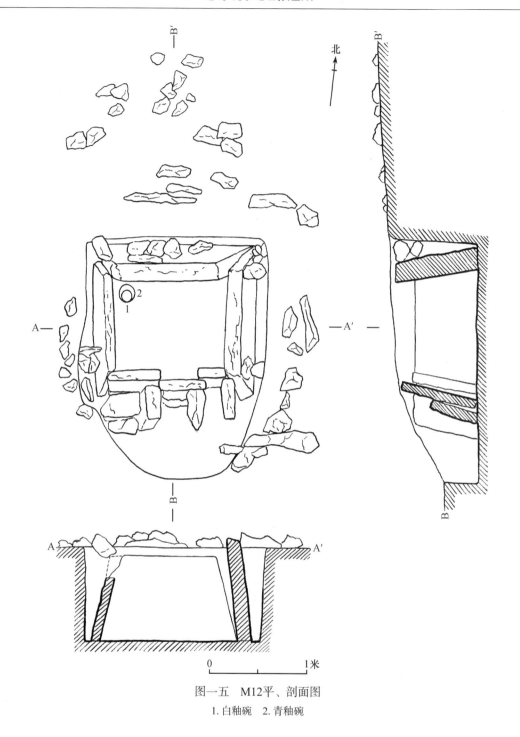

图一五　M12平、剖面图

1. 白釉碗　2. 青釉碗

　　M13　墓室东西长1.48、南北宽1.17、深1.14米。方向354°。多层石室墓。顶盖已失，二层尚存北壁、东壁，东壁已移位。底层东、北、西三面内壁经过加工，北壁有画像石刻，分上下两区，下区中部有桌椅，其余部分则以菱形框内的"米"字填充（图一六，1）；西壁风化严重，图形莫辨。墓门外东、西两块石板相对，外有顶门石。土圹周边散布积石，大致呈圆形分布。墓室扰乱严重，内为含有石块的扰土，生土底。不见葬具、骨架和随葬品（图一七）。

图一六　M13、M14画像石刻
1. M13北壁　2. M14西壁

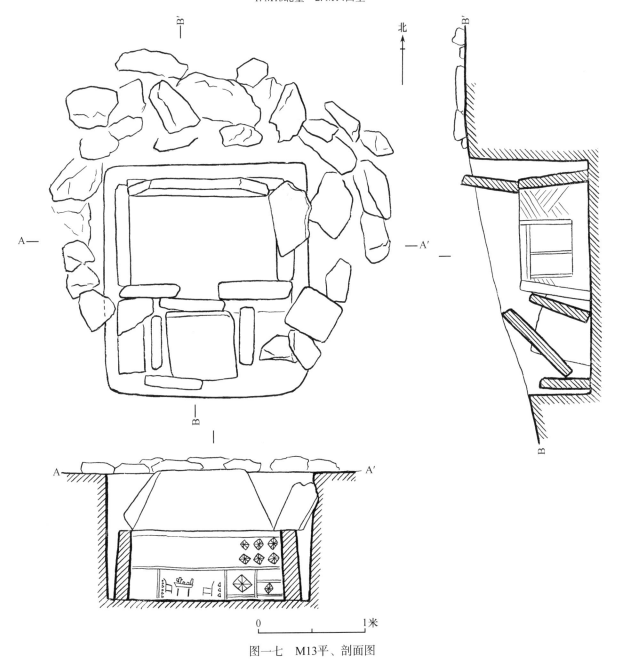

0　　　　　1米

图一七　M13平、剖面图

　　M14　墓室东西长1.16、南北宽0.74、深0.7米。方向355°。地势北高南低。顶部残，底层东壁移位，墓门东侧缺失。北壁、西壁内侧均经加工，有底纹，西壁阴线刻四爪神兽（图一六，3）。墓室内为扰土，含小石块，生土底。不见葬具、骨架和随葬品（图一八）。

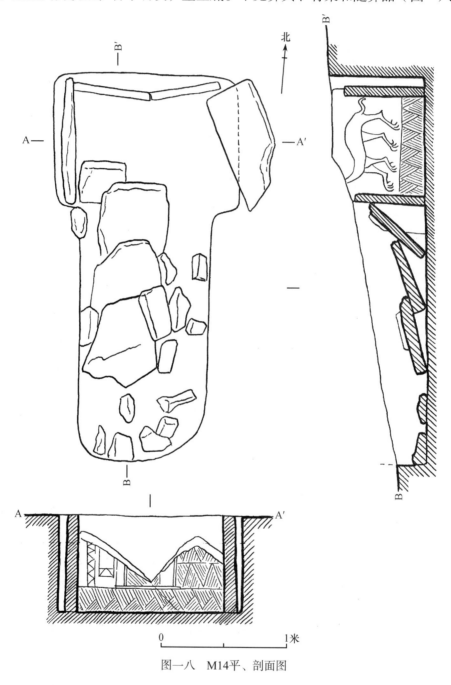

0　　　　　　　1米

图一八　M14平、剖面图

M16 墓室东西宽0.89、南北长0.93、深0.6米。方向335°。石板粗糙且薄,其中东、北两壁已严重移位;南面两侧各有两块石板,之间留孔形成墓口形状,外侧一块石板为墓门;墓圹西侧和西南与墓室之间有石块加固。墓室内为扰土,生土底。不见葬具、骨架和随葬品。墓门外两侧各立一块石板,间距0.36、长0.76米(图一九)。

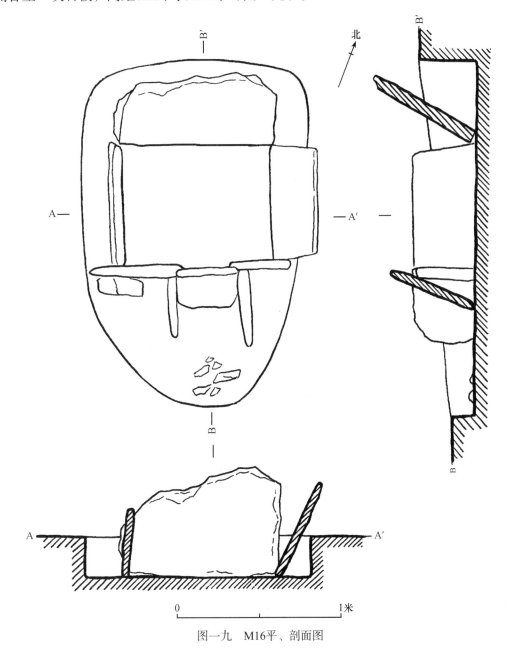

图一九 M16平、剖面图

　　M17　墓室南北长1.22、东西宽1.17、深1.4米。方向348°。多层石室墓，保存相对完整。墓室紧贴墓圹砌筑，外侧有较多积石以标识墓域。二层东壁缺失，余各壁之内侧皆根据需要加工出合宜的浅槽，使之在与邻壁之间扣合时保持严密状态。底层东、北、西三壁及墓门东西两侧皆以减地浅浮雕技法雕刻图案，做工精制。北壁为一人居室独坐，内有高桌、灯擎等陈设（图二〇，1）；东西两壁为龙虎神兽，头均向墓门方向（图二〇，2、3）；墓门两侧为站立的门吏形象，墓门东石缺失（图二〇，4）。墓室已被扰乱，生土底。不见葬具、骨架和随葬品（图二一）。

　　M18　墓室东西长1.66、南北宽1.05、深0.8米。方向320°。扰乱严重，整体结构不明。顶部已残，底层墓壁、墓门尚存，东壁以减地浅浮雕技法表现两人摔跤格斗情景（图二二，1）。墓门封堵严密，顶门石为一大型石条。墓室严重扰乱，生土底。不见葬具、骨架和随葬品（图二三）。

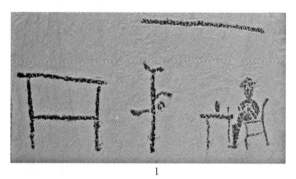

1

2

3

4

图二〇　M17画像石刻
1.北壁　2.东壁　3.西壁　4.墓门西

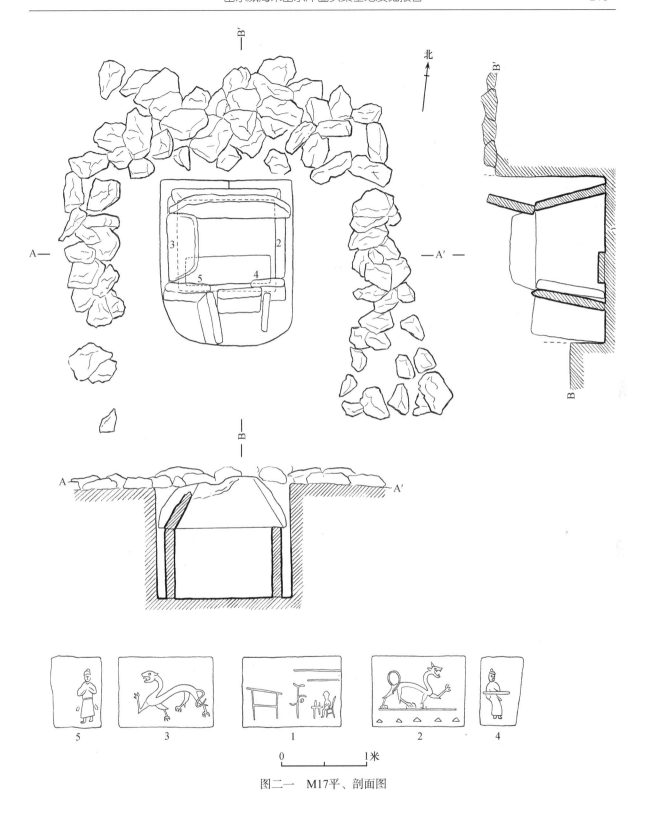

图二一　M17平、剖面图

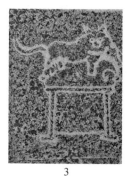

| 1 | 2 | 3 |

图二二　M18、M31画像石刻
1. M18东壁　2. M31北壁　3. M31西壁

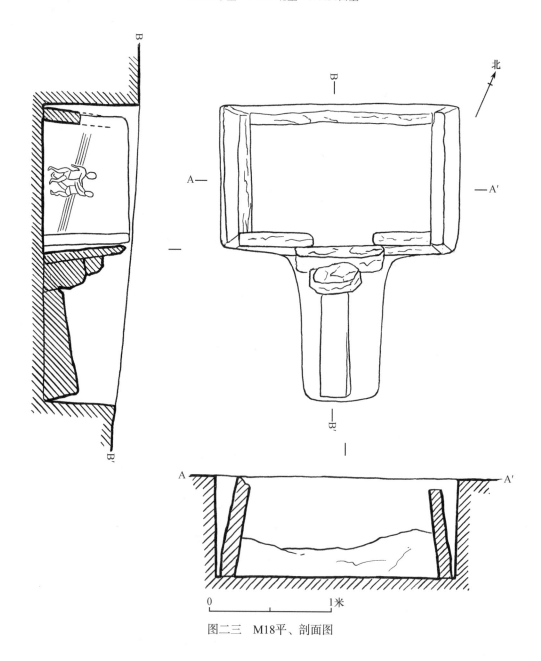

图二三　M18平、剖面图

　　M19　墓室东西长1.50、南北宽1.09、深0.7米。方向340°。扰乱严重，整体结构不明。顶部残，底层北壁已失，余壁、墓门尚存，东、西两壁内侧均经加工，墓室西南外侧残存分布规则的石块，约至底层开始内垫规则石块，外填碎石。从缺失的墓室北壁外剖面看，有多层淤沙，说明墓室在修水库前已遭破坏。墓室扰乱，扰土内混杂一B型墓顶石。生土底。不见葬具、骨架和随葬品（图二四）。

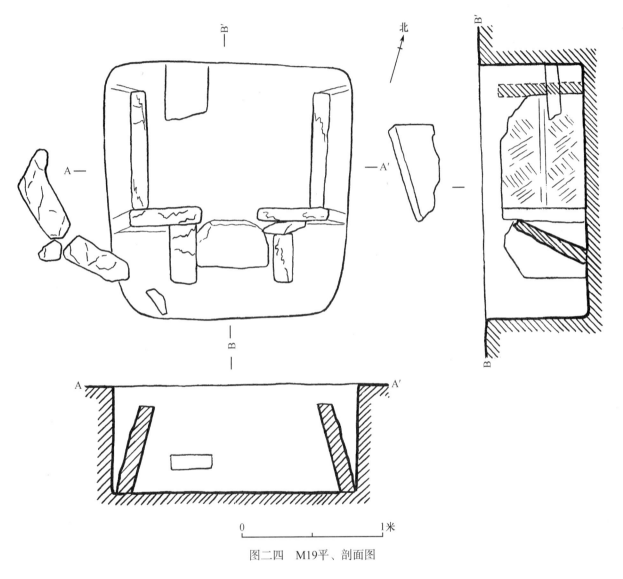

图二四　M19平、剖面图

　　M20　墓室南北长1.25、东西宽1.03、深0.91米。方向342°。二层石室墓。顶部已残，结构完整。石室紧贴墓圹砌筑，底层南面正中为墓门，封门石在墓门外，上层与东、北、西三面石板相围合内收。墓圹外侧有砌筑较为规则的积石作为墓域标识，其中北、东两侧保存较好。墓室扰乱，生土底，北半部用条砖两层铺设棺床。不见葬具、骨架和随葬品（图二五）。

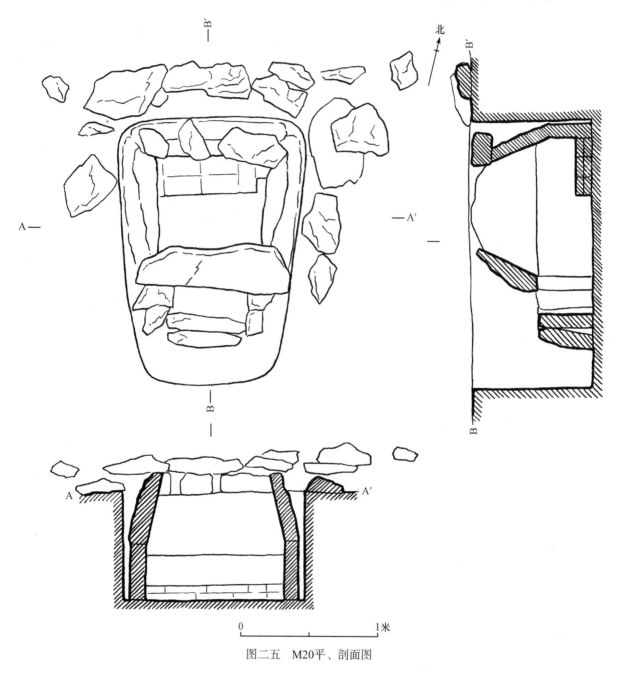

图二五　M20平、剖面图

　　M21　墓室东西长1.36、南北宽1.19米，深1.08米。方向342°。二层石室墓。地势较低，常年位于水库水面以下。顶部已残，下部结构完整。石室紧贴墓圹砌筑，底层南面正中为墓门，墓门上横一长条石，长1.22米，宽0.38米。封门石外紧贴墓圹东西两侧立石形成象征性墓道，上层与东、北、西三面石板相围合内收。墓室扰乱，积满淤沙和大型石块，内含白瓷碗底和布纹瓦片。生土底，北部有青砖一行，形成棺床，不见葬具和骨架（图二六）。

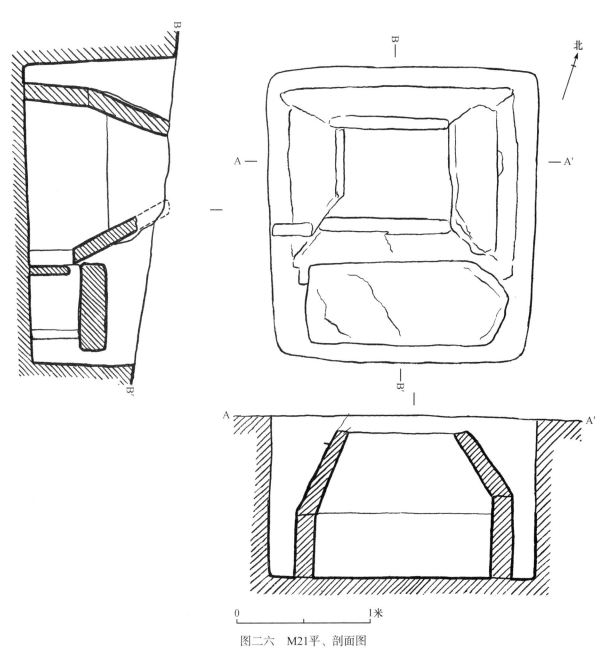

图二六　M21平、剖面图

　　M22　墓室长1.09、宽0.9、深1.23米。方向350°。二层石室墓，结构完整。地势较低，常年位于水库水面以下。墓室顶部北侧有一移位的不规则长方形石板，或为墓葬盖顶的一部分。石室在墓圹内砌筑，墓圹与墓室四壁的底部或中部都用石块支撑和加固。二层墓室上四面石板相围合内收，其中北壁为一整块石板。底层南面正中为墓门，封门石外紧贴墓圹东西两侧立两块石板。形成并无实用价值的象征性墓道，其上横置一长1.84、宽0.32米的不规则石板。墓室西侧置一不规则长条石板，长0.53米，宽0.33米。墓室扰乱，积满沙石淤土。生土底，北半部以两层条砖以三横一竖的方式砌筑棺床，不见葬具、骨架和随葬品（图二七）。

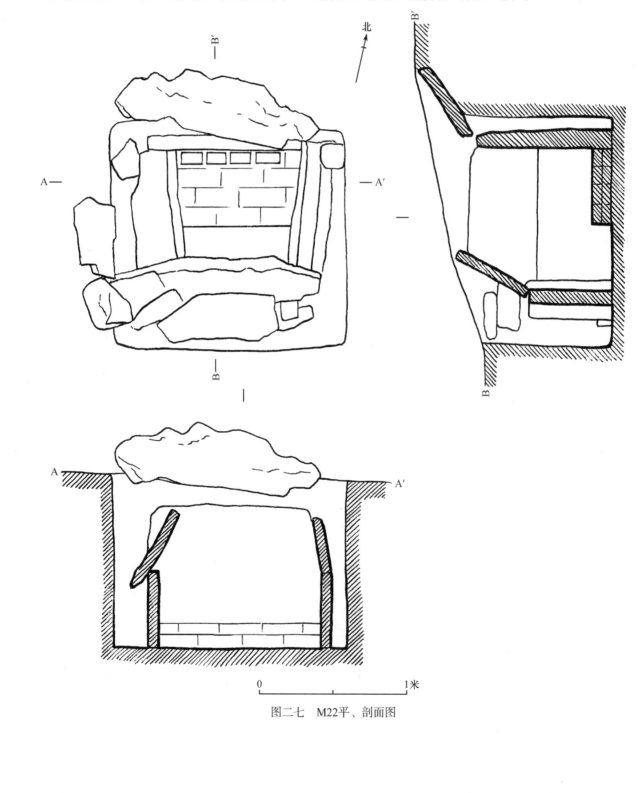

图二七　M22平、剖面图

M21、M22成组分布（图版五一，2），墓室结构相对完整，属比较典型的小型石室墓。

M24　墓室长1.26、宽0.78、深0.63米。方向3°。石板加工粗糙。墓室扰乱，积满较纯净的黄褐土，夹杂绘黑花瓷片，生土底。北半部以碎板瓦铺设棺床，不见骨架和随葬品。墓圹与墓室间填充较多细小石子，墓门外顶门石外填土中含布纹板瓦和条砖残块（图二八）。

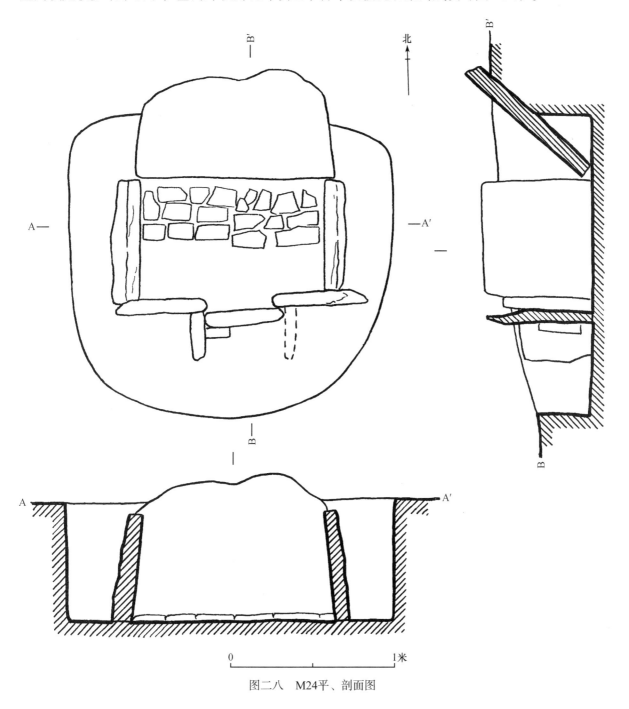

图二八　M24平、剖面图

　　M25　墓室长1.37、宽1.18、深0.9米。方向354°。墓室北壁明显高出东、西两壁，应为两层石室墓。墓门缺失，人为扰乱严重。墓室为扰土，夹杂布纹瓦片。墓底以条砖铺设棺床，棺床西部中间有细碎的骨渣，最大个体长约2厘米，不见葬具和随葬品（图二九）。

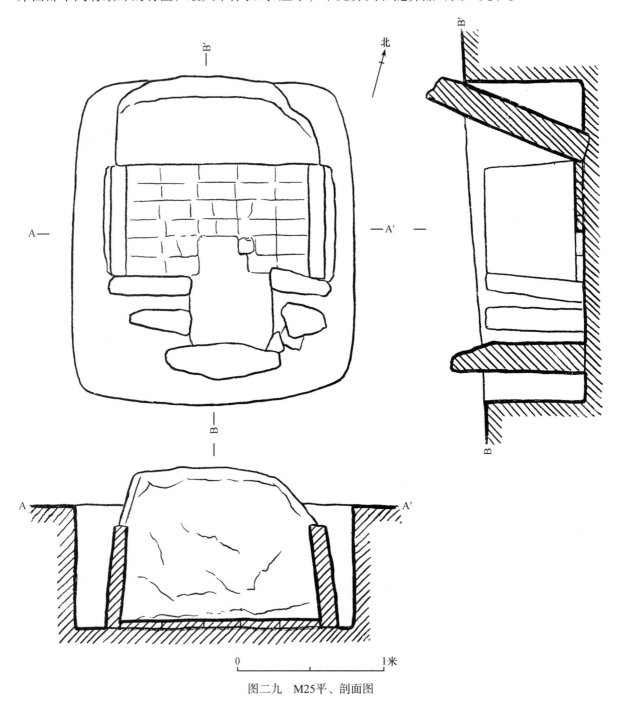

图二九　M25平、剖面图

M28 墓室长1.25、宽0.92、深0.7米。方向330°。地势较低，常年位于水库水面以下。仅存底层，且东壁缺失。墓门外倒扣一残陶罐底，起象征性的加固作用。墓室扰乱严重，积满含石块的淤土，生土底。墓室北半部自南向北用砖块和不规则石板铺设棺床，不见葬具、骨架和随葬品（图三〇）。

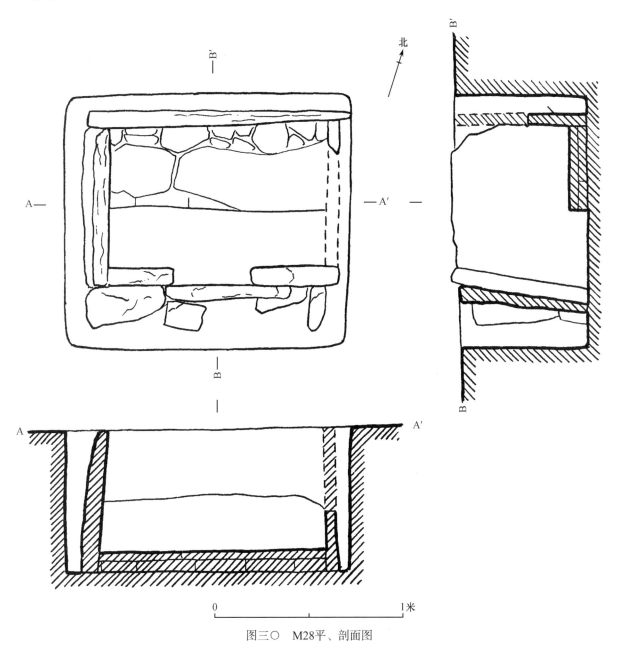

图三〇 M28平、剖面图

　　M29　墓室长0.9、宽0.83、深0.6米。方向354°。顶部无存。墓室由四块内侧经过加工的厚重石板相围合，外侧地面以上有大量石块，其中东、北、西三面分布较有规律。墓内为淤土，生土底。不见葬具、骨架痕迹和随葬品（图三一）。

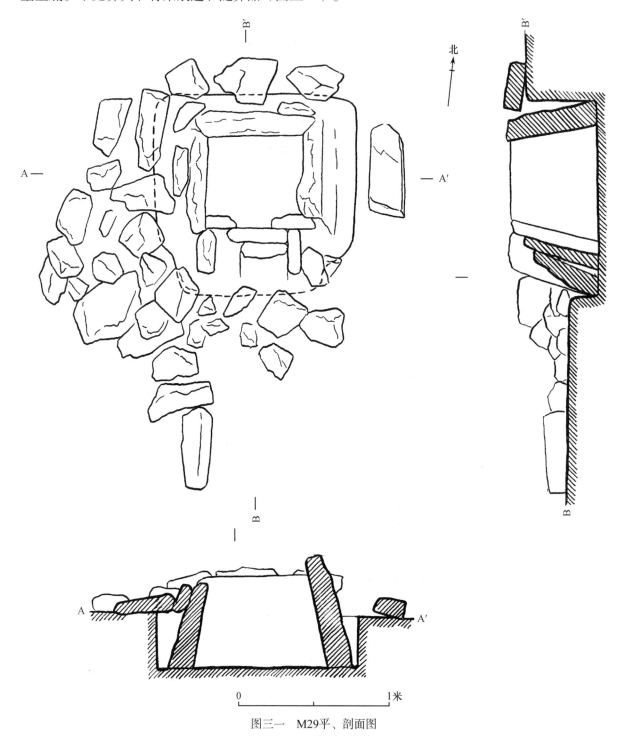

图三一　M29平、剖面图

M30 墓室南北长1、东西宽0.95、深0.67米。方向345°。仅存底层。墓圹与墓室之间宽0.25米,其填土松软,含有较多小石块;墓圹外有较多不规则石块,呈圆形环列于墓室四周。墓门狭窄,宽仅0.4米。其外先用一较厚石板竖向封堵,再以另一石块横向顶压加固。墓门外的东西两侧壁立两南北向石板,几与墓室同宽。墓室被扰乱,积满淤土,1件青釉瓷碗覆置于西壁中部淤土中,应为墓室进水漂浮所致。生土底。不见葬具、骨架(图三二;图版五一,3)。

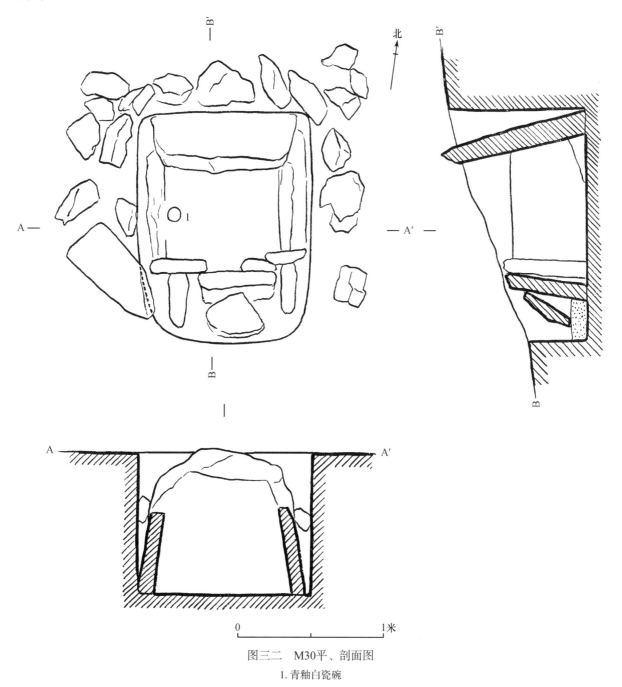

图三二 M30平、剖面图

1. 青釉白瓷碗

　　M32　墓室长1.56 、宽1.13、深0.9米。方向358°。二层石室墓。墓室在墓圹内砌筑,墓圹
与墓室之间的四角都有石块加固。墓室被扰乱,积满淤土,生土底,北半部自西向东用条砖和
不规则石板铺底,作为棺床,出土釉瓶、陶盏各1件。不见葬具和骨架(图三三)。

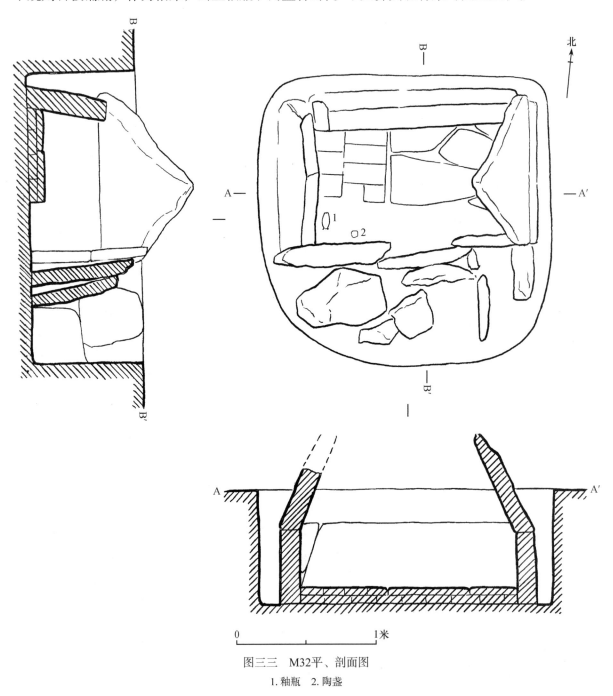

图三三　M32平、剖面图
1.釉瓶　2.陶盏

　　M33　墓室长0.93、宽0.85米，深0.7米。方向352°。仅存墓室底层。墓圹东侧被M34打破。墓室在墓圹内砌筑，扰乱严重，积满含沙石的黄褐土。北半部纵向两行条砖铺底，作为棺床，生土底。不见葬具、骨架和随葬品（图三四）。

　　M34　墓室长0.8、宽0.55、深0.6米。方向0°。单层石室墓，上盖石板。墓圹西壁打破M33墓圹东壁，上口与墓四壁间距约0.2米。墓室扰乱严重，积满含较多碎石以及布纹板瓦的扰土，1件瓷碟倾覆于近北壁处。生土底。不见葬具和骨架痕迹（图三五）。

　　M35　墓室长1.19、宽0.58、深0.62米。方向5°。仅存墓室底层。北、西两壁完整，其余部分严重移位，墓门石缺失。墓室内为较硬的黄褐色扰土，墓门西侧有陶碗1件，被倒塌的墓门西壁压破。生土底。不见葬具、骨架痕迹（图三六）。

　　M36　墓室长1.17、宽1.14、深0.55米。方向348°。仅存底层。墓室在墓圹内砌筑，墓圹与墓壁之间为较松软的黄褐土，间有石块填充其中。墓圹周边地面之上有积石，南侧与M11积石相连（图版五一，4）。墓室被扰乱，填充灰黄土，出土白瓷碗1件，开元通宝2枚。生土底。不见葬具和骨架。墓圹在周边积石之下，其中北壁尤为明显，说明积石在当时地面之上（图三七）。

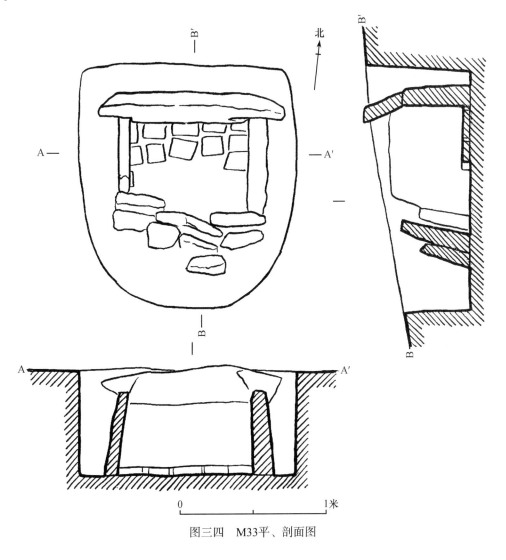

图三四　M33平、剖面图

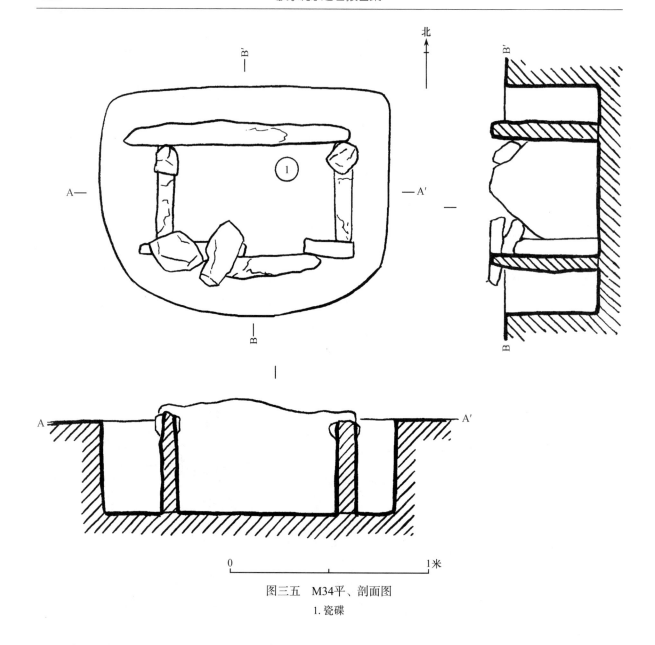

图三五　M34平、剖面图
1. 瓷碟

　　M37　墓室长1.5、宽1.33、深0.82米。方向352°。仅存底层。墓圹呈正方形，北、西两侧地面以上有较多积石。墓圹超出墓室较多，墓室位于墓圹稍微偏东的位置，西壁与墓圹之间用石块填充以起到加固墓室结构的作用。双层墓门，内层下有门槛石（图版五二，2）。墓室被扰乱，上部碎石较多，应为二层墓壁石板塌落所致；下部填土松软，生土底。不见葬具、骨架和随葬品。该墓所用石板厚重，制作规整，内侧均经加工。其中北壁满饰斜线底纹，中间减地浅浮雕一方形容器，外挂一勺状盛器（图三八，1）。东壁神兽头有角，西壁神兽尖喙鸟首（图三八，2、3）。东、西两壁瑞兽均头向墓门，动感十足（图三九）。

　　M39　墓室长1.94、宽1.13、深1.4米。方向30°。二层石室墓，结构保存完整。墓室底层石板倾角较小，北壁有缠枝莲花图案石刻（图四〇，1），南壁墓门有门槛；二层南、北两壁石板高出东、西两壁，其内侧扣合成人字形。墓门外东、西两侧分别用石块砌筑构成甬道，上面

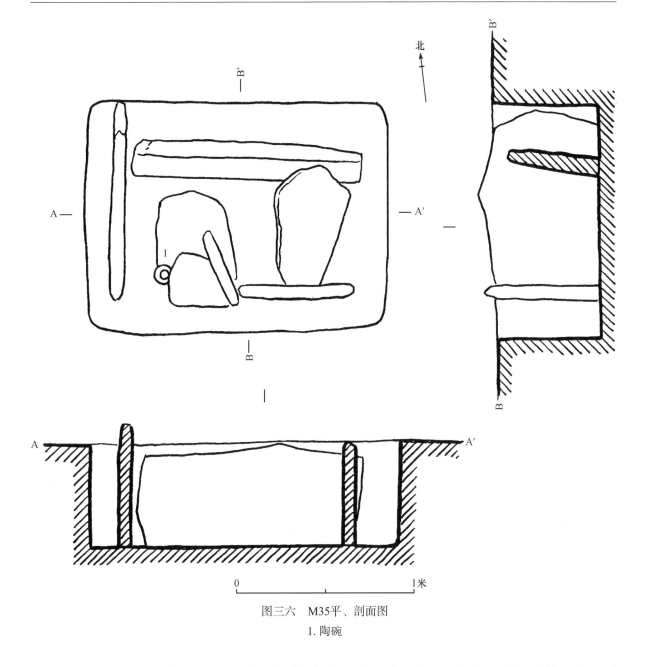

图三六　M35平、剖面图
1.陶碗

用一块不规则石板盖合，南、北两侧分别挤靠在二层南壁和墓门石之间，墓门石外又有一顶门石（图版五二，3）。墓室保存较好，上层为纯黄土，中层为灰褐土，底层为含黑锈点的黏土，应是不同时期渗入所致。底部东西竖向满铺方砖五排，作为棺床。随葬釉瓶2个，分别置于墓门西和墓室中西部；瓷碗1件，位于墓室西南角；铜钱64枚，散布于西部偏南。未见葬具和骨架痕迹（图四一）。

M40　墓室长1.3、宽1、深1.17米。方向358°。二层石室墓，结构保存完整。墓室底层石板倾角较小，南壁墓门有门槛；二层东壁缺损。南、北两壁石板高出东、西两壁，其内侧扣合成"人"字形。墓门外一块石板封堵墓门，外有顶门石；顶门石外为长方形竖井式墓道，长0.32～0.35、宽0.65～0.7、深0.4米，填土中有1件黑瓷碗。由于墓顶密封不严，墓室进入较

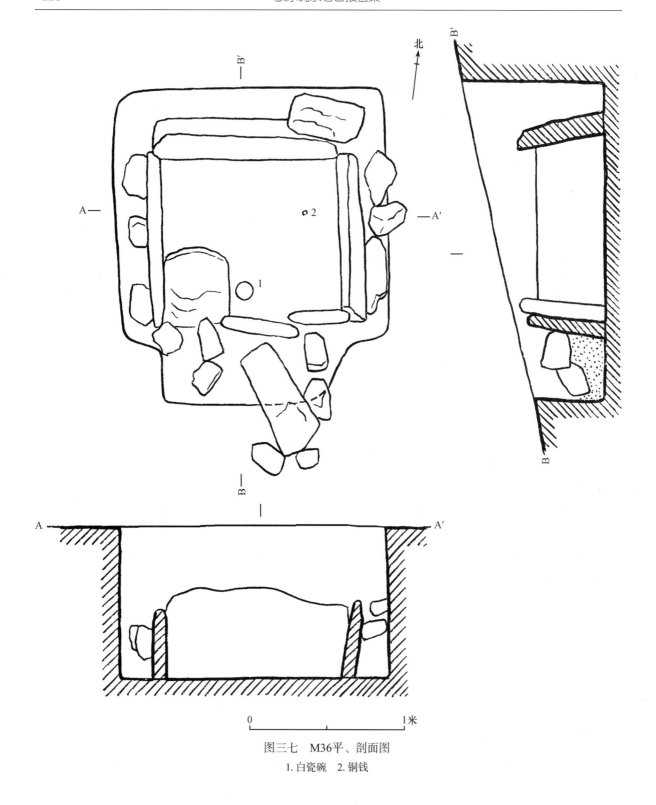

图三七　M36平、剖面图

1. 白瓷碗　2. 铜钱

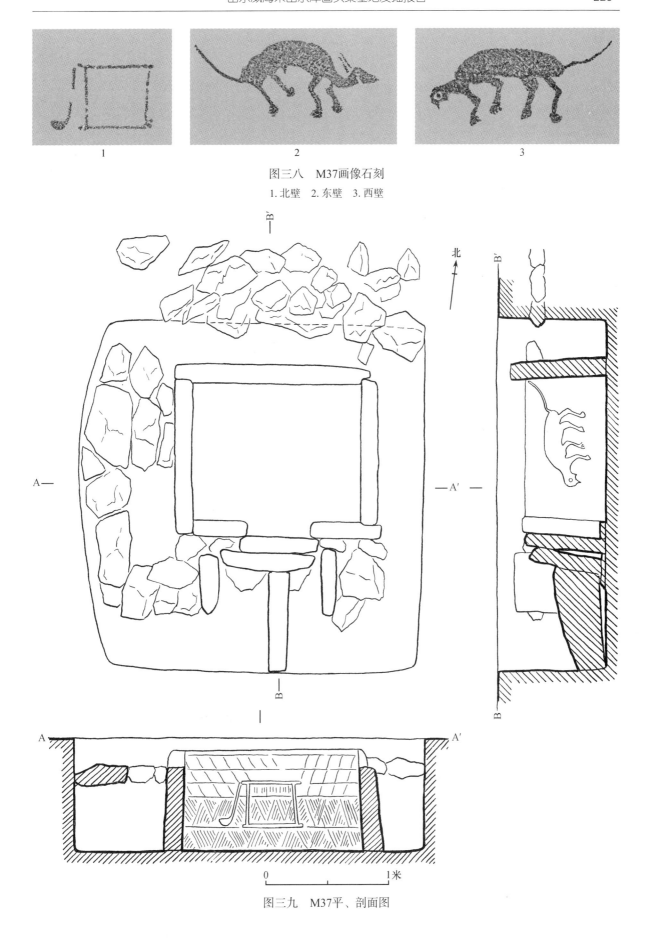

图三八　M37画像石刻
1.北壁　2.东壁　3.西壁

北

图三九　M37平、剖面图

0　　　　　　　　1米

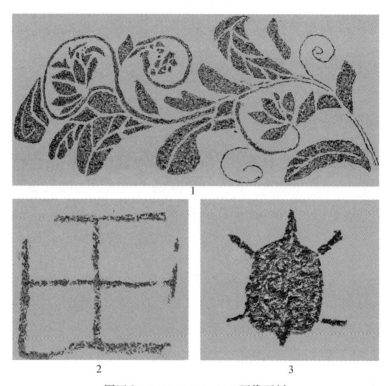

图四〇　M39、M10、M15画像石刻
1. M39北壁　2. M10封门石内侧　3. M15北壁

多淤土。墓底中北部铺方砖数排，作为棺床，随葬黑釉高足碗1件，不见葬具和骨架痕迹（图四二）。村民丛万滋称，所捐釉瓶、磨制石碗各1件俱为该墓内所采集。

2. 塔墓

4座。塔墓属石室墓之一种，因其地面部分有明显的塔状标识而单分一类，可称为塔式土坑石室墓。其地面以下部分也是由单层或多层石板垒筑而成的斗状墓室，南侧设墓门，门外有石板封堵。在临近地面的墓口上部砌塔基，用稍经加工的厚石板平铺而成，形似磨盘状，个别有方形塔基；然后用经过加工的外侧或弧或直的石块在其上逐层垒筑，并逐层内收，形成圆球形或多边形（八边形居多）的塔身，中间填充碎石，顶部有形状各异的单层或多层盖顶（塔刹）。有的塔身正面中部嵌有墓碣，镌刻墓主及子女信息。当地俗称石丘子、石坟子，因其结构要素与佛教高僧墓塔相同，故称塔墓。有纪年者以元代中晚期居多。

M23　墓室长1.29、宽1.1、墓口距墓底深0.9米。方向328°。地面尚存底层塔身和塔基。底层塔身尚存三块加工过的石块，厚0.2米，其外侧和正面加工平整，外侧上部有0.03米深的凹槽，可看出为边长0.7米的规则八边形；正面向里0.12米有一周浅弧线，为上层建筑的砌筑确定了范围。塔体下有一层经粗略加工、不均匀分布的石块，向外超出底层塔身的外缘，形成塔基。

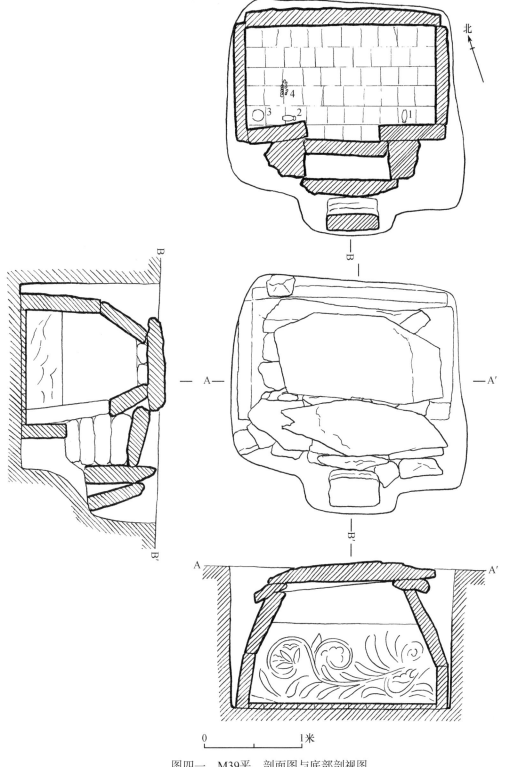

图四一　M39平、剖面图与底部剖视图

1、2.釉瓶　3.瓷碗　4.铜钱

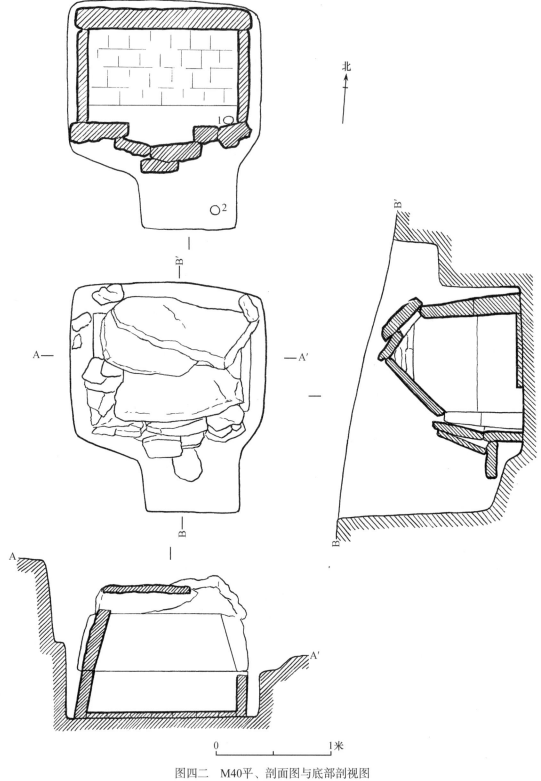

图四二　M40平、剖面图与底部剖视图
1. 黑釉高足碗　2. 黑线纹白瓷碗

地下分墓室和墓道两部分。墓道与墓室连为一体，两侧由石块和石板砌筑，其尽头起封堵作用的两块石块已被扰乱，顺着墓门的方向挤靠在一起，无法由墓道进入墓室。墓道为生土底，其西侧近墓门处有绘黑花白釉碗1件，东部有零星的骨渣，应是从墓室内被扰乱至此。

墓室位于塔座正下方，由石板砌筑，其顶部东西向盖压两块大致相同的长条形厚石板，中间缝隙有石块填充，高度与底层塔座下的塔基持平；东、北、西三面墓壁由三块上部稍窄、断面大致呈梯形的厚石板砌筑，上部稍向内里倾斜；南面两侧不规则的较小石板形成墓门。所有的墓葬构件都显得比较厚重（图版五三，1）。墓室已经扰乱，积满较细的淤泥，生土底。北半部以两排三行条砖纵向铺就棺床，不见棺的痕迹和其他随葬品（图四三）。

M26　墓室长1.19、宽1.14、深0.86米。方向324°。

地面尚存底层塔身和塔基。底层塔身北、东两面残存三块加工过的规则石块，厚0.34米，其外侧和正面加工平整，外侧上部边缘有深0.04、内缩0.06米的凹槽，可以看出为边长0.7米的正八边形；正面向里0.1米有一周浅弧线，为上层建筑的砌筑确定了范围。底层塔身下面北部石块大部分压在墓圹以外，大而规整，余则用不规则小石块填充；其外缘向外超出底层塔身，形成塔基。

地下分墓室和墓道两部分。墓道与墓室连为一体，两侧由石块和石板砌筑，其尽头为一大石块封堵墓门。墓室东、北、西三面墓壁由三块上部稍窄、断面大致呈梯形的厚石板砌筑，上部稍向内里倾斜；南面两侧有不规则的较小石板形成墓门，上部盖顶石板经扰乱，斜置于积满较细淤土的墓室上方。墓室内北半部为两层青砖铺就的棺床，东侧立条砖两块。不见棺痕和随葬品（图四四）。

M27　墓室长1.92、宽1.25（至墓门石）、深1.08米。方向342°。地面以上尚存塔基，由两块裸露的大型长方形厚石板组成。北面一块长1.5~1.6、宽0.7、厚0.25米，南面一块长1.9~2、宽0.7~0.9、厚0.2~0.25米，其中东部表面可见向里有圆弧状的浅槽，分析地面以上为穹顶式塔墓，浅槽为地面塔体收分的轮廓。

地下部分保存完整。墓圹在地面扰土以下，距上口外侧0.2~0.4米，墓壁与墓圹之间填塞杂花色的黄褐土以及小石子，小石子应该是墓室加工的下脚料；墓室上部（地面）裸露两块大型长方形石板，既是地上部分的塔座，同时又是墓葬地下部分的顶盖。其中，北面的石板盖压墓室北部墓口及墓门以北，南面的石板盖压墓室南口及墓门以南。墓室东、北、西三面墓壁由三块上部稍窄、断面大致呈梯形的厚石板砌筑，上部稍向里倾斜内收，南面东西两侧两块石板形成宽0.65米的墓门。墓门封堵石向南由破碎的布纹板瓦铺成长1.8、宽0.8的不规则斜坡墓道。墓室内淤满较纯净的黄褐色土，近底处有厚0.5厘米的一层膏泥状物，墓门内满铺一层条砖。北壁偏东部随葬瓷碟1件，中西部有骨渣散乱分布，最大的长2、宽1厘米，分布在长约0.3米、宽约0.2米范围内（图四五）。

M31　墓室长1.58、宽1.08米，深1.04米。方向340°。地面尚存底层塔身和塔基。底层塔身东北角尚残存一块长0.9、宽0.4、厚0.2米，加工不甚规整的石块。塔身之下，环绕墓室外的北半部有五块加工过的大小厚薄不一的规则石块形成塔基，塔基南半部已不存；墓室四壁上口在同一水平线上，上面的盖石已失。

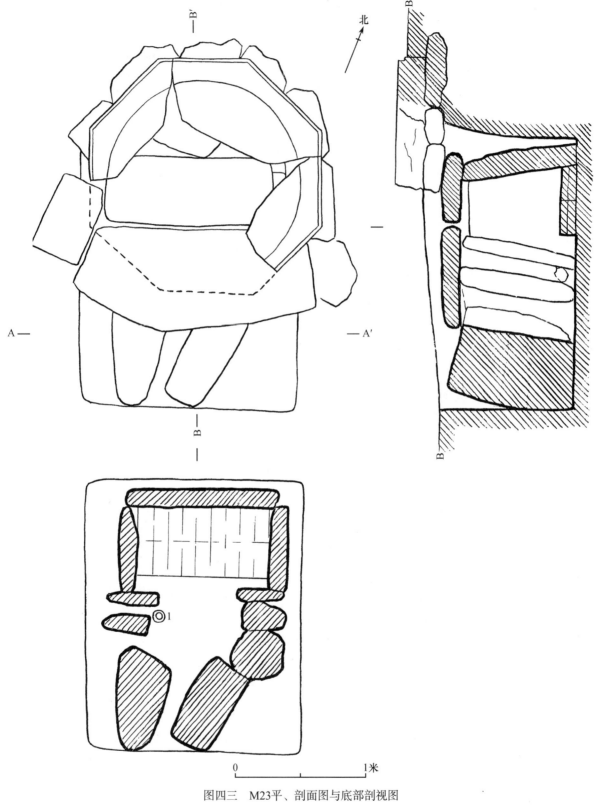

图四三　M23平、剖面图与底部剖视图
1.绘黑花白釉碗

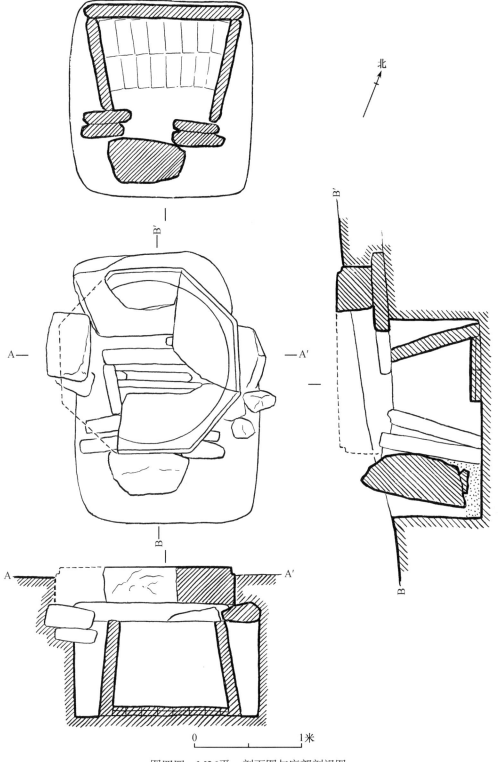

北

图四四　M26平、剖面图与底部剖视图

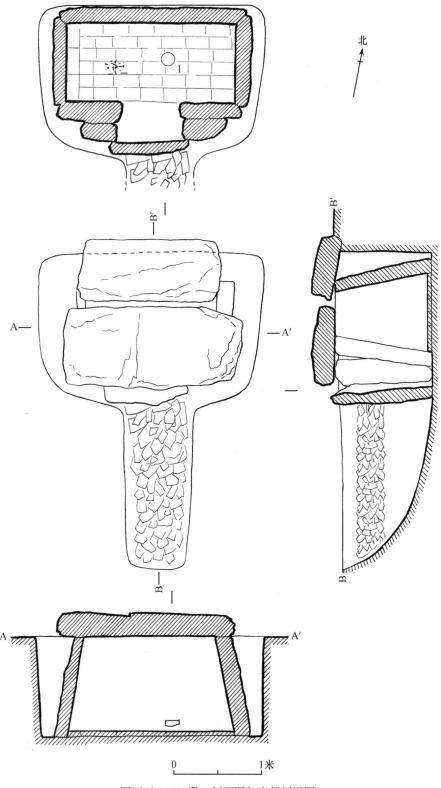

北

图四五　M27平、剖面图与底部剖视图
1. 瓷碟（M27∶1）

地下部分保存相对完整，分墓室和墓道两部分。墓道和墓室连为一体，两侧由石块和石板砌筑，石块和石板及其尽头起封堵作用的封门石已被扰乱，无法由墓道进入墓室，其东侧南端与墓口相平处有一规则石块，与墓室同宽，形成墓葬的一角，并起到加固墓室的作用。墓室位于塔身正下方，墓壁与土圹之间填塞含小石子的杂花色黄褐土。墓室由东、北、西三面三块较大石板和南面东、西两侧两块小石板围合而成，其顶部应有石板盖合，已失（图版五三，2）。墓室北壁以减地浅浮雕技法雕莲花形象，西壁阴线刻一猫科动物，身向北，面向东，四爪腾空，站立于案几两端翘头之上，似有捉鼠之状（图二二，2、3）。墓门扰乱严重，但仍可见其结构。墓室内淤积较纯净、松软的黄褐土，随葬瓷碗1件，内底有花纹，外底有字。墓底北半部用三层条砖横排五列铺底形成棺床，不见棺或骨架痕迹（图四六）。

3. 石椁墓

3座。石椁内有棺等葬具的墓葬称石椁墓。M38有较长的墓道，M10、M15形制与石室墓并无二致，但规模相对较大，墓室长度都接近或达到2米，同时M10位置特殊，M15宽度较大，石板两侧发现类似棺钉的锈蚀状物，判断为石椁墓。

M10　墓室东西长2、南北宽1.48米，残深0.72米。方向358°。墓室紧贴墓圹砌筑，上部已失，结构不明；底部仅存西壁、南壁和北壁之西端一点。西壁内面经过加工，内容难辨，长1.28米；北壁残损，仅存西端0.36米，内面粗略雕刻菱形图案；南壁墓门和东西两侧墓壁保存完整。墓门位于南壁中部偏东处，宽0.54米；由南壁内侧向外0.12米的墓门内有石质门槛，长0.54、宽0.07、高0.1米，门槛外为墓门石，其内侧雕刻有"田"字图案（图四〇，2）；墓门东、西两侧内壁面也经加工。墓门以南稍窄，墓门外有一纵一横两块顶门石，顶门石外又有一长2.2、宽0.62~0.68米、厚约0.2米巨型石条，上饰简单加工的类似鱼鳞的斜线纹，其中部东侧有一埋藏墓石下脚料的圆形坑，南部两侧用不规则的墓石下脚料填充（图版五三，3）。墓室已完全扰乱，不见随葬品、葬具或骨架痕迹（图四七）。

墓室正前方10米处有一龟趺座，再南约3米的东西两侧分布着1件蹲兽和2件马羊石雕（图版五〇，1~4）。以上遗存或与M10有关。

M15　东西长约1.7、南北残宽约1.9米，残深0.8米。方向342°。扰乱严重，整体结构不明。墓室南部完全破坏，仅存北壁和东壁。北壁偏东处雕刻一龟形图案（图四〇，3）。墓室内为扰土，北部有不规则残石板铺底，应为棺床；石板两侧有类似棺钉的锈蚀状物（图四八）。

M38　由墓道、墓室组成。方向355°。

墓道为长方形梯状土圹结构。长5.9、上端宽1.7~2.1、下端宽1~1.6、深1.2~1.3米。墓道早年遭到破坏，南端向南继续挖沟作为排水渠使用。填土为含有植物根茎的黄褐色沙土，从中清理出用铁丝串联的两摞宋代铜钱共7枚，其中"元丰通宝"1枚，"熙宁元宝"2枚，另外4枚锈蚀严重，粘连在一起，其厚薄、铜色与前三枚比较接近，含铅量较大；锈蚀的铁质棺钉4枚。

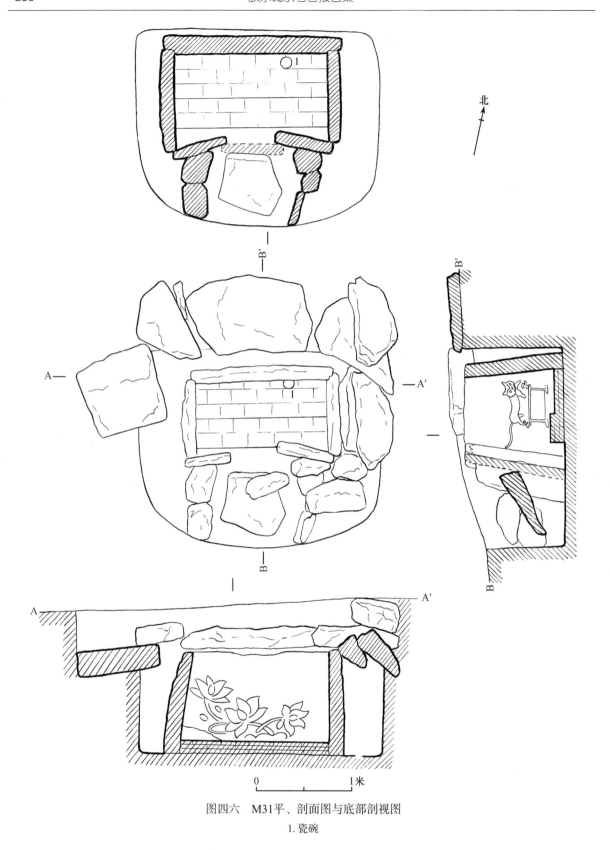

北

图四六　M31平、剖面图与底部剖视图
1. 瓷碗

0　　　　　　　　1米

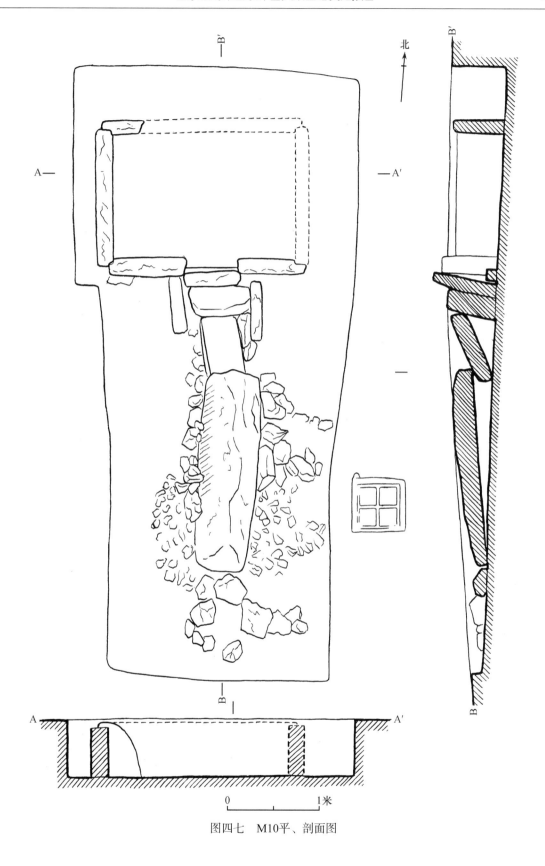

图四七　M10平、剖面图

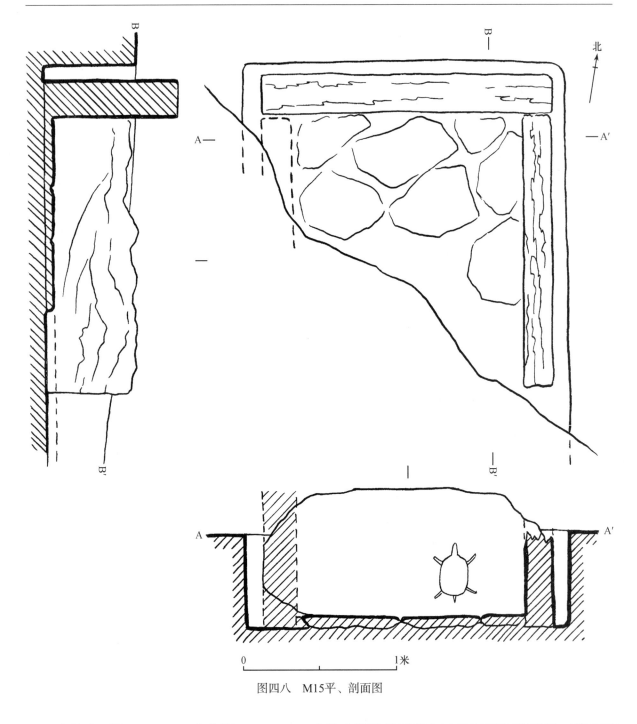

图四八　M15平、剖面图

　　墓圹东西长4.4～4.5、南北宽3.12～3.18、在坑内紧贴圹壁用加工的石板砌筑墓室，墓室四壁与墓圹之间的局部填塞石块加固。墓室四壁均由内侧加工平整的石块砌筑，墓顶和墓壁石块接缝处涂抹白灰弥缝。东壁用三层石板砌成，其中上层石板中间有灯龛，宽0.12、高0.16米；北壁三层石板砌成，分别由两块错缝铺就；西壁三层石板砌成。南壁墓门东侧五块石板、西侧三块石板，中间两扇石门，宽0.54、高1.23、厚0.12米，位于倒"凹"字形门楣两端内侧，上下均有圆形门轴。墓门外的东西两侧各有两块条石，东石宽0.48、高1.22、厚0.24米；西石宽0.42、高1.14、厚0.22米。墓室顶部由五块厚0.16～0.3米、宽窄不一的大型石板南北向盖严，其面向墓室的内侧加工平整，向上的外侧粗略加工，各石板之间的微小缝隙填充小石块加固密封。墓室东西长3.62、南北宽2.33米，深1.76米（图四九）。

据调查，20世纪60年代村民发现此墓，内有5厘米左右的淤泥，生土底。东壁灯龛内有一灯盏，已佚失，此外别无他物，说明该墓早年即被盗扰。

二、遗　　物

崮头集墓地石板墓随葬品较少，加上历年破坏，40座墓葬共出土石盏、瓷碗、瓷碟、酱釉瓶等不同历史时期文物18件，铜钱72枚，采集砖、棺钉2件；在墓地前期调查中采集及征集瓷碗、墓顶石、画像石刻等共16件，分别介绍如下。

1. 瓷器

俱为日用瓷器，种类有碗、碟、釉瓶等。多为磁州窑（淄博窑）产品，也有少量邢窑产品。

碗　10件。分三式。

Ⅰ式：3件。M12：1，白胎，尖圆唇，质地粗糙。内侧及外侧口沿处施青釉，外有一层均匀的土垢，施釉前涂抹一层白灰。外侧下部及碗底表面呈浅红褐色，同时可见圆形旋纹。腹、足间内折，平底稍内凹。口径19、底径7.3、高6厘米（图五〇，1）。M12：2，白胎，质地粗糙。内侧及外侧口沿处施青釉，腹部未施釉处及碗底可见旋痕。腹、足间内折，平底稍内凹，底宽，有较多气孔。口径12.8、底径6.2~6.8、高4厘米（图五〇，2；图版五四，1）。M36：1，白胎，素面，内侧及外侧上部施白釉，施釉前抹一层白灰，腹部未施釉处可见旋痕。口内敛，实足，平底稍内凹，足底外侧人为刮抹为弧角。口径14.2、底径5.5~6.3、高4.7厘米，口微残（图五〇，3；图版五四，2）。

Ⅱ式：1件。M30：1，白胎，内侧及外侧上部施青釉，外沿可见滴釉现象，口沿与内壁有土沁。腹部未施釉处及碗底可见旋痕。腹、足间内折，平底，玉环状。胎质细腻，釉色圆润。口径12.7、底径5~5.3、高3.8厘米（图五〇，4；图版五四，3），邢窑产品。

Ⅲ式：6件。M11：1，红胎，火候较高，外侧中部以上及内侧遍施黑釉。制作粗率，内底施釉时有白色颗粒附着。浅圈足。口径23、底径8、高8厘米（图五〇，5）。M23：1，白胎。圆唇，弧腹，圈足。内侧及外侧上部不均匀施白釉，内侧可见细小的开片，未施釉处可见旋痕。碗内釉下中部绘一圈不封闭墨线，底部墨绘黑花图案，同时可见支烧所留下的5处痕迹及附着物。圈足，足底亦有墨书痕迹。口径14.5、底径4.8~6.3、通高5.6厘米（图五一，1；图版五四，4）。M31：1，口残缺约2/5。白胎，圆唇，弧腹，圈足。内侧及外侧上半部施白釉，施釉处可见细小的开片，未施釉处可见旋痕。碗内釉下中部绘一圈不封闭褐色粗线，底部墨绘黑花，同时可见支烧所留下的4处痕迹。圈足，足底有三字墨书，似为"左口宇"，或为人名。口径15.2、底径4.6~6、高5.3厘米（图五一，2）。M39：3，足断面较宽，直径11.3、足径3~4.6、高4.4厘米（图五〇，6）。M40：1，浅红胎白瓷。尖圆唇。内侧及外侧上部施青釉，

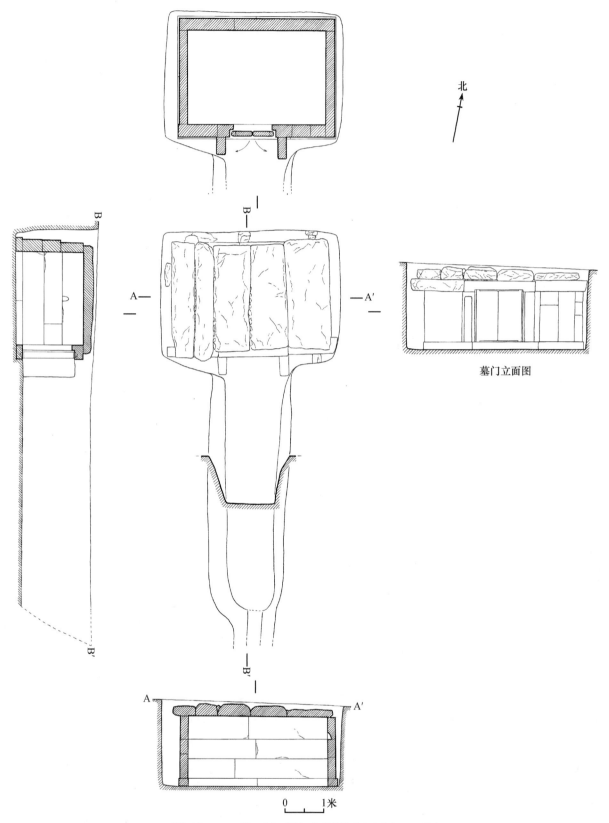

图四九　M38平、剖面图与底部剖视图及墓门立面图

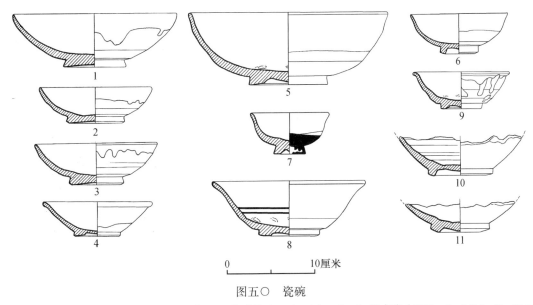

图五〇　瓷碗

1～3. Ⅰ式碗（M12：1、M12：2、M36：1）　4. Ⅱ式碗（M30：1）　5～8. Ⅲ式碗（M11：1、M39：3、M40：1、
M40：2）　9～11.采集品1～3号

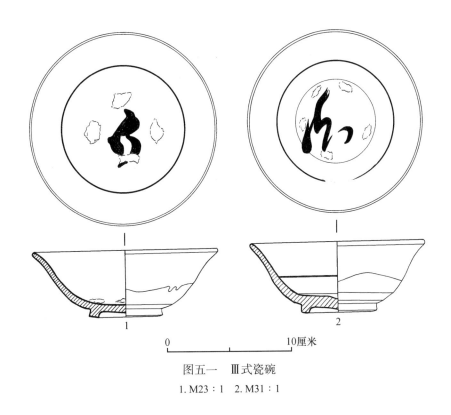

图五一　Ⅲ式瓷碗

1. M23：1　2. M31：1

施釉前抹一层白灰，腹部未施釉处可见旋痕。外侧下部及圈足局部施黑釉。足缘较平，呈坡状向足心内收。碗口沿不规则，有支烧痕。局部内凹，做工粗粗。口径9、内深3、通高4.6厘米，底径3.7厘米（图五〇，7）。M40：2，红胎，外侧碗沿及整个内侧施白釉，中部有两圈黑线纹，浅圈足。口径17.6、底外径7.2、内径4.2、高6.2厘米（图五〇，8）。

碟　3件。M27：1，足内高外低。外沿施一周青釉，口内及近底处各饰一周弦纹，弦纹间饰三组7瓣花。内有褐彩二周。口径14.3、足径5.5、高2.8厘米（图五二，1；图版五四，5）。M4：1，尖圆唇，口残，外鸡心底。内有垫圈痕，上下两道褐色线纹，之间有三组7瓣花图案。口径13.7、底径4.8、高4.5厘米（图五二，2）。M34：1，尖圆唇，口残，外鸡心底。内有垫圈痕。口径13.2、底径5.8、高3厘米（图五二，3）。

釉瓶　3件。M32：1，子母口，尖圆唇，溜肩，腹中部有十余道弦纹，小平底，口与底大致同宽，器身优美修长。口径4.8、最大腹径10.4、底径6、通高24.6厘米（图五三，1）。M39：1，子母口，尖圆唇，束颈，溜肩，腹部微凸，满布十二道弦纹，小平底，口与底大致同宽，器身优美修长。酱釉，红褐色胎。口径5、底径5.2、厚0.6、通高21.4厘米（图五三，3）。M39：2，子母口，尖圆唇，溜肩，腹中部有十余道弦纹，小平底，口与底大致同宽，器身优美修长。口径4.8、最大腹径10.4、底径5.2、通高22.8厘米（图五三，4）。

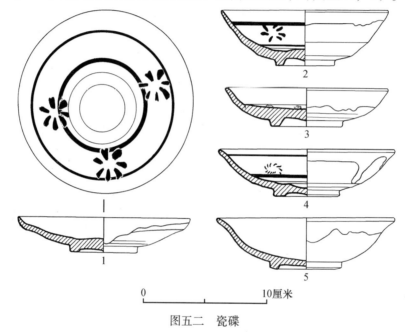

0　　　　　　　　　　10厘米

图五二　瓷碟

1. M27：1　2. M4：1　3. M34：1　4、5. 采集品4~5

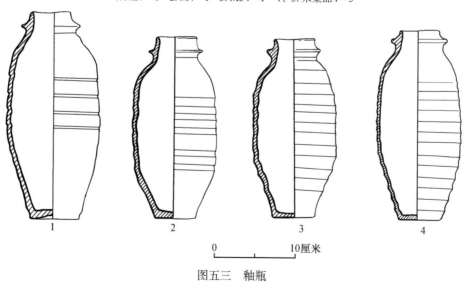

0　　　　　　　　　　10厘米

图五三　釉瓶

1. M32：1　2. 采集品6号　3. M39：1　4. M39：2

2. 陶器

共2件。

盏 1件。M32∶2，泥质灰陶。口沿略呈心形。口径9.2、深4、厚0.9厘米（图五四，1）。

碗 1件。M35∶1，泥质红陶，青釉红胎。圆唇，弧腹，底呈坡状向足心内收，形成尖圆底。口沿处可见手工拉坯痕迹，周身人为涂抹一层黄土护层。局部残缺。口径11.2、内深3、通高4.3厘米，底径4.2、内深0.8厘米（图五四，3）。

3. 铜钱

3座墓葬共出土铜钱72枚。

M36∶2，开元通宝，2枚。发白，残甚，只有1枚完整。M36∶2-1，隶书，廓清晰，轮廓深峻，文字精美。穿0.7、外郭0.2、直径2.4厘米（图五五，1）。

M38∶2，宋钱，7枚。分成分别有3和4枚的两串，相互粘连在一起，锈蚀严重，含铅量较大。

祥符元宝 1枚。M38∶2-1，行草旋读。缘宽0.3、直径2.3厘米（图五五，2）。

皇宋通宝 1枚。M38∶2-2，隶书对读。廓宽0.8、缘宽0.2、直径2.4厘米（图五五，3）。

嘉祐元宝 1枚。M38∶2-3，篆文旋读。廓清晰。缘宽0.3、直径2.4厘米（图五五，4）。

熙宁元宝 3枚。M38∶2-4～M38∶2-6，篆文旋读。缘宽0.2、直径2.3厘米（图五五，5-7）。

元丰通宝 1枚。M38∶2-7，篆文旋读。缘宽0.2、直径2.3厘米（图五五，8）。

M39∶4，铜钱，64枚。原由纤维物串联，共分四个朝代。宋钱48枚，唐五代通行的"开元通宝"6枚，金代铜钱2枚，明洪武通宝8枚。

开元通宝 6枚。M39∶4-1～M39∶4-6。2枚轮廓深峻，文字精美，铸造精良。3枚无廓；1枚薄而无廓，边郭较阔，铸造草率。隶书对读。M39∶4-1，缘宽0.2厘米。直径2.4厘米（图五六A，1）。

至道元宝 1枚。M39∶4-7，行草旋读。缘宽0.2厘米。直径2.4厘米（图五六A，2）。

景德元宝 1枚。M39∶4-8，真书旋读。廓清晰。缘宽0.2、直径2.4厘米（图五六A，3）。

祥符元宝 3枚。M39∶4-9～M39∶4-11，真书旋读。M39∶4-9，廓清晰。缘宽0.3、直径2.4厘米（图五六A，4）。

天禧通宝 2枚。M39∶4-12～M39∶4-13，真书旋读。M39∶4-12，缘宽0.2、直径2.4厘米（图五六A，5）；M39∶4-13，缘宽0.2、直径2.5厘米（图五六A，6）。

天圣元宝 6枚。M39∶4-14～M39∶4-19，真篆对钱。真书3枚，旋读。M39∶4-14，缘宽0.2、直径2.4厘米（图五六A，7）。篆书3枚，旋读，廓清晰。M39∶4-17，缘宽0.1、直径2.4厘米（图五六A，8）。

圣宋元宝 1枚。M39∶4-20，篆书旋读。廓清晰，缘宽0.2、直径2.3厘米（图五六A，9）。

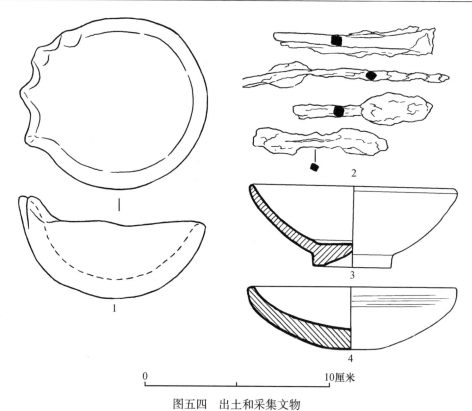

0　　　　　　　　　　　　　　10厘米

图五四　出土和采集文物

1. 陶盏（M32：2）　2. 棺钉（M38：1）　3. 陶碗（M35：1）　4. 石盏（采集品8号）

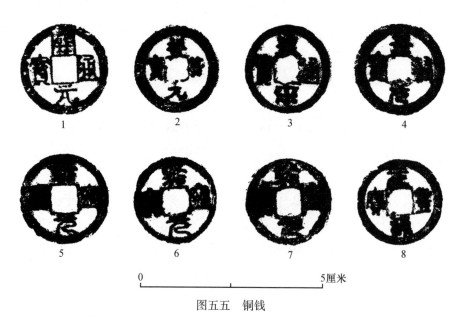

0　　　　　　　　　　　　　　5厘米

图五五　铜钱

1. 开元通宝（M36：2-1）　2. 祥符元宝（M38：2-1）　3. 皇宋通宝（M38：2-2）　4. 嘉祐元宝（M38：2-3）　5～7. 熙宁元宝
（M38：2-4、M38：2-5、M38：2-6）　8. 元丰通宝（M38：2-7）

景祐元宝　2枚。M39：4-21～M39：4-22，真书旋读。M39：4-21，廓清晰。缘宽0.2、直径2.4厘米（图五六A，10）。

皇宋通宝　4枚。M39：4-23～M39：4-26，篆隶对钱。篆书3枚，对读。M39：4-23，廓宽0.7、缘宽0.3、直径2.4厘米（图五六A，11）。隶书1枚。M39：4-26，廓宽0.8、缘宽0.2、直径2.4厘米（图五六A，12）。

至和元宝　2枚。M39：4-27～M39：4-28，真书旋读。M39：4-27，廓宽0.7、缘宽0.2、直径2.3厘米（图五六A，13）。

嘉祐通宝　2枚。M39：4-29～M39：4-30，真书对读。M39：4-29，廓宽0.8、缘宽0.3、直径2.5厘米（图五六A，14）。

治平元宝　2枚。M39：4-31～M39：4-32，真书旋读。M39：4-31，廓宽0.7、缘宽0.2、直径2.3厘米（图五六A，15）。

熙宁元宝　6枚。M39：4-33～M39：4-38，真篆对钱。真书2枚。M39：4-33，廓宽0.7、缘宽0.2、直径2.3厘米（图五六A，16）。篆书4枚，M39：4-35，廓宽0.7、缘0.2、直径2.3厘米（图五六A，17）。

元丰通宝　8枚。M39：4-39～M39：4-46，篆书4枚。M39：4-39，缘宽0.3、直径2.4厘米（图五六A，18）。M39：4-41，缘宽0.2、直径2.4厘米（图五六A，19）。行草4枚。M39：4-43，缘宽0.3、直径2.4厘米（图五六A，20）。M39：4-45，缘宽0.2、直径2.4厘米（图五六B，1）。

元祐通宝　3枚。M39：4-47～M39：4-49，行草2枚。M39：4-47，缘宽0.3、廓宽0.7、直径2.3厘米（图五六B，2）。篆书1枚。M39：4-49，缘宽0.2、廓宽0.8、直径2.3厘米（图五六B，3）。

绍圣元宝　1枚。M39：4-50，篆书旋读。廓宽0.7、缘宽0.2、直径2.3厘米（图五六B，4）。

大观通宝　1枚。M39：4-51，瘦金体，对读。廓宽0.6、缘宽0.1、直径2.3厘米（图五六B，5）。

政和通宝　3枚。M39：4-52～M39：4-54，篆隶对钱，对读。篆书2枚，M39：4-52，廓宽0.7、缘宽0.1、直径2.4厘米（图五六B，6）。隶书1枚，M39：4-54，廓宽0.6、缘宽0.1、直径2.3厘米（图五六B，7）。

大定通宝　1枚。M39：4-55，瘦金体，对读。廓宽0.7、缘宽宽0.2、直径2.4厘米。背穿有"酉"字（图五六B，8）。

正隆元宝　1枚。M39：4-56，真书旋读。廓宽0.7、缘宽0.2、直径2.5厘米（图五六B，9）。

洪武通宝　8枚。M39：4-57～M39：4-64，分3个版别。M39：4-57，缘宽0.1、直径2.2厘米（图五六B，10）。M39：4-59，缘宽0.2、直径2.2厘米（图五六B，11）；M39：4-62，缘宽0.2、直径2.3厘米（图五六B，12）。

0　　　　　　　　　　　　　　　　　　　5厘米

图五六A　M39出土铜钱

1. 开元通宝（M39：4-1）　2. 至道元宝（M39：4-7）　3. 景德元宝（M39：4-8）　4. 祥符元宝（M39：4-9）　5、6. 天禧通宝（M39：4-12、M39：4-13）　7～9. 天圣元宝（M39：4-14、M39：4-17、M39：4-20）　10. 景祐元宝（M39：4-21）　11、12. 皇宋通宝（M39：4-23、M39：4-26）　13. 至和元宝（M39：4-27）　14. 嘉祐通宝（M39：4-29）　15. 治平元宝（M39：31）　16、17. 熙宁元宝（M39：4-33、M39：4-35）　18～20. 元丰通宝（M39：4-39、M39：4-41、M39：4-43）

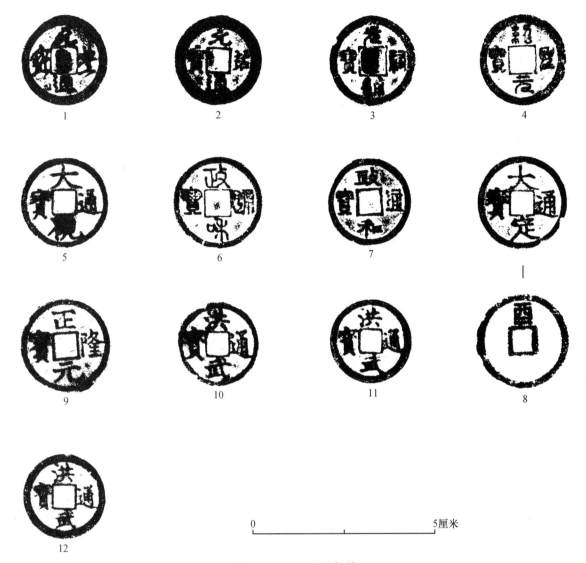

图五六B　M39出土铜钱

1.元丰通宝（M39：4-45）　2、3.元祐元宝（M39：4-47、M39：4-49）　4.绍圣元宝（M39：4-50）　5.大观通宝（M39：4-51）　6、7.政和通宝（M39：4-52、M39：4-54）　8.大定通宝（M39：4-55）　9.正隆元宝（M39：4-56）　10～12.洪武通宝（M39：4-57、M39：4-59、M39：4-62）

三、采集和征集文物

　　瓷碗　3件。采集品1号，圆唇。内侧及外侧上部施青釉，施釉前抹一层白灰，腹部未施釉处可见旋痕。足缘较平，呈坡状向足心内收。口径11.3、足径4.7、通高4.1厘米（图五〇，9）。采集品2号，残口径14.3、足径7.5、残高4厘米（图五〇，10）。采集品3号，残口径12.8、底径7、残高3.2厘米（图五〇，11）。

　　瓷碟　2件。采集品4号，敞口。内侧及口沿施白釉，施釉前涂抹一层白灰（化妆土）。口径14.6、底径5.8、高4.1厘米（图五二，4）。采集品5号，敞口。内侧及口沿施白釉，施釉前涂抹一层白灰；内侧釉下近口沿处与底部绘两圈褐色不规则圆圈，底圈上部手绘三处图案。内底与底部圆圈之间人为刮露胎表。口径14.4、内深3、底径5.4、通高3.7厘米（图五二，5）。

釉瓶　1件。采集品6号，村民称从M40东壁残洞中取出。子母口，尖圆唇，溜肩，腹中部有十道弦纹，小平底，口与底大致同宽，器身优美修长。口径5.2、底径5、厚0.6、通高21.8厘米（图五三，2）。

青釉瓷罐　1件。采集品7号，红胎，青绿釉，釉至下腹。直口，鼓肩，宽圈足。腹部饰6道凹槽。口径9、底径5.8、通高9.4厘米（图五七；图版五四，6）。

条砖　1件。M20：1，用于墓底砌筑棺床，一侧饰菱形纹。长28.5、宽12、厚6厘米（图五八）。

棺钉　4枚。M38：1，锈蚀严重。断面大致呈方形。长7.5～12厘米（图五四，2）。

石盏　1件。采集品8号，也可视为石碗。村民丛万滋捐赠，称系从M40东壁残洞中取出。石灰岩。磨制。口部破损。口径11.5、高3.4、深2.2厘米（图五四，4）。

墓顶石（塔刹）　5件。分三型。

A型　2件。采集品9号，石灰岩质，颗粒粗大。顶部高度约占总高度的十分之一，宽度约为底部的一半，最大径在中部，周身经过加工。上径（微残）10、最大径21、底径18.5、通高23厘米（图五九A，1）。采集品10号，花岗岩质，颗粒粗大，顶部高度占总高约七分之一，宽度约为底部的三分之二，周身经过加工。上径11、最大径19厘米，通高20厘米（图五九A，2）。

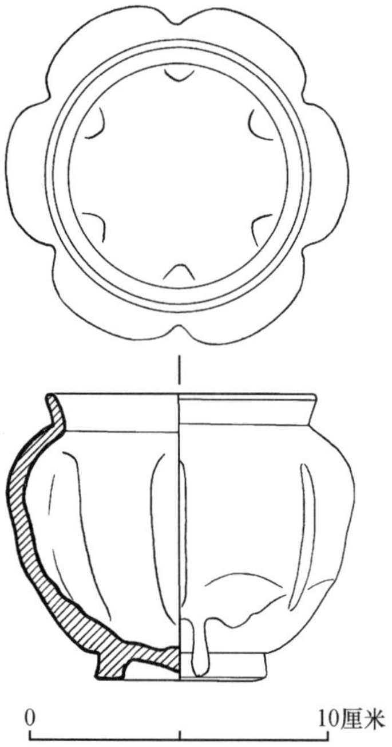

B型　2件。采集品11号，花岗岩质，颗粒粗大，顶部平（一侧微残），基本与底部同宽，束颈位于上部三分之一处，断面大致呈柱状，周身经过加工。上径18、颈径17、底径21厘米，通高24厘米（图五九B，1）。采集品12号，花岗岩质，颗粒粗大。顶部平，基本与底部同宽，束颈位于上部四分之一处，断面大致呈柱状，周身经过加工。上径18、颈径15、底径19厘米，通高31.6厘米（图五九B，2）。

C型　1件。采集品13号，花岗岩质，颗粒粗大。顶部呈馒头状，两处束颈，分别位于上部三分之一和二分之一处，最大径位于底部，周身经过加工。底径19、通高45厘米（图五九B，3）。

石刻　3件。花卉图石刻，采集品14号。墓地北部山顶采集。属墓葬构件，多用于塔墓地上塔身腰部装饰，纹饰为具有佛教色彩的宝相花图案。长40、宽20厘米（图六〇）。猛虎图石刻，采

图五七　青釉瓷罐（采集品7号）

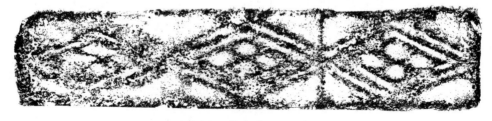

图五八　条砖（M20：1）

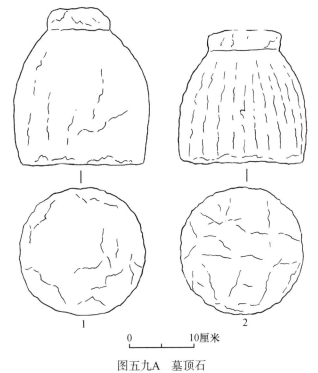

图五九A　墓顶石
1、2.A型（采集品9号、采集品10号）

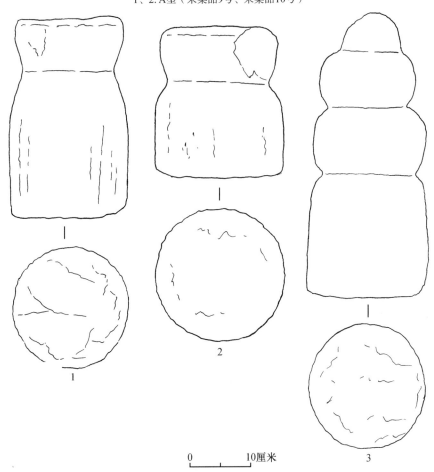

图五九B　墓顶石
1、2.B型（采集品11号、采集品12号）　3.C型（采集品13号）

集品15号。村民丛万滋捐赠。属墓葬构件，多用于塔墓地上塔身腰部装饰。长39、宽28厘米（图六一）。于母墓碣，采集品16号。村民丛万滋捐赠。上下左右分别用万字纹和卷草纹凿出长48、宽28的空间，上部自右至左横排刻"宽母囗氏坟"，下部自右至左竖排刻10排立碑人姓名，风化严重，字迹漫漶，隐约可见"女于氏"等字。长58、宽30厘米（图六二）。

图六〇　花卉图石刻（采集品14号）

图六一　猛虎图石刻（采集品15号）

图六二　于母墓碣（采集品16号）

四、结　语

（一）墓葬年代

本次发掘的墓葬多扰乱严重，也没有出土带有明确纪年的文字资料，仅能从墓葬形制、少量出土器物及画像石刻内容等方面来推测判定墓葬年代。

40座墓葬中，14座有随葬品，11座可见画像石刻。西墓地的M39出土64枚铜钱，最晚的为明代洪武通宝，北壁画像石刻与阳谷县马庙元明墓地[1]中出土"永乐通宝"的M8中室大脊花纹砖图案一致，墓葬年代应为明初。墓室满铺方砖至墓门，共出的Ⅲ式碗、釉瓶和缠枝莲画像石刻可为其他墓葬的断代提供参考。M40出土的Ⅲ式碗与临淄元墓B型大碗（M1∶4）[2]相似；墓室北部用方砖铺设棺床，墓葬年代应在元末或明初。M38结构保存比较完整，东壁中部设灯龛，生土底，墓道内发现北宋时期铜钱，综合墓葬形制等情况判断，年代约在金元之际。

东墓地可分为四组。第一组在发掘区域最北部，包括并排的M36、M30、M12、M17、M13和两侧向南分布的M14、M37共7座墓。北排5座墓的分布很有规律，尤其是M12、M17、M13 3墓等距分布，形制和规格几乎完全相同，时代应大致相近。M36发现开元通宝铜钱，出土的Ⅰ式碗与济南市商河县西甄村唐墓[3]中M2出土的瓷碗一致，年代约在晚唐到五代。M12出土的Ⅰ式碗与淄博市淄川区磁村古窑址[4]三期地层出土的Ⅰ式碗（北T1Ⅱ∶4）比较相近，M30出土的Ⅱ式碗为邢窑白瓷产品，两墓时代约在五代到北宋。M13北壁似为尚未完成的石刻内容为一桌二椅，可视为流行于北方宋元时期的一桌二椅砖雕壁画题材的简化版，与莱州市西山张家村北宋宣和二年（1120）壁画墓[5]桌上摆放执壶的做法十分相似。M17石刻保存最为完整，传统四神题材时代特征明显，2墓应为北宋时期。北排5墓南侧的M37、M14没有出土文物，但都有画像石刻，题材与北排基本一致，M37北壁的酒具和盛器或许体现了酒醋盛行的时代特征，年代约为宋金。第一组7墓均无铺设棺床的情况。

第二组在第一组右前侧，包括M1、M6、M7、M9、M10和M11、M29共7座墓，规模较大的M1、M7、M10 3墓破坏最为惨重。M10规模较大，形制特殊，但破坏严重，墓室基本破坏到底，除了封门石内侧的"田"字形画像石刻，没有出土文物。墓前方散布的翁仲、石兽应与此墓有关。M7也没有发现随葬器物，但M7残存的画像石刻一桌二椅坐饮图为宋元时期墓葬所常见，桌上的茶壶或酒注有该时期同类器物的特征。有学者研究认为，约从北宋后期神宗朝（1068~1085）开始，一桌二椅题材椅上出现墓主人夫妇各据一边相对而坐的形象[6]。综合来看，M7年代应在金元时期。M1破坏严重，根据其规格和位置，时代应与M7相近或稍晚。M11插花分布于M36和M10之间，年代应晚于M10，约为元代。M6、M9、M29时代不明。第二组7墓也未发现铺设棺床的情况。

第三组在第二组右前侧，包括M23、M26、M27、M31共4座塔墓，及其西、南两侧分布的共10座墓。4座塔墓上部均残毁，但都保留了地面部分的底层塔基，墓室保存相对较好。M23、M31出土的Ⅲ式碗与牟平北头墓群[7]M15出土的瓷碗（M15∶1）一致，墨书单字，碗内有4、5个支钉痕迹，也是金元时期磁州窑系的烧造技法和风格。M27出土的三组7瓣花装饰的白瓷碟与临淄区元代墓葬[8]出土的A型瓷小碗（M12：3）一致。结合此前胶东地区的发掘和调查资料，4座塔墓的年代约在元代中晚期。M32出土的釉瓶常见于胶东地区元明时期的遗址和墓葬，M34出土的白瓷碟有支烧的痕迹，第三组其余6座墓葬时代约在元明时期。第三组10座墓都有铺设棺床的现象，M23、M25、M27应属火葬。

第四组为东墓地东半部散布的M15、M16、M18、M19，以及水库水线位置的M2～M5、M8、M20、M22、M28等小型墓葬共13座。M8是东部规模较大的墓葬，与M20一样都存在旧物利用的情况，其画像石刻题材为宋元时期墓葬所常见，年代为元的可能性较大。北部的M15、M16、M18、M19时代无法判断，从位置以及M18东壁的画像石刻看，时代应早于M8；其中M15北壁有龟形画像石刻，或在金元时期。成组分布的M2～M5中，M4出土的瓷碟与临淄区元代墓葬出土的A型瓷小碗（M12：4）风格相近，也有七点花状装饰，年代应在元明时期。南部位于水线以下插花分布的M28、M20～M22以等小型墓葬也大致在元明时期。第四组中水库水线上下的墓葬都铺设繁简不一的棺床。

（二）墓地性质

崮头集墓地以西部自然冲沟为界分为东西两部分，东墓地包括M1～M37，西墓地包括M38～M40。东墓地因环境条件原因没能进行整体勘探发掘，仅就清理的37座墓葬而言，在平面布局上自北向南依次埋葬，排列有序，基本不存在打破关系，而且墓向一致，说明墓地经过了严格的规划。西墓地3座墓葬的墓向与东墓地相近，但在地域分布上却有意识地分离，东墓地部分墓葬也距中心区较远，或为同一姓氏存在较密切关联的两个甚至多个不同支系家族的墓地。

崮头集村原在米山水库的西南部，1958年修建米山水库时北迁至约1.5千米外的高处。据清光绪二十三年（1897）《文登县志》，崮头集为文登县管山都六里之首村，村西有元贞二年（1296）《河内于氏茔域之记》碑和《皇金金牌授武义将军管军千户于公之墓》碑，龟趺碑、翁仲、石兽俱存[9]。经过近代百余年历史的剧烈变迁，目前两碑均已无存，石墓也均残毁凋零。于姓为胶东地区土著望族，西汉丞相西平侯于定国之后，始居于斥山（今荣成石岛），北朝高齐间枝叶分布于文登境内各处。其中于忠金季为将军副统，掌持县事。"是时天下大乱，强暴相凌。忠率官军救护，一邑之民全赖以活，各得相保。"据《文登县志》，于忠的长子于俨，元初任文登县丞；次子于仪，授修武校尉、文登县税务都监；三子于杰，任福山县莺户提领；于俨的长子于尧佐任本县巡检，次子于君集任教谕。宗族中于宝元初授□□将军、文牟寨巡检，于庆、于佺等其他于氏族人也担任了其他一些职务，在当地拥有一定的社会地位[10]。根据碑文和龟趺碑座及石像生的位置分析，M10为于忠墓的可能性较大，M1、M7或为于忠的子辈之墓。其他规格较高的M8、M38或为于氏宗族中其他地位较高者之墓。从发掘结果看，这支于姓家族至迟在晚唐五代时期即定居此地，北宋时继续繁衍，到金代于姓家族人丁兴旺，为于忠在乱世中崛起奠定了基础。元中期，建立起了以于忠墓为中心、具有相当规模的于氏墓园，一直到明初。

（三）几点认识

崮头集石板墓是胶东地区首次比较大规模发掘的家族墓地，从墓葬形制到埋葬习俗，均有鲜明的地域性特征，为以往发掘所少见。通过此次发掘，至少有以下几点认识。

首先，崮头集墓地继承了文登昽里店大汶口文化墓地[11]、乳山南黄庄周代夷人文化遗存[12]的石室墓传统，使昆嵛山地区石室葬的时代链条更加清晰。这种石板墓埋葬传统应与地理环境和生产力发展水平有关。崮头集墓地作为一个系列化、连续性的平民宗族墓地，不论地位高低身份贵贱，即使品官墓葬也就地取材，一律使用石板作为墓葬建材。与山东西部宋元时期仿木结构砖石壁画墓的墓葬形制不同，与昆嵛山以西烟台地区近年来清理的砖室穹顶墓、石板墓混杂的家族墓地相比也有差别，为北方地区宋元时期家族墓地研究提供了一个特色鲜明的个例，充分表现出晚唐到元明时期胶东半岛埋葬习俗的多样性，对研究胶东地区这一时期的社会基层生活从而全面研究中国社会变迁具有重要学术价值。

其次，二次葬应该是9~14世纪胶东半岛东部昆嵛山地区的主流葬俗。就崮头集墓地而言，除M38和其他5座墓室长度接近2米的较大墓葬外，绝大多数石板墓的墓室普遍较小，无法平放完整的遗体和葬具，只有二次葬才能给予合理解释。胶东地区金元时期家族墓地多有迁葬的情形，如至治元年（1321）《柳林先茔丛氏祔葬记》："祖茔续葬已三十余年矣，今各家祖先，远亡近死，俱在浅壤。"说明当时丛氏先人故去后先埋在"浅壤"，再集中祔葬到祖茔，建造坚固的石坟，以消除"罢修祟"导致的土坟逐渐消失的弊端[13]。丛姓是胶东地区金元时期的土著大族，其埋葬习俗具有广泛代表性。崮头集墓地的二次葬情形也应该是一次或多次集中迁葬形成的。晚唐五代到明代，胶东地区经历了宋金之际伪齐刘豫的苛政和金元之际的长期战乱，胶东地区的居民生活习俗被打上了深深的时代烙印，二次葬习俗的形成应是战乱、疾病等时代背景的综合反映。

再次，塔墓属二次葬之一种，是元代北方墓葬的重要类型。"邑无帝王陵寝，汉冢之有碑碣可考者仅一二焉。而山阿涧曲，古墓荒邱，累累相望者，惟元为多。"[14]崮头集墓地可确认的塔墓有4座，但从发掘前调查采集的花卉图石刻、猛虎图石刻、于母墓碣以及各式墓顶石等塔墓建筑构件来看，墓地塔墓的实际数量远不止此。胶东地区目前所知最早的塔墓是元皇庆元年（1312），最晚的是明成化二十二年（1486），前后延续近2个世纪[15]。与1992年发掘的牟平县北头墓地一样，塔墓都是与其他石板墓并存的，从出土器物上看也属同一时代。因此，是建造普通的石板墓，还是修建更为坚固的塔墓，主要与墓主的身份地位和经济实力有关。另外，3座墓葬（其中2座为塔墓）出土了烧烤过的骨渣，说明火葬也是这一时期的流行葬俗。从塔墓的形制和莲花图案的盛行来看，塔墓的出现应与高僧墓塔有关，墓主是否属佛教信仰者有待进一步研究。

最后，画像石刻是此次发掘的主要收获。除了采集的塔墓地上部分的3件石刻外，崮头集墓地发现有明确雕刻内容的11座墓葬至少有画像石刻20余幅。所用材料均为本地所产花岗岩，由于材质因素和经济能力的关系，一些石刻的内容是不完整的，如M13的北壁似为未完成之作，M8的画像石刻雕刻技法不统一，甚至出现了东壁兽首尾向墓门的情况，很不合常规。但整体来看，石刻题材丰富，有龙、虎、龟、牛等神兽动物和莲花、人物以及服饰、家具陈设、日用器皿等品类，反映了时代的精神情趣。四神中只有青龙、白虎，不见朱雀、玄武，或许是受南方因素的一定影响。这些画像石刻上承汉代画像石之余绪，沿用减地浅浮雕和阴线刻两种技法，表现与同时期仿木结构砖石壁画墓相同的内容，丰富了墓葬装饰艺术的类别，填补了胶东地区晚唐至元明时期墓葬石刻的空白。

此次发掘出土的瓷器不多，都是素瓷，未见青花瓷；陶器仍然存在于日常生活之中，反映了昆嵛山地区普通民众的生活水平。M39出土的瓷碗填补了淄博窑墓葬出土资料的空白，修正了此前公认的淄博窑的生产到元代即告结束的传统认识，对淄博窑产品的适用范围、市场分配以及山东瓷器研究具有重要的参考。

附记：崮头集墓地的发掘和整理是配合南水北调东线胶东调水工程考古工作的重要成果。发掘领队为山东省文物考古研究所王守功，参加发掘工作的有威海市文物管理办公室张云涛、威海市博物馆刘晓燕、乳山市文物管理所孙继猛。

清　绘：刘善沂
拓　片：张书禄
摄　影：王忠宝
执　笔：张云涛　邵　毅　刘　辉　孟　杰

注　释

［1］ 山东省文物考古研究所：《山东省阳谷县马庙元明墓地发掘简报》，《华夏考古》1998年第3期。

［2］ 王会田等：《山东淄博临淄区元代墓葬发掘简报》，《文物》2013年第4期。

［3］ 济南市考古研究所：《济南市商河县西甄村唐墓发掘简报》，《海岱考古》（第十辑），科学出版社，2017年。

［4］ 山东淄博陶瓷史编写组：《山东淄博市淄川区磁村古窑址试掘简报》，《文物》1978年第6期。

［5］ 烟台市博物馆、莱州市博物馆：《山东莱州市西山张家村壁画墓发掘简报》，《海岱考古》（第八辑），科学出版社，2015年。

［6］ 秦大树：《山东大武元墓的相关问题探讨》，《海岱考古》（第五辑），科学出版社，2012年。

［7］ 林仙庭、侯建业：《山东牟平北头墓群清理与调查》，《考古》1997年第3期。

［8］ 同［2］。

［9］ 文登市地方史志办公室：《光绪本〈文登县志〉点注》，天津古籍出版社，2010年。

［10］ 同［9］。

［11］ 烟台市博物馆、威海市文物管理办公室、文登市文物管理所：《文登眙里店大汶口文化墓地》，《海岱考古》（第七辑），科学出版社，2016年。

［12］ 北京大学考古实习队、烟台市文物管理委员会：《乳山市南黄庄石椁墓》，《胶东考古》，文物出版社，2000年。

［13］ 柳林先茔丛氏祔葬记，见于网络"丛氏家族>族谱天地>族谱修汇>谱序汇集"，http://www.congshi.net/index.php?a=show&c=index&catid=29&id=212&m=content

［14］ 同［ 9 ］。

［15］ 同［ 7 ］。

附表　崮头集墓地墓葬登记表

墓号	方向(°)	墓室(长×宽-深)(厘米)	类型	画像石刻	葬俗	结构特征(厘米)	随葬品(标本)	时代
M1	4	162×156-66	石室墓	墓室内壁均经加工		生土底		金元
M2	350	70×65-40	石室墓			碎砖、石板铺底	釉瓶(残)	元明
M3	318	78×40-55	石室墓			条砖铺底		元明
M4	304	100×70-40	石室墓			条砖铺底	瓷碟1件(残)	元明
M5	332	72×48-40	石室墓			生土底		元明
M6	4	144×105-70	石室墓(积石)	北、西、东内壁均经加工		生土底		不明
M7	4	190×170-80	石室墓	北壁(坐饮)、西壁(神兽)		生土底		金元
M8	350	154×114-162	石室墓(积石)	北壁(坐饮),西、东壁(神兽)		条砖铺设棺床		元
M9	342	115×79-56	石室墓(积石)			生土底		不明
M10	358	200×148-72	石椁墓	西、南内壁均经加工,封门石(田)		生土底		金元
M11	342	105×102-70	石室墓(积石)			生土底	III式碗1件(残修)	元
M12	352	145×126-88	石室墓(积石)			生土底	I式碗2件	晚唐五代
M13	354	148×117-114	石室墓(积石)	北壁(桌椅、酒具)、西、西壁(加工)		生土底		北宋
M14	355	116×74-70	石室墓	北壁(加工)、西壁(神兽)		生土底		宋金
M15	342	190(残)×170-80	石椁墓	北壁(龟)		石板铺设棺床(棺钉)		金元
M16	335	93×89-60	石室墓			生土底		金元
M17	348	122×117-140	石室墓	北壁(人物、家具)、西、东壁(神兽),墓门两侧(门吏)		生土底		北宋
M18	320	166×105-80	石室墓	东壁(两人捧跤格斗)		生土底		金元
M19	340	150×109-70	石室墓	墓室内壁均经加工		生土底	B型墓顶石(采集)	金元
M20	342	125×103-91	石室墓(积石)			条砖铺设棺床	条砖(标本)	元明
M21	342	136×119-108	石室墓			生土底		元明
M22	350	109×90-123	石室墓			条砖铺设棺床		元明

续表

墓号	方向(°)	墓室(长×宽×深)(厘米)	类型	画像石刻	结构特征(厘米)	葬俗	随葬品(标本)	时代
M23	328	129×110-90	塔墓		条砖铺设棺床	骨渣(火葬)	Ⅲ式碗1件	元
M24	3	126×78-63	石室墓		碎瓦块铺设棺床			元明
M25	354	137×118-90	石室墓		条砖铺设棺床	骨渣(火葬)		元明
M26	324	119×114-86	塔墓		条砖铺设棺床			元
M27	342	192×125-108	塔墓		墓道180×80,条砖铺设棺床	骨渣(火葬)	瓷碟1件	元
M28	330	125×92-70	石室墓		砖块、石板铺设棺床			元明
M29	354	90×83-60	石室墓(积石)		生土底			不明
M30	345	95×100-67	石室墓		生土底		Ⅱ式碗1件	五代北宋
M31	340	158×108-104	塔墓	北壁(莲花)、西壁(猫科动物)	条砖铺设棺床		Ⅲ式碗1件(残)	元
M32	358	156×113-90	石室墓		条砖、石板铺设棺床		釉瓶1件、陶盏1件	元明
M33	352	93×85-70	石室墓		条砖铺设棺床			元明
M34	0	80×55-60	石室墓		生土底		瓷碟1件(残)	元明
M35	5	119×58-62	石室墓		生土底		陶碗1件	元明
M36	348	117×114-55	石室墓(积石)		生土底		开元通宝2枚、Ⅰ式碗1件	晚唐五代
M37	352	150×133-82	石室墓(积石)	北壁(容器)、西、东壁(神兽)	生土底			宋金
M38	355	362×233-176	石椁墓	北壁(缠枝莲花)	墓道长590厘米,上端宽170~210、下端宽100~160,深120~130厘米。生土底(扰乱)		铜钱7枚、棺钉	金元
M39	30	194×113-140	石室墓		方砖铺设棺床		釉瓶2件、Ⅲ式碗1件、铜钱64枚	明初
M40	358	130×100-117	石室墓		墓道长32~35、宽65~70厘米。方砖铺设棺床		Ⅲ式碗2件	元明

山东招远市磁口墓地

山东省文物考古研究院

招 远 市 文 物 管 理 所

　　招远市磁口墓地位于招远市辛庄镇磁口村村北，南距招远市区约30千米（图一）。2007年4月，为配合南水北调东线胶东调水工程，山东省文物考古研究所、招远市文物管理所对该墓地进行了清理发掘，共发掘墓葬16座。

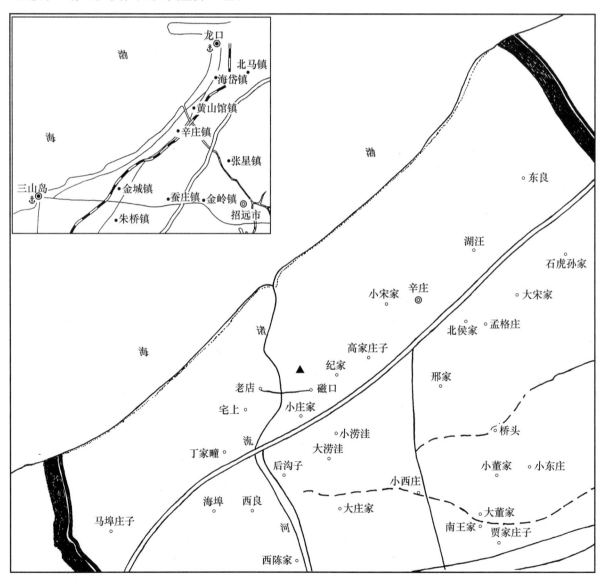

图一　磁口墓地位置示意图

一、墓地概况

磁口墓地发现于20世纪80年代。1989年9月，磁口村村民在村北取土时发现1座古墓葬，烟台市博物馆会同招远县文管所随即对墓葬进行了清理发掘，根据墓葬构造和出土器物特征认为其属于宋代墓葬[1]。1992年，招远市政府公布磁口宋墓为招远市市级重点文物保护单位。

2004年3月，为配合山东南水北调东线胶东调水工程，由山东省文物考古研究所、招远市文物管理所对调水工程在招远市境内的沿线进行了先期调查。通过调查，发现胶东调水工程从磁口墓地的南部穿过，需要对该墓地进行勘探和考古发掘。

2007年3~4月，山东省文物考古研究所组织专业人员成立专项考古勘探队伍，在招远市文物管理所的大力协助下，对调水工程经过磁口墓地的范围进行了重点勘探，共勘探出墓葬20余座。随后进行了清理发掘。

墓地南距磁村村舍100余米，北距海岸500余米，西距诸流河200余米。墓地东西长300余米，南北宽约400米，面积近12万平方米。勘探发现，墓葬分布比较松散，发现的20余座墓葬分布在调水工程东西长近300、南北宽50米的范围内，其中位于墓地西侧的一处墓群墓葬分布比较集中，可能属于家族墓地，作为发掘重点。墓地东部墓葬分布零星分散，而且据村民介绍，有的地方每年清明时节还有祭祖扫墓的现象，年代可能比较晚，未进行发掘。

二、墓葬形制

发掘的16座墓葬均位于墓地西南侧，从墓葬形制看分属于三种不同的类型，其中有两类墓葬存在上下层叠压和打破关系（图二）。

1. 第一类

属于上层的第一类墓葬共有7座，编号为M101~M106、M110。其中M101、M110，M105、M106分别属于2组并穴合葬墓。

7座墓葬均属于土坑竖穴砖椁或石椁墓，采用砖椁、石椁或砖、石混筑的椁室，葬具均为一棺。棺的宽窄高矮不同，墓主头部一侧较为宽大，下肢处略窄小。墓主均为仰身直肢，头向西北。随葬品有龙形金耳环、银簪、手镯、铜帽饰、扣饰、钱币等，还有瓷罐、灯碗以及陶瓦等随葬品。陶瓦上还有有辟邪内容的朱文。这7座墓葬时代较晚，出土的铜钱有乾隆通宝、道光重宝、光绪重宝，墓葬的年代属于清—民国初年。

M103 位于墓葬群的北部。土坑竖穴、砖石混椁墓。方向303°。墓葬开口于耕土层下，墓口距地表35厘米。墓坑直壁，平底，长280、宽140、深110厘米。椁室四壁采用砖石混构而成，下部采用不规则的砂岩砌成，上部平铺两层青砖，砖长27、宽12.5、厚6厘米，上下错缝砌成。椁室内壁长250、宽85、高60厘米。椁室内侧共有3个壁龛。壁龛1位于北壁中间，在壁

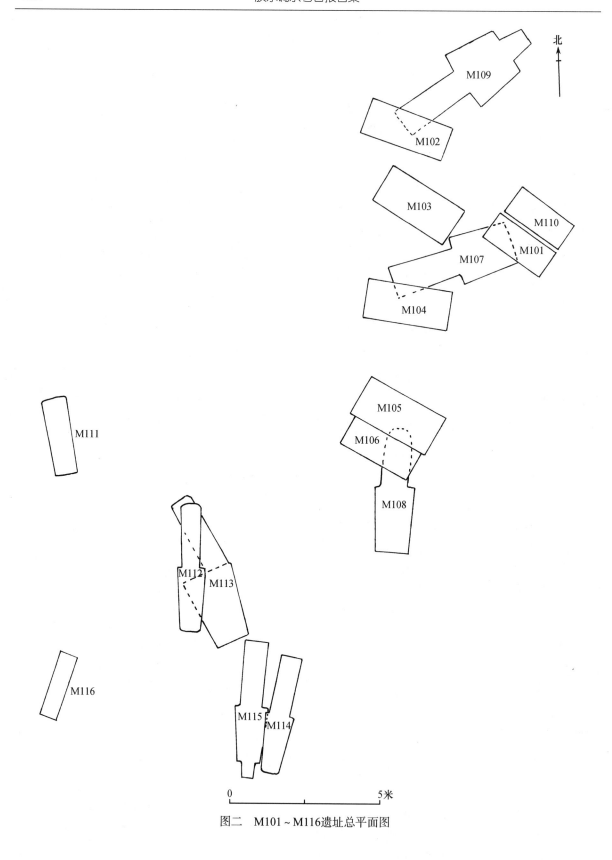

图二　M101~M116遗址总平面图

龛中最大，用砖砌成，直壁拱顶，内宽41、高45、进深35厘米，底部用青砖平铺一层，两侧用四层青砖平砌，用9块青砖做成拱形顶。龛内放置瓷灯1件。南壁龛和西壁龛结构相同，编号为壁龛2、壁龛3，均在砂岩垒砌的椁壁中间用4块砖砌成，底部平铺1块，两侧各竖置1块，顶部再平盖1砖。作为顶部的盖砖在外沿下部刻成两个短弧形，中间留一道竖槽。壁龛2、壁龛3内宽13、高24、进深11厘米。

葬具为木棺，已朽，长200、头部宽72、脚端宽65、残高约20厘米。墓主葬式为仰身直肢葬，头向西，由于棺板腐朽塌落受到挤压变形，头骨及下颌骨移动到肩部右侧。

随葬品分别放于壁龛内和棺内。壁龛1内放置瓷灯1件；在壁龛3下部内放置瓷罐1件，掉落在墓主头前棺外；板瓦1件，放置于棺盖板上部，盖板腐朽后落于墓主右肩部附近，上有朱书文字，可能与避邪镇墓有关；小石环1件，位于墓主下颌骨附近。另有铜纽扣7件，位于墓主胸腹部，为上衣纽扣（图三；图版五五，1）。

M105、M106为一组并穴合葬墓，M105墓坑大于M106。

M105　位于M103南部。土坑竖穴砖椁墓。方向300°。墓葬开口于耕土层下，墓口距地表35厘米。墓口长276、宽145、深70厘米。砖椁内长252、宽90厘米，上部遭到破坏，残高30厘米。砖椁东、西、北三面用单砖错缝平砌，墙宽12.5厘米，南椁壁较宽，与M106共用，用砖横竖交错砌成，宽39厘米。砖椁现存残高约30厘米，由五层砖平砌而成。在南椁壁中间还设有神道，宽26、高18厘米，与M106相通，内放瓷灯。

葬具为木棺，已朽，长210、宽75、深70厘米。墓主为仰身直肢，头向西，头骨偏向左侧肩上部。

随葬品分别放置在神道内、棺上部和棺内。瓷灯放置在与M106相通的神道内；陶瓦放置在棺盖板上部；随葬的铜钱散放棺内墓主的肩、胸、下肢及脚下端；位于墓主头部的帽顶饰和胸腹部的铜扣属于腐朽的帽饰和上衣之纽扣（图四右；图版五五，2）。

M106　位于M105南，两墓紧靠。土坑竖穴砖椁墓。方向300°。墓葬开口于耕土层下，墓口距地表35厘米。墓口长245、宽100、深70厘米。砖椁结构与M105不同，椁室紧靠M105南椁，并与共用椁壁，中间有神道相通。东、西、南三面结构相同，靠近墓室底部留有生土台阶状二层台，上部再用砖砌，由于上部遭到破坏，其东、西两端上部的砖已经被破坏无存，仅在南椁上部还残存部分垒砌的砖，下部较窄处竖排，上部横铺。椁内长240、宽75、残高约47厘米。

葬具为木棺，已朽，长195、宽60厘米，高度不明。墓主为仰身直肢，头骨略移动，偏下到肩部。

随葬品分别放置在神道内和棺的内外。瓷灯放置在与M105相通的神道内；随葬的小瓷罐放在墓主头前棺外；棺内墓主头前有簪、发卡、头饰及银耳钉；顶针在左手处；随葬的铜钱散放棺内墓主的上下肢处及脚的下端（图四左；图版五五，2）。

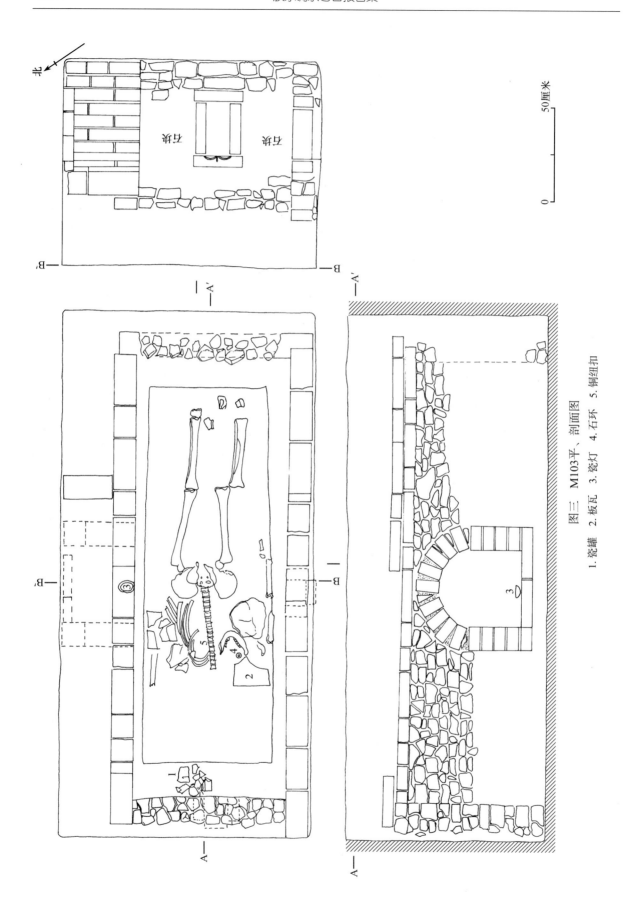

图三　M103平、剖面图
1. 瓷罐　2. 板瓦　3. 瓷灯　4. 石环　5. 铜纽扣

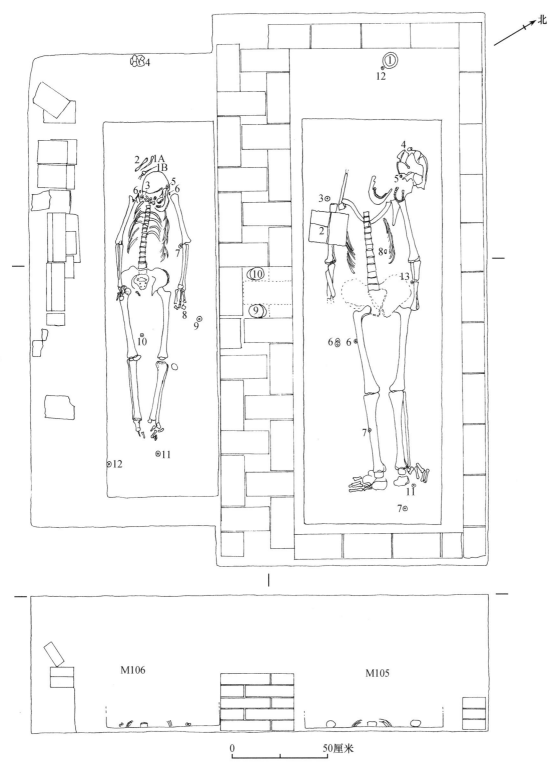

图四　M105、M106平、剖面图

上左M106：1A、1B.铜簪　2.铜发卡　3.铜头饰　4.瓷罐　5、7、9~12.铜钱　6.银耳钉　8.铜顶针

上右M105：1.瓷罐　2.陶瓦　3、5~7、11~13.铜钱　4.铜帽饰　8.铜纽扣　9、10.瓷灯

2. 第二类

属于第二类的墓葬共发掘7座，编号为M107～109、M112～M115，均属于下层墓葬。其中M112、M113，M114、M115为2组并穴合葬墓。

下层墓葬与上层墓葬的结构明显不同，属于带有墓道的洞室墓。墓葬由墓道、墓室和甬道组成。墓道近似长方形，外侧略窄，近墓室处略宽，并有封门石或象征性的封门砖。墓道底部呈斜坡状，外浅内深，底部与墓室底部近平相连。墓道与墓室之间大多设有甬道，个别的甬道很短，与墓室相比略窄。墓室上部大多遭到破坏并均已塌陷，残存的上部比底部略窄，顶部为应窄于底部的拱形顶。有3座墓葬的墓室分别在上层墓葬M102、M104、M106墓室的底部，墓室一般在北部或南部挖有小龛，内放瓷灯。

葬具均为一棺，棺的宽窄高矮不同，墓主头部一侧较为宽大，下肢处窄小。墓主为仰身直肢和侧身直肢。

已经发掘的7座洞室墓的方向多不相同，由西南而东北呈半环绕状。墓主的头向及放置的方向不同，M112、M113，M114、M115为2组并穴合葬墓，M112、M113墓主均头向墓室内侧，而M114、M115墓主头向相反，M114头向墓道，M115头向墓室内侧。其他3座墓葬墓主的头向及放置的方向也有所不同，M107、M109墓主头向墓室内侧，M108墓主的头朝墓室外侧。

随葬品有铜耳环、铜扣饰、铜钱、瓷瓶、瓷罐、小瓷罐、瓷灯碗等，随葬的铁器锈蚀难以辨认器形，也发现了朱书瓦片。在墓主头下部还发现了土坯的痕迹，应作为垫枕使用，在个别墓主头部上方发现了方砖，其上残留朱书的痕迹，有可能作为墓志或避邪用具。

M107　位于墓群中部偏北。洞室墓。方向254°。墓葬由墓道、墓室两部分组成。墓道东北部被M101打破，平面呈梯形，斜壁内收，底部呈外高内低斜坡状。墓道内填土为黄褐色花土，并经过夯打，质地坚硬。墓道口长185、宽115～168厘米，底部长165、宽120～145厘米，内侧深130厘米。在墓道与墓室口北侧有砖垒的门垛，高约86厘米（图五）。

墓室为竖掘的洞室，上部被M104叠压打破，并塌陷。洞室长235、宽90～110厘米，因顶部遭破坏塌陷，高度及结构不明。在墓室北侧和墓主头前各有1个壁龛，北侧壁龛内放置瓷灯1件；墓主头前壁龛内南侧放置瓷罐1件，北侧放置方砖1块。方砖上留有红色字迹痕迹，内容均脱落不清。

葬具为一棺，已朽，长186、宽34（脚端）～72（头端）厘米，高度不明。葬式为仰身直肢葬，头向西，头骨移动到左胸部。

棺内随葬品在头部发现2件铜耳环，胸部覆盖1件残板瓦，在墓主上身还发现6件铜扣（图版五五，3）。

M108　位于墓群中部。洞室墓。方向183°。墓葬由墓道、墓室两部分组成。墓道平面呈梯形，斜壁内收，底部呈斜坡状，外高内低，内侧与墓室底部相平。墓道内填土为黄褐色花土，并经过夯打，质地坚硬。墓道口长216、宽110～133厘米，底部长203、宽91～122厘米，外端深79、内侧深132厘米。墓道与墓室之间有一堵封门石墙，用黄褐色砂岩垒筑，高113、宽123、厚约16厘米（图六）。

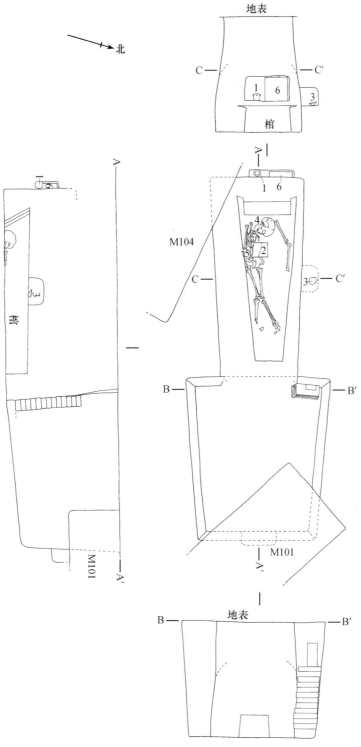

图五　M107平、剖面图与墓室口正视图
1.瓷碗　2.陶瓦　3.瓷灯　4.铜耳环　5.铜纽扣　6.砖

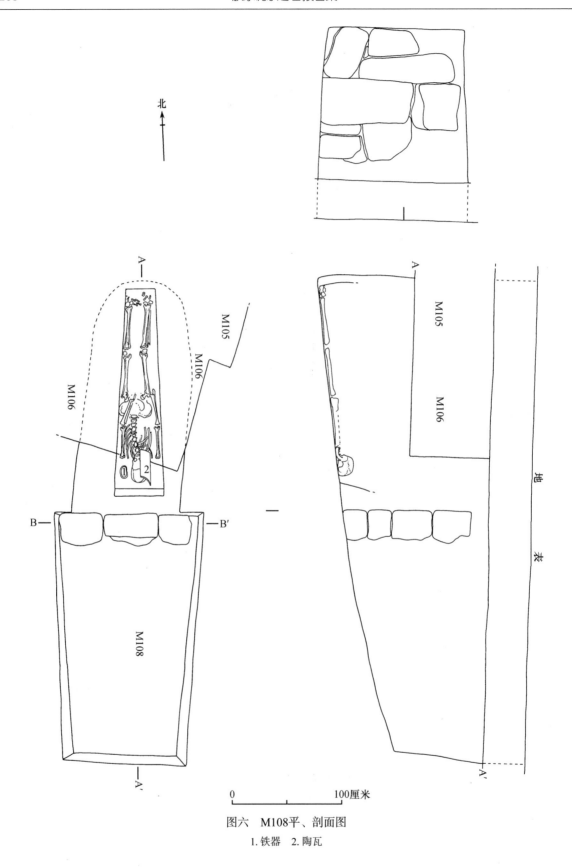

北

A

M105

M106

M106

A′

M105

M106

A

B　　　　　　　　　　　　　　B′

M108

地

表

A′

0　　　　　　　　　　100厘米

图六　M108平、剖面图

1. 铁器　2. 陶瓦

墓室为竖掘的洞室，上部被M105、M106叠压打破，并塌陷。洞室南北长195、东西宽90~95厘米，因顶部遭破坏塌陷，高度及结构不明。

葬具为一棺，已朽，长176、宽26（脚端）~55（头端）厘米，高度不明。葬式为仰身直肢葬，头向南，面向上。头骨面部盖一残灰板瓦，长26、宽19、厚1.7厘米。

随葬品除头部覆盖的1件残板瓦外，在墓主的头部还发现1件锈蚀的铁器，器形不明。

M109　位于墓群的最北部。洞室墓。方向240°。墓葬由墓道、墓室两部分组成。墓道平面呈双梯形，分为内外两部分。外墓道口外窄内宽，长80、宽57（外）~85（内）厘米，内为台阶状，由四级台阶组成，台阶宽23~33、高20~28厘米。内墓道也呈外窄内宽状，口长175、宽175（外）~190（内）、距地表深35厘米。墓道斜壁内收，底部略呈斜坡状，外高内低，内侧与墓室底部相平，高110（外）~120（内）厘米。墓道内填土为黄褐色花土，经过夯打，质地坚硬。

墓室为竖掘的洞室，上部西端被M102叠压打破，并塌陷。洞室南北长250、宽90（东）~102（西）厘米，顶部塌陷，从残存的迹象看，洞室的高度在80厘米以上，顶部应为拱顶。洞室西壁和南壁各开设1壁龛，西龛位于墓主头前，距墓底部30厘米，宽35、进深15厘米，上部被M102破坏，残高10厘米，内放小瓷罐1件。南龛距墓底部30厘米，宽38、高23、进深16厘米，内放瓷灯1件。

葬具为木棺，已朽，长182、宽40（脚端）~53（头部）、残高30厘米。墓主为仰身直肢，头朝西，面向上。

随葬品放于壁龛和棺内。墓主下腹部覆盖板瓦1件，已破损，上身胸腹部有铜扣7件，应为上衣纽扣（图七；图版五五，4）。

M112、M113位于墓群南部。属于一组并穴合葬墓，两者有叠压打破关系。

M112　位于M113西侧，叠压并打破M113。洞室墓。方向359°。墓葬由墓道、墓室两部分组成。墓道位于墓室南侧，平面呈外窄内宽不规则梯形。墓道内填土为黄褐色花土，经过夯打，质地坚硬，夯层厚35厘米左右。墓道口长198、宽80（外）~110（内）、距地表深45厘米。墓道西壁斜壁内收，东壁较直，底长170、宽55~85厘米，底斜坡状，外高内低，内侧与墓室底部相平，深110（外）~120（内）厘米。墓道南壁内斜，并有一脚窝，距墓底85厘米，宽10、高14、深6厘米。墓道与墓室之间有一堵封门石墙，用黄褐色砂岩垒筑，比较散乱，似将M113的封门石墙拆后又重新垒筑。

墓室位于墓道北侧，从墓道北壁竖掘洞室，上部已塌陷，下部平面呈梯形，墓室内填土主要为上部塌落的黑灰色黏土，土质较松软。长225、宽70（脚端）~78（头端）、高约80厘米。从残存的上部看，洞室顶部变窄，应为拱形顶。

葬具为木棺，已朽，长180、宽26（脚端）~38（头端）、残高30厘米。墓主仰身直肢，上肢放于下腹部。墓主头部枕在一长方形土坯上，土坯长35、宽15、厚6厘米。

随葬品分别放置于棺内外。陶罐1件，放置于棺外右侧；瓷灯放于陶罐下部，其旁边的长方形石块有可能作为灯台使用；棺内墓主头前部有铜簪1件；肩部、上腹部散放铜钱3枚（图六左）。

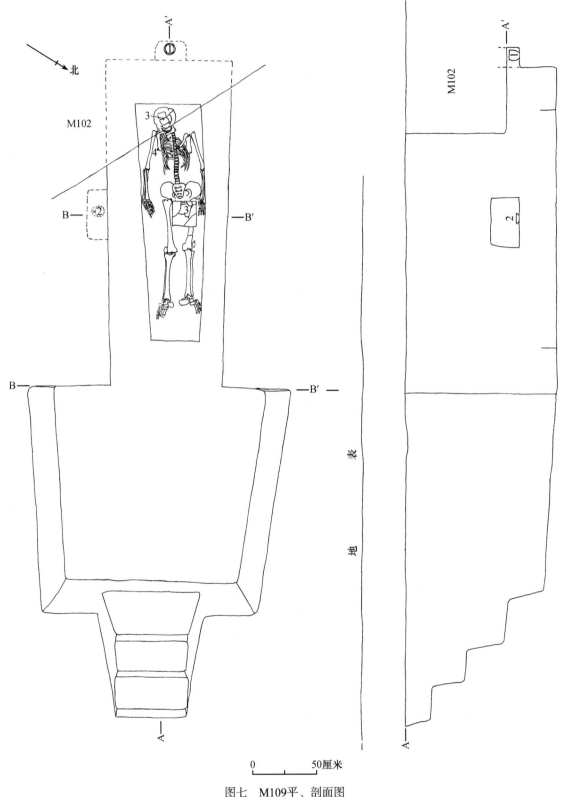

北

M102

M102

表

地

0　　　　　50厘米

图七　M109平、剖面图

1. 瓷罐　2. 瓷灯　3. 陶瓦　4. 铜纽扣

M113 位于M112东侧，并被M112打破。洞室墓。方向331°。墓葬由墓道、墓室两部分组成。墓道位于墓室南侧，距地表深50厘米，填土为黄褐色花土，经过夯打，质地坚硬，夯层略从南向北倾斜，厚30厘米左右。墓道平面呈外窄内宽的梯形，墓道口长240、宽120（外）～190（内）厘米，底长215、宽120（外）～185（内）、深130（外）～170（内）厘米。墓道西部被M112打破，仅存底部。斜壁内收，底斜坡状，外高内低，内侧与墓室底部相平。墓道南壁斜收，并有2个脚窝，东侧1个距墓底85、宽12、高14、深8厘米，西侧脚窝距墓底65、宽10、高16、深8厘米。墓道与墓室之间有一堵封门石墙，用黄褐色砂岩垒筑，高140、宽190、厚20～36厘米。

墓室位于墓道北侧，从墓道北壁东侧竖掏洞室，上部已塌陷，下部平面呈梯形，墓室内填土主要为上部塌落的黑灰色黏土，土质较松软。洞室长252、宽90（脚端）～100（头端）、高约80厘米。此残存的洞室上部看，顶部变窄，应为拱形顶。

葬具为木棺，已朽，长200、宽25（脚端）～40（头端）、残高约30厘米。墓主仰身直肢，头朝北，面向西，左上肢放于下腹部，右上肢放于胸部。

随葬品放于棺内外。棺外东侧有瓷罐1件；棺内墓主头前铜簪1件；脚端覆盖陶瓦1件；下腹部散放铜钱6枚（图八右）。

M114、M115位于墓群的最南部，属于一组并穴合葬墓（图版五五，4）。

M114 位于M115东侧，墓道西部略微打破M115的墓道东边缘。洞室墓。方向194°。墓葬由墓道、墓室两部分组成。墓道位于墓室南侧，距地表深45厘米，填土为黄褐色花土，质地坚硬，经过夯打，夯层厚30厘米左右。墓道平面呈外窄内宽的长梯形，墓道口长186、宽67（外）～104（内）厘米，底长174、宽62（外）～102（内）、深100（外）～140（内）厘米。底呈斜坡状，外高内低，内侧与墓室底部相平。墓道南壁斜收明显，其余三面近直。墓道与墓室之间有一堵封门石墙，下部、东部用2块大黄褐色砂岩垒筑，西侧上部用小块砂岩垒砌，高125、宽100、厚20～26厘米。

墓室位于墓道北侧，从墓道北壁中部竖掏洞室，上部已塌陷，下部平面呈长方形，墓室内填土主要为上部塌落的黑灰色黏土，土质较松软。洞室长202、宽70～72、高约80厘米。从残存的洞室上部看，顶部变窄，应为拱形顶。

葬具为木棺，已朽，长170、宽30（脚端）～40（头端）、残高30厘米。墓主为仰身直肢，头向南，头骨略有移动，偏向左侧，上肢平放于身躯两侧。头骨下有土坯1块，应作为垫枕使用，长34、宽16、厚约6厘米。

随葬品均放置于棺内。陶瓦1件，覆盖于下腹部左侧；铜钱4枚，散放于腹部（图九右）。

M115位于M114西侧，墓道东部边缘被M114打破。洞室墓。方向6°。墓葬由墓道、墓室两部分组成。墓道内填土为黄褐色花土，经过夯打，质地坚硬。墓道平面呈双梯形，分为内外两部分。外墓道口外窄内宽，长55、宽40（外）～50（内）厘米，台阶状，有一级台阶，台阶宽40、高55厘米。内墓道也呈外窄内宽状，长180、宽79（外）～115（内）、距地表深45厘米。墓道斜壁内收，底部略呈斜坡状，外高内低，内侧与墓室底部相平，高120（外）～143（内）厘米。墓道与墓室之间有1块封门石，为黄褐色砂岩，高约80、宽94、厚约36厘米。

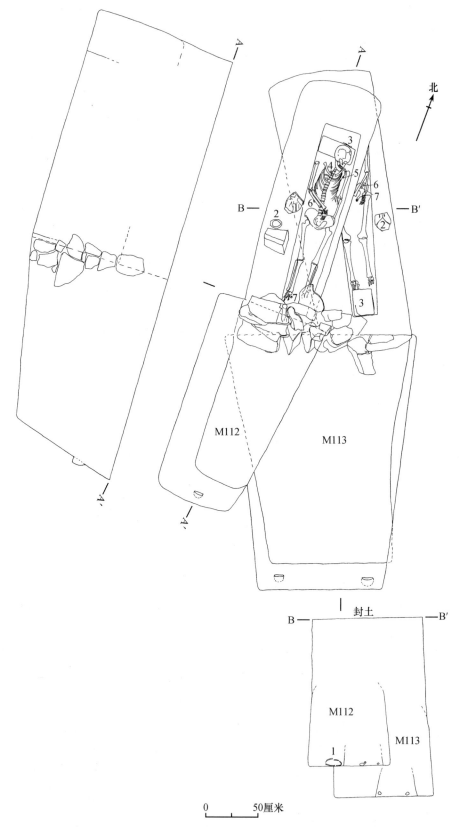

北

封土

M112

M113

0　　　50厘米

图八　M112、M113平、剖面图
左M112：1.陶罐　2.瓷灯　3.铜簪　4～6.铜钱
右M113：1.铜簪　2.陶罐　3.陶瓦　4～7.铜钱

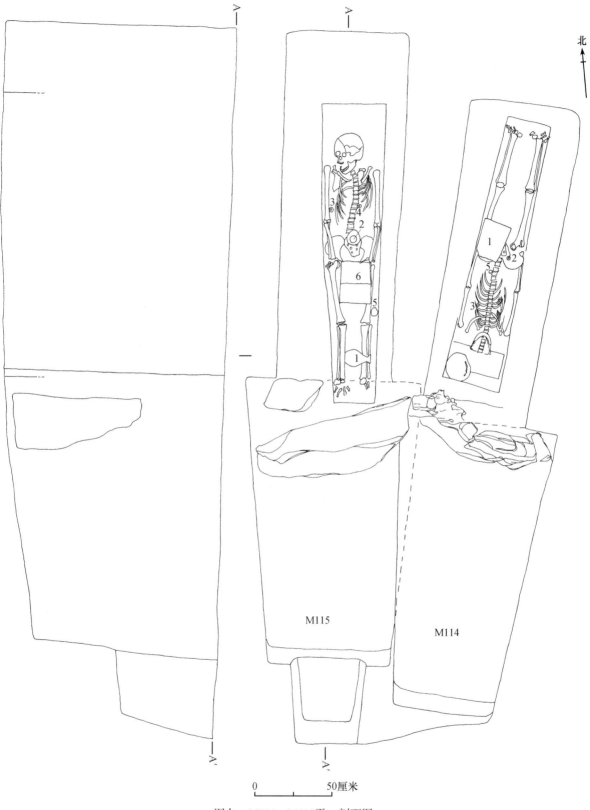

图九　M114、M115平、剖面图

左M115：1.瓷壶　2.瓷灯　3、4、6.铜钱　5.残铁器

右M114：1.陶瓦　2～5.铜钱

墓室位于墓道北侧，从墓道北壁中部竖掏洞室，上部已塌陷，下部平面呈长方形，墓室内填土主要为上部塌落的黑灰色黏土，土质较松软。洞室长220、宽75（脚部）～79（头部）、高约80厘米。从残存的洞室上部看，顶部变窄，应为拱形顶。

葬具为木棺，已朽，长188、宽27（脚部）～42（头端）、残高30厘米。墓主为仰身直肢，头向北，面向西，上肢平放于身躯两侧。

随葬品放置于棺内或棺上。陶瓦1件，覆盖于下肢上部；铜钱2枚，散放于胸部；瓷灯1件，位于墓主下腹部；瓷春瓶1件，位于下肢处。瓷灯与瓷春壶有可能原来放在棺盖板之上，盖板腐朽后而落下（图九左）。

3. 第3类

属于第三类的墓葬只有2座，编号为M111、M116。2座墓葬属于土坑竖穴墓，位于墓葬发掘区的西南部。墓坑口大底小，葬具仅为一棺。棺的宽窄高矮不同，墓主头部一侧较为宽大，下肢处窄小。墓主为仰身直肢，上肢放于两侧或下腹部。

随葬品比较少，特征大多与第二类墓葬相同，有铜钱币、瓷罐、瓷灯碗以及朱书板瓦等。另外在M116墓主头的下部发现1块土坯，墓主头位于土坯之上，作为土枕使用。

M111位于墓群西部偏南。土坑竖穴墓。方向353°。墓葬开口于耕土层下，墓口距地表深36厘米。墓坑内填土为黄褐色花土，质地比较坚硬，经过夯打加工。墓葬口略大于底，墓口长250、宽80（脚部）～85（头端）厘米，墓底长235、宽45（脚部）～50（头端）厘米，深189厘米。在墓主头部右侧有一壁龛，距墓底60厘米，壁龛近似方形，宽12、高12、进深10厘米，顶部略呈拱形。

墓主为仰身直肢，上肢平放于身躯两侧。葬具不明，仅在墓主骨骼之下发现木质腐朽的一层细薄的黑灰痕迹，未见明显的木棺腐朽后的痕迹。

随葬品有瓷灯、瓷罐、铜钱、板瓦等。随葬的瓷灯1件放置于壁龛内；瓷罐1件位于墓主下腹部右侧；铜钱2枚，1枚含于墓主口内，另1枚位于足端；板瓦1件，覆盖在墓主头部（图一〇）。

M116　位于墓群西南角处。土坑竖穴墓。方向201°。墓葬开口于耕土层下，墓口距地表深45厘米。墓坑内填土为灰褐色花土，质地比较疏松。墓壁比较规整，直壁，墓口长220、宽60、深110厘米。

墓主为仰身直肢葬，上肢相对放于下腹部。葬具为木棺，墓主头部略大，长180、宽30（脚端）～40（头端）、残高35厘米。

随葬品仅有瓷罐1件，放置于棺外墓主上肢左侧。墓主头下有土坯1件，长40、宽22、厚6厘米。应作为头枕使用（图一一）。

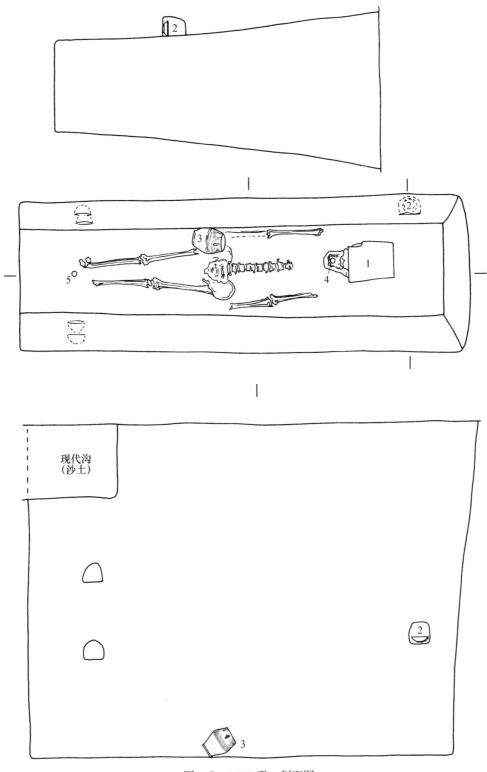

图一〇　M111平、剖面图

1.陶瓦　2.瓷灯　3.瓷罐　4、5.铜钱

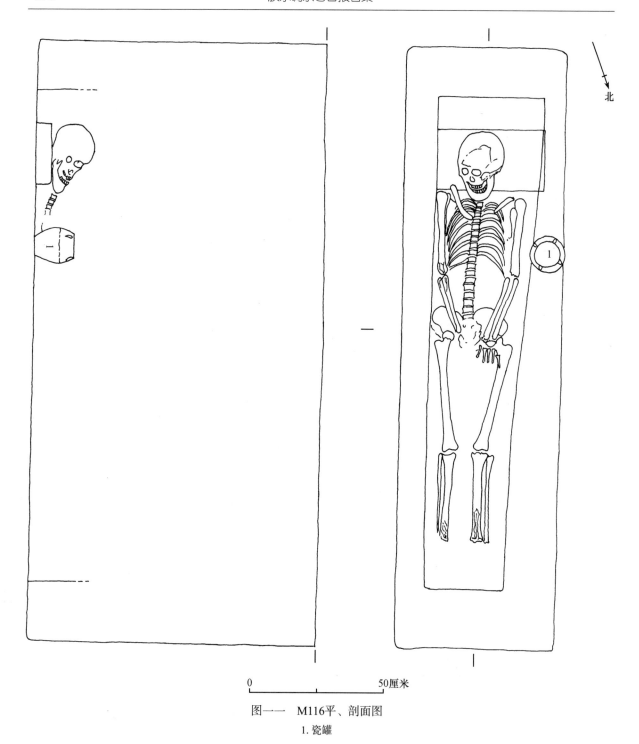

0　　　　　　　　　　50厘米

图一一　M116平、剖面图
1. 瓷罐

三、随葬器物

1. 瓷器

罐 共出土9件。分三型。

A型 3件。酱釉。形体较大。直口微敛，四系，窄沿，矮径，鼓腹，小平底。M113：2，高14、口径9.2、底径6.8厘米。芒口，腹内及口至上腹部饰酱釉（图一二，1；图版五六，5）。M111：1，高15.8、口径9.8、底径6.8厘米。芒口，腹内及口至上腹部饰酱釉（图版五六，1）。M116：1，高14.2、口径9.6、底径7.4厘米。芒口，腹内及口至上腹部饰酱釉，在颈部装饰一周乳钉纹（图一二，2；图版五六，3）。

B型 5件。形体较小。在口、上腹部、下腹部饰酱釉，腹中部为素胎。直口微敛，四系腹微鼓，平底。M107：1，高8.5、口径7.1、底径6.3厘米。在上腹部装饰两周凸弦纹，弦纹中间装饰一周连枝纹（图一三，6；图版五七，4）。M109：1，高8.3、口径7.2、底径5.8厘米。在上腹部装饰两周凸弦纹，弦纹中间装饰连枝纹，大多部位纹饰不清（图一三，4；图版五七，5）。M103：1，高8.3、口径6.6～7.2、底径5.8厘米。在上腹部装饰两周凸弦纹，弦纹中间装饰连枝纹，器形制作不规整，口部有些变形（图一三，2；图版五七，1）。M102：6，高7.8、口径6.4、底径4.8厘米。在上腹部装饰两周凸弦纹，弦纹中间装饰一周草叶纹（图一三，1）。M106：4，高7.3、口径6、底径4.9厘米。在上腹部装饰两周凸弦纹，弦纹中间装饰一周连枝纹（图一三，5；图版五七，3）。

C型 1件。形体较小。敛口，四系。M105：1，酱釉。器形较矮扁。敛口，鼓腹，大平底。高5.3、口径6、底径6.7厘米。在上腹部装饰两周凸弦纹，弦纹中间装饰连枝纹。腹内及口至下腹部饰酱釉，底部为素胎（图一三，3；图版五七，2）。

灯 出土的数量较多，在发掘的16座墓葬中有11座出土了瓷灯。根据形态的不同，分四型。

A型 2件。碗形深腹，平底，夹层壁。酱黑釉。直口，圆唇，前端有外凸的灯嘴，为放灯芯处，后部有凸起的尖尾，尾部与沿面中间有半弧形凹槽，内腹为圜底，外壁内收，形成内外夹层双腹壁，小平底。在尾部偏下距尾尖0.8厘米处有一小圆孔，与内外壁之间的夹腹相通，使用时通过小圆孔向夹腹内注水，以降低油灯的温度，达到节省燃油的目的。M115：2，制作规整，器形完好无损。通体长9.7、通高3.8、灯碗直径6.5、深2.5、底径3.8～4.2厘米（图一四，6；图版五八，1）。M112：2，制作不规整，两侧高低不一，尾部略残。残长9.4、前端高3.4、灯碗深2.7、底径4.2～4.4厘米（图一四，5；图版五八，2）。

B形 1件。碗形深腹，平底，厚壁。酱釉。敞口，斜沿，圆唇，深腹，圜底，外壁斜收，小平底，短尾。尾部未饰釉。M111：2，略残。通长9.3、通高2.4、灯碗直径7.6、深2.7、底径3.8～4厘米（图一四，4；图版五九，2）。

C型 4件。碟形浅腹，圜底。酱釉仅施在灯碗内侧。敞口，平沿，方唇，圜底，灯碗前端

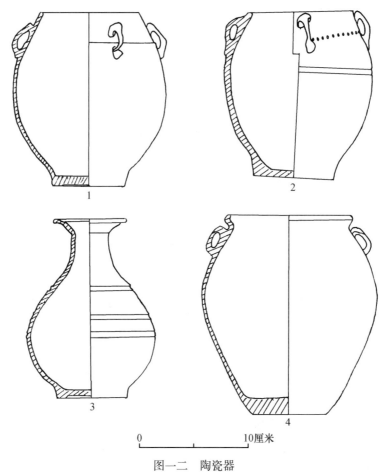

0　　　　　　　　　　　　10厘米

图一二　陶瓷器

1、2. A型罐（M113：2、M116：1）　3. 瓷瓶（M115：1）　4. 陶双耳罐（M112：1）

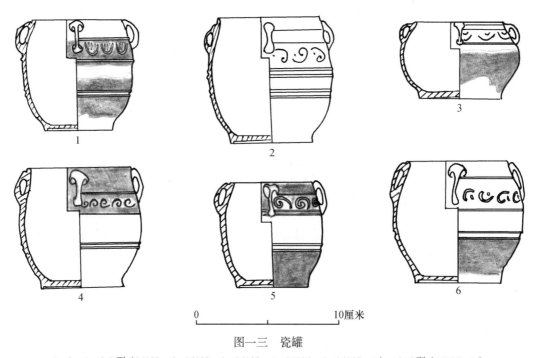

0　　　　　　　　　　　　10厘米

图一三　瓷罐

1、2、4~6. B型（M102：6、M103：1、M109：1、M106：4、M107：1）　3. C型（M105：1）

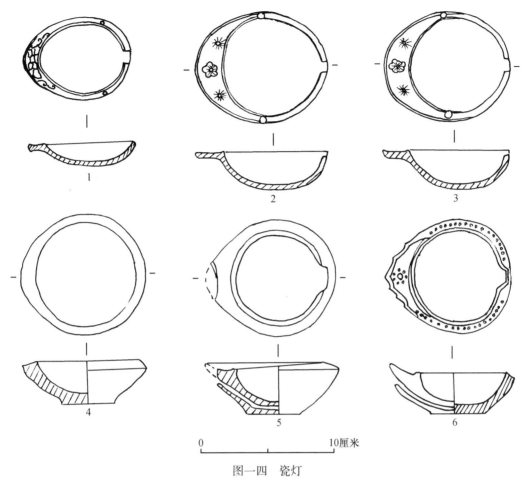

图一四　瓷灯

1. D型灯（M102∶5）　2、3. C型灯（M107∶3、M109∶2）　4. B型灯（M111∶2）　5、6. A型灯（M112∶2、M115∶2）

有凹口为灯嘴，灯碗中部两侧各有一小圆柱，后尾近似帽檐状（图版五九，1）。M109∶2，制作规整，保存完好。通长9.8、通高2.7、碗径7.2、深2.4厘米。尾部沿面中间装饰1朵凸起的梅花，两侧各有1梅花花心纹（图一四，3；图版五八，3）。M104∶5，略残。通长8.7、通高2.5、灯碗口径6～6.4、深2.3厘米。M107∶3，通长9.1、通高2.4、碗径6.8、深2.3厘米。尾部沿面中间装饰1朵凸起的梅花，两侧各有1梅花花心纹（图一四，2）。

D型　4件。碟形浅腹，器形较小，圜底。酱釉仅施在灯嘴及灯碗内侧。敞口，中沿内凹，方唇，浅碟状灯碗，圜底，灯碗前端有凹口为灯嘴，帽檐状灯尾（图版五九，1）。M105∶9，通长7.6、通高1.4、灯碗口径4.8～5.5、深1.2厘米。灯尾沿面装饰蝶形花纹（图版五九，3）。M102∶5，通长8、通高1.8、灯碗直径5.2～6、深1.6厘米（图一四，1）。M101∶12，在灯尾中部装饰一组乳钉纹，两侧各有1乳钉，素胎，仅在灯嘴至碟底部饰釉，灯嘴处有灯芯燃烧留下的灰痕。长6.7、宽5.1、高1.3米。

瓶　1件。黑釉。喇叭状口，斜沿，圆唇，细颈、溜肩，鼓腹，假圈足，平底。在沿面、肩部及腹部饰有四周宽体凹弦纹。M115∶1，高16、口径7、最大腹径12.2、底径6.6厘米。釉面由口至下腹部，底部为素胎（图一二，3；图版五六，4）。

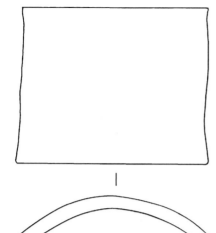

0　　　　　8厘米

图一五　陶板瓦

2. 陶器

双耳罐　1件。泥质灰陶。侈口，斜沿，沿面内凹，方唇，束颈，鼓肩，收腹，小平底。在颈与肩上部两侧各有一环耳。素面。M112：1，高17.6、口径11.4、底径6.8厘米（图一二，4；图版五六，2）。

板瓦　10件。分别出土于10座墓葬中。板瓦为长方形，瓦面上多留有朱书字迹，出个别瓦片上还可以分辨出个别字外，大多瓦片残破，而且字迹不清。从保留的字迹看，瓦片上朱书的内容主要为辟邪用语。M105：2，残长16.7、宽17.5、厚1厘米（图一五）。

3. 金、银、铜、铁器

（1）金器

2件。

耳环　2件。龙形环，整体为龙首含尾状，龙首制作比较精致。M102：4，耳环直径1.8厘米（图一六，1；图版六〇，3）。

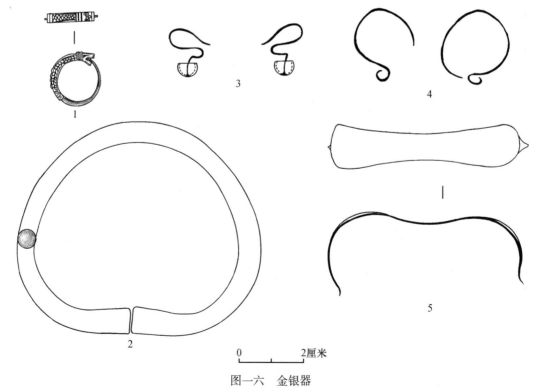

0　　　　　2厘米

图一六　金银器

1. 金耳环（M102：4）　2. 银手镯（M101：8）　3. 银耳钉（M106：6）　4. 银耳环（M107：2）　5. 银发卡（M104：4）

（2）银器

9件。

手镯　2件。马蹄形（图版六〇，2）。M101：8，镯径6.9～7.5、孔径0.6厘米（图一六，2）。

耳钉　2件。细丝帽钉首形。M106：6，帽钉径0.6厘米（图一六，3）。

耳环　2件。细丝环首形。M107：2，孔径1.8厘米（图一六，4）。

发卡　1件。扁体，半环状。M104；4，长6.2、高1.6厘米（图一六，5）。

簪　2件。凤尾簪首，1件。M101：1，簪首略残。残长14.2厘米（图版六〇，1）。冠形簪首，1件。M104：3，长14.8厘米（图版六〇，4）。

（3）铜器

71件（套）。以钱币数量最多，以及簪、耳环、戒指、顶针、头饰、帽饰、服饰、衣扣等装饰品和使用品。

钱币　35枚。大多锈蚀严重，少量可看出年号的有皇宋通宝、天圣元宝、元祐通宝、嘉庆通宝、道光通宝、光绪重宝、宣统通宝等。另还有无年号的平板圆钱。皇宋通宝，M114：3，直径2.5厘米（图一七，1）。天圣元宝，M115：5，直径2.6厘米（图一七，2）。元祐通宝，M113：5，直径2.5厘米（图一七，3）。嘉庆通宝，M105：6，直径2.5厘米（图一七，4）。道光通宝，M105：6，直径2.5厘米（图一七，5）。光绪重宝，M105：6，直径2.8厘米（图一七，6）。宣统通宝，个体较大。M105：13，直径2.5厘米（图一七，7）。宣统通宝，个体较小。标本M105：11，直径2.1厘米（图一七，8）。平板铜钱（大），M102：3，直径2.2厘米（图一七，9）。平板铜钱（小），M102：7，直径2.2厘米（图一七，10）。

簪　5件。大多锈蚀严重。M101：1，钗首附坠，坠有花鸟、菩萨、衣物等造型。通长13.2厘米（图一八，1）。M101：9，勺形首，簪首下部装饰小银牛1件。长14.9厘米（图一八，

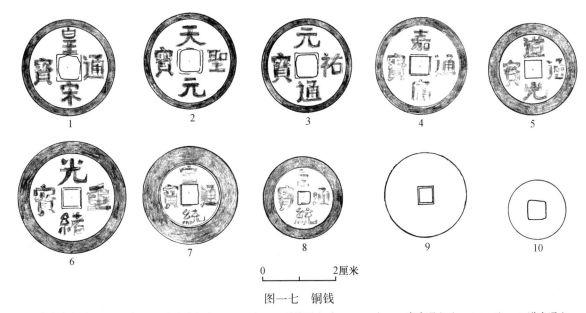

图一七　铜钱

1. 皇宋迎宝（M114：3）　2. 天圣元宝（M115：5）　3. 元祐通宝（M113：5）　4. 嘉庆通宝（M105：6）　5. 道光通宝（M105：6）　6. 光绪重宝（M105：6）　7、8. 宣统通宝（M105：13、M105：11）　9、10. 平板铜钱（M102：3、M102：7）

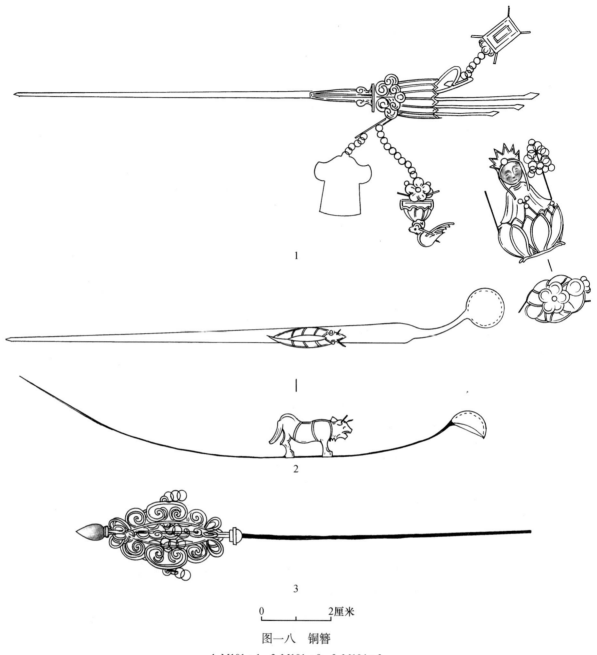

图一八　铜簪

1. M101：1　2. M101：9　3. M104：3

2）。M106：1A，勺形首，窄尾。长14厘米（图一九，1）。M106：1B，钗首附坠，坠有花篮、灯笼等造型。通长13厘米（图一九，2）。M104：3，禅杖首。通长13.6厘米（图一八，3）。

　　发卡　1件。扁体，如意首，亚腰，尖尾。M106：2，长6.2、高2.6厘米（图一九，3）。

　　顶针　6件。圆筒形。M102：1，直径2.1厘米（图二〇，1）。圆筒形，附元宝形坠，短链。M101：6，通长5、首径2.8厘米（图二〇，2）。

　　戒指　2件。扁圆首，平顶，环细尾。M101：5，环径约2.1厘米（图二〇，3）。M101：3，环径2.3厘米（图二〇，4）。

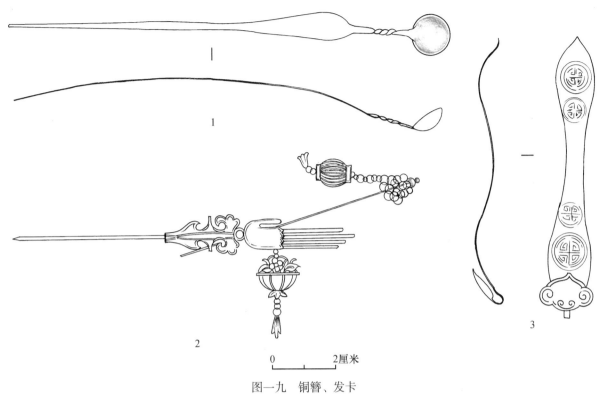

图一九　铜簪、发卡

1、2. 簪（M106∶1A、M106∶1B）　3. 发卡（M106∶2）

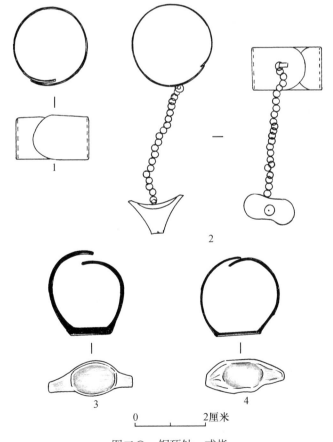

图二〇　铜顶针、戒指

1、2. 顶针（M102∶1、M101∶6）　3、4. 戒指（M101∶5、M101∶3）

衣扣　　17件。有圆疙瘩扣、圆珠扣、平板扣等多种形态，分三型。

A型　　圆疙瘩扣。M105：8，圆疙瘩顶，环纽鼻。径1.1、高1.6厘米（图二一，1）。M102：2，圆疙瘩顶，小环纽鼻。径1.1、高1.6厘米（图二一，2）。M104：1，圆疙瘩顶，环纽鼻。径1.2、高1.7厘米（图二一，3）。

B型　　圆珠扣。M107：5，圆顶，双环纽鼻。径1、通高1.6厘米（图二一，4）。

C型　　平板扣。M101：11，圆形，平顶，双环纽鼻。径1.7厘米（图二一，5）。

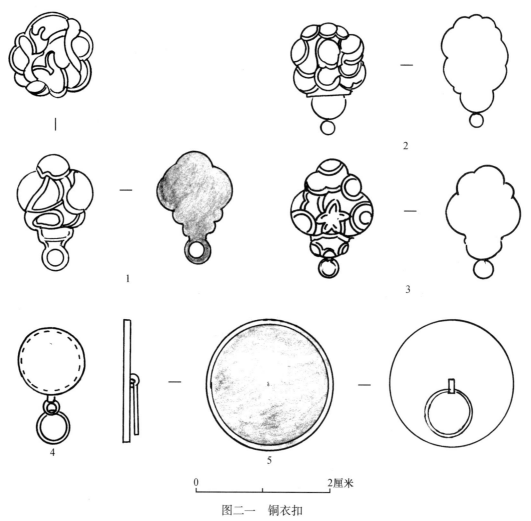

图二一　铜衣扣

1～3.A型（M105：8、M102：2、M104：1）　4.B型（M107：5）　5.C型（M101：11）

帽饰　　3套。头部装饰，出自3座墓葬。M106帽饰计8件套，应为帽子腐朽后仅存铜饰件，有透雕凤鸟花卉饰、"寿"字及地支中丑、卯、辰、申、戌、亥等装饰件。M106：3-1，透雕凤鸟花卉饰。长5.5、高4.5厘米（图二二，1）。M106：3-2，透雕寿字。高2.6、宽2.1厘米（图二二，2）。M106：3-3，地支中六字丑、卯、辰、申、戌、亥为不规则的圆形透雕字牌、径1.7～2.2厘米（图二二，3～8）。M101帽饰计8件套，应为帽子腐朽后仅存铜饰件，有透雕花卉2件及地支中寅、巳、申、酉、戌、亥等透雕文字装饰件。M101：2-1，透雕花卉饰。长4.6、高3厘米（图二三，1）。M101：2-3-8，透雕六字饰为地支中寅、巳、申、酉、

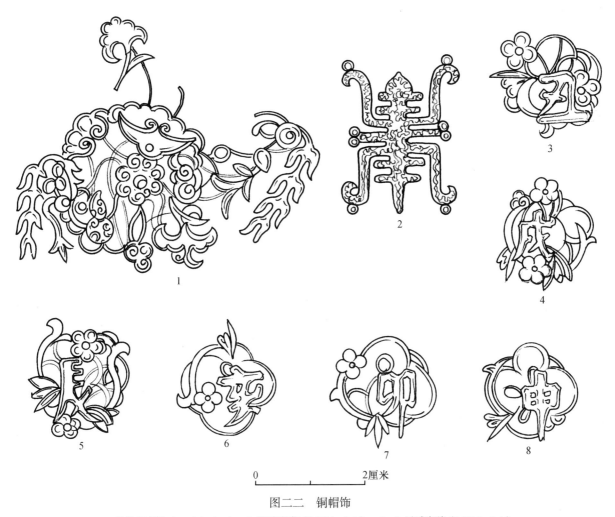

图二二 铜帽饰
1.凤鸟花卉饰（M106∶3-1） 2.透雕寿字（M106∶3-2） 3~8.透雕字牌（M106∶3-3）

戌、亥，均为不规则的圆角方形透雕字牌，高12、宽1.8（图二三，2~7）。M104帽饰仅1件，M104∶6，为透雕花卉，中间有凸起的圆珠。长3.5、高2厘米（图二三，10）。

帽顶饰 1件。圆帽形，管顶。M105∶4，通体四周有圆乳钉，管顶部略残。直径2.6、残高1.8厘米（图二三，8）

衣襟饰 1套。出自M101墓主胸部，为衣襟腐朽后的铜饰件。共4件，分别为福、禄、寿、喜字牌，透圆雕，表面有小乳钉装饰。高约3、宽约2.5厘米（图二三，9）。

（4）铁器

2件。锈蚀严重，器形难以辨认。

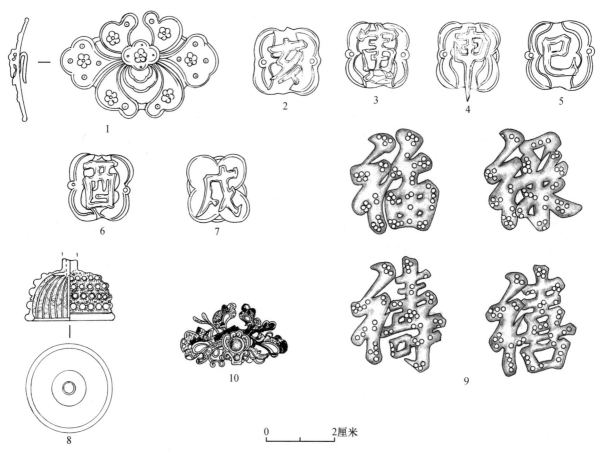

图二三　铜帽饰、衣襟饰、帽顶饰

1、10. 透雕花卉（M101：2-1、M104：6）　　2～7. 透雕字牌（M101：2-3-8）　　8. 帽顶饰（M105：4）　　9. 衣襟饰（M101：10）

四、结　语

1. 墓葬的年代

磁口墓地共发掘墓葬16座，分属于三类不同的墓葬，并存在叠压打破关系。

第一类墓葬共有7座，均为土坑竖穴砖椁或石砖混椁墓。从层位关系看属于上层墓葬，叠压和打破属于第二类的下层墓葬，时代要晚于第二类墓葬。墓主葬式均为仰身直肢葬，头向西北。随葬品有龙形金耳环，银簪、手镯，铜帽饰、扣饰、钱币，瓷罐、灯碗，以及陶瓦等。其中出土的B型、C型瓷罐，C型、D型碟形瓷灯具有清代的特征，出土的钱币有乾隆通宝、道光重宝、光绪重宝，可以确认这7座墓葬的时代较晚，上限不超过乾隆年间，下限晚到清代末期，时代最晚的M101，已经进入民国时期。从墓葬的布局看，这7座墓葬的时代由南向北延续，即M106、M105—M104、M103—M102，以M106、M105的年代最早，而M101、M110位于M102东侧，按照古代墓葬父登子肩的埋葬传统，M101、M110的年代最晚，这与墓葬和随葬品的特征相符。

第二类墓葬共有7座，属于带有墓道的洞室墓，均属于下层墓葬。墓葬由墓道、墓室组成。墓主为仰身直肢或侧身直肢葬，墓葬的方向不同，头向不一。7座墓葬由南到东北，呈半环状分布，墓室呈向心式聚集，而墓道呈放射状向外分列。随葬品有铜耳环、扣饰、钱币，瓷瓶、A型瓷罐、B型瓷罐、A型碗形瓷灯、B型碗形瓷灯、C型碟形瓷灯等。其中黑瓷春瓶、A型瓷罐、A型碗形瓷灯、灰陶双耳罐具有明代晚期的特征，而B型瓷罐、A型碟形瓷灯则具有清代早期的特点。

这批墓葬出土的钱币有元丰通宝、皇宋通宝、熙平通宝、天圣元宝等，属于宋代钱币。但从随葬的黑瓷春瓶、A型瓷罐、A型碗形瓷灯等随葬品的特征观察，这些随葬品则具有明末清初的时代特征，墓葬的年代与随葬瓷器的年代应大体相同，如M112～M115，其年代大约在明末清初。而随葬B型瓷罐、C型碟形瓷灯的墓葬年代应略晚一些，如M107、M108、M109，这3座墓葬的年代可能晚到清代前期。这批墓葬的年代要早于第一类，上限约在明末清初，下限不晚于乾隆年间。从墓葬布局上看，位于墓群南侧的墓葬要早于北侧的墓葬，墓葬的时代也由南向北延续。

第三类墓葬共有2座，为土坑竖穴墓，随葬的A型瓷罐、A型碗形瓷灯、灰陶罐等与第二类墓葬M112～M115出土的同类器物具有相同的特征，年代也应与之相同，墓葬的年代约在明末清初。

2. 墓地特点

招远磁口墓地是一处胶东地区宋元—明清时期的重要墓地。1989年烟台市博物馆会同招远县文物管理所曾发掘了1座重要的宋代石室墓[1]，20世纪70年代村民在整平土地时也发现过元明时期的墓葬[2]。

目前发掘的16座墓葬，既有时代先后、相互打破叠压关系，也有先后承袭的墓葬特点，是一处重要的家族墓地。其上层第一类7座墓葬呈由南向北排列；而下层的7座第二类墓葬呈半环状分布，墓道呈放射状向外分列，墓室呈向心式聚集。其余2座第三类墓葬分别处于墓地西侧。据村民介绍，发掘墓葬的这一地带原来有1座高约2米左右的沙丘，沙丘南北长约30、东西宽约20米，20世纪50年代平整土地时将沙丘取平。据此分析，目前发掘的16座墓葬的上部可能为原来沙丘所在。

由于沙丘已经被夷为平地，其性质属于人工堆筑还是自然形成缺乏证据，难以定论。但从沿海的自然条件和墓葬的形制和墓葬的分布看，属于自然堆积形成沙丘的可能性比较大。在胶东沿海一带以风沙形成的沙丘比较多见。以此推测，属于下层的第二类墓葬墓室聚集的上部可能为沙丘的中心地带，而墓道则位于沙丘的边缘，墓葬的洞室掘在沙丘的底部，形成了由南向东、向北的环绕沙丘东半部半环状分布的状况，并将沙丘作为墓葬的封土。这7墓葬应是一组家族墓葬，甚至还应包括与之年代相近的第三类墓葬。

属于上层的第一类墓葬，虽然从随葬品中瓷灯、瓷罐的演变关系以及采用在板瓦上朱书避邪语等的特征观察，与第二类墓葬似有着先后承袭的葬俗特点，但其叠压并打破下层墓葬，与古代聚族而葬、墓葬按兆域先后顺序排列的葬制显然不符。这7座墓葬与第二类墓葬可能非族亲关系，而是由于风水学或其他原因选择利用了这处当时的高地——沙丘作为墓地，从沙丘中部顶端下挖墓坑，并构筑墓室，从而利用了原来的沙丘或早期墓葬的封土，同时也使底部的墓葬遭到一定的破坏。

3. 随葬瓷器

磁口墓地出土的随葬品种类比较多，在金、银、铜、铁、瓷、陶等类随葬器类中，除去钱币，以瓷器数量较多。瓷器主要为灯类、罐类，从工艺和质量看，瓷器制作比较粗糙，釉色也不纯正，属于当地民窑的产品。值得注意的是，瓷器中2件A型瓷灯具有一定的特点，与文献记载的省油灯相类同。瓷灯内壁前端有外凸的灯嘴，后部有凸起的尖尾，尾部与沿面中间有半弧形凹槽，制作时内外腹分别制作，再粘对合成，内腹为圜底，外壁内收小平底，形成内外夹层壁。在尾部偏下距尾尖0.8厘米处有一小圆孔，与内外壁之间的夹腹相通，使用时通过小圆孔向夹腹内注水，当灯点燃时，灯体受热温度升高，夹腹内的水受热循环蒸发，带走部分热量，使灯体温度降低，延长灯的燃烧时间，达到节省燃油的目的。

省油瓷灯在唐代已经出现，宋元时期大量生产应用，明及清代早期仍然多见，清代中期以后，随着玻璃灯具的出现，省油瓷灯与其他类的瓷灯一起逐渐退出历史舞台。省油灯作为我国劳动人民从节约理念出发，经过实践而创作设计的节能产品，在大力提倡节约能源的今天，仍具有一定的现实意义，值得借鉴。

附记：参加发掘的有山东省文物考古研究所魏成敏、李胜利，技工房成来、张圣现、刘晓亮、曲志正，招远市文物管理所张培仁、李爱山、王克恩、杨文玉。资料整理魏成敏、李胜利、李志勇。绘图崔来临、房成来、石念基。工地摄影魏成敏，器物摄影李顺华。

执　笔：魏成敏　李爱山　张培仁　王克恩

注　释

[1]　侯建业等：《磁口宋墓》，《招远文物》，招远黄金报社，1999年。
[2]　见招远市文物管理所调查采集资料。

附表 2007年招远磁口墓地墓葬统计表

墓号	头向（°）	尺寸（厘米）	葬具/件	葬式	性别	年龄	随葬品/件套	时代
M101	309	235×100—60	1	仰身直肢	女	壮	铜簪1、戒指2、顶针2、钱币1、饰件1、帽饰1、纽扣5，银簪1、手镯2，瓷灯1	民国
M102	291	299×120—84	1	仰身直肢	女	壮	金耳环2、铜顶针1、铜币3、铜纽扣4、瓷灯1、瓷罐1	清末
M103	303	280×140—110	1	仰身直肢	男	壮	铜纽扣7、瓷灯1、瓷罐1，板瓦1，小石环1	清晚
M104	280	287×130—75	1	仰身直肢			铜发卡1、铜耳环2、铜扣7、银簪1、瓷灯1、陶瓦1	清晚
M105	300	276×145—70	1	仰身直肢	男		铜币11、帽饰1、扣3、瓷灯1、瓷罐1、板瓦1	清后期
M106	300	245×100—70	1	仰身直肢	女		铜簪2、发卡1、头饰1、顶针2、钱币6、银耳环2、瓷灯1、瓷罐1	清后期
M107	254	墓道：185×140—130 墓室：235×110—70	1	仰身直肢	女	状	铜扣6、铜耳环2、瓷灯1、罐1、板瓦1、砖1	清前期
M108	183	墓道：216×133—132 墓室：195×95	1	仰身直肢	男	壮	铁器1、板瓦1	清前期
M109	240	墓道：175×190—120 墓室：250×102—80	1	仰身直肢	男	壮	铜扣7、小瓷罐1、瓷灯1、板瓦1	清前期
M110	307	220×100—65	1	仰身直肢	男	壮	铜币3	清末
M111	353	250×85—180	1	仰身直肢	男	壮	铜币2、瓷灯1、瓷罐1、陶瓦1	明末清初
M112	359	墓道：198×110—140 墓室：225×78—80	1	仰身直肢			铜簪1、钱币3、瓷灯1、陶罐1	明末清初
M113	331	墓道：240×190—170 墓室：252×100—80	1	仰身直肢			铜簪1、钱币6、瓷罐1、陶瓦1	明末清初
M114	194	墓道：185×104—135 墓室：205×75—80	1	仰身直肢			铜钱4、陶瓦1	明末清初
M115	6	墓道：185×105—145 墓室：220×79—80	1	仰身直肢			铜币2，铁器1、瓷灯1、瓷壶1、陶瓦1	明末清初
M116	201	220×60—110	1	仰身直肢			瓷罐1	明末清初

后　记

　　《胶东调水考古报告集》发表了山东省胶东地区引黄调水工程9个遗址或墓地的考古发掘资料，其中山东博物馆和烟台市博物馆分别承担的《山东龙口望马史家墓地发掘简报》《山东龙口芦头东南遗址考古发掘报告》已经发表，为保证资料的完整性，报告集对其文字和线图进行了收录。

　　感谢山东省文化厅、山东省文物局及南水北调文物保护工作办公室。胶东地区引黄调水工程的文物保护工作是在文化厅党组直接领导下完成的，厅南水北调文物保护工作办公室具体承担文物保护的组织协调、检查监理和完工验收等工作，保证了各项考古工作有序进行。

　　感谢山东省胶东地区引黄调水工程建设管理局对文物保护工作的高度重视和大力支持，对接文物保护工作的吕建远处长曾多次到考古工地现场，协调工程建设与文物保护工作。

　　感谢省内外各位专家。2007年5月，张忠培先生作为国家南水北调文物保护专家组组长对胶东调水部分文物保护项目进行了检查；徐光冀、信立祥、秦大树等先生亲临威海崮头集墓地指导墓地的发掘与研究工作；郑笑梅、张学海、蒋英炬、罗勋章、焦德森等先生作为专家组成员对文物保护工作进行了全程监理、检查与验收。

　　感谢科学出版社的雷英同志。

编　者

莱州路宿遗址全景（东—西）

1. 发掘区全景（南—北）

2. TG1全景（北—南）

莱州路宿遗址发掘现场

1. 专家领导考察工地（吕建远、王锡平、郑笑梅、蒋英炬、焦德森、张学海、孙波、张振国）

2. 专家领导考察工地（王守功、吕建远、蒋英炬、王锡平、焦德森、张学海、孙波）

专家领导指导路宿遗址工地

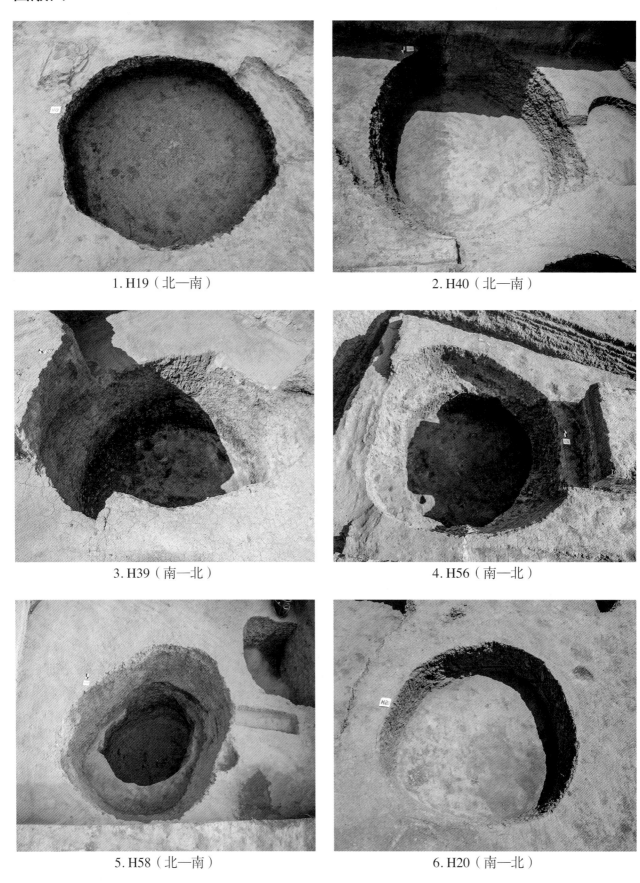

1. H19（北—南）

2. H40（北—南）

3. H39（南—北）

4. H56（南—北）

5. H58（北—南）

6. H20（南—北）

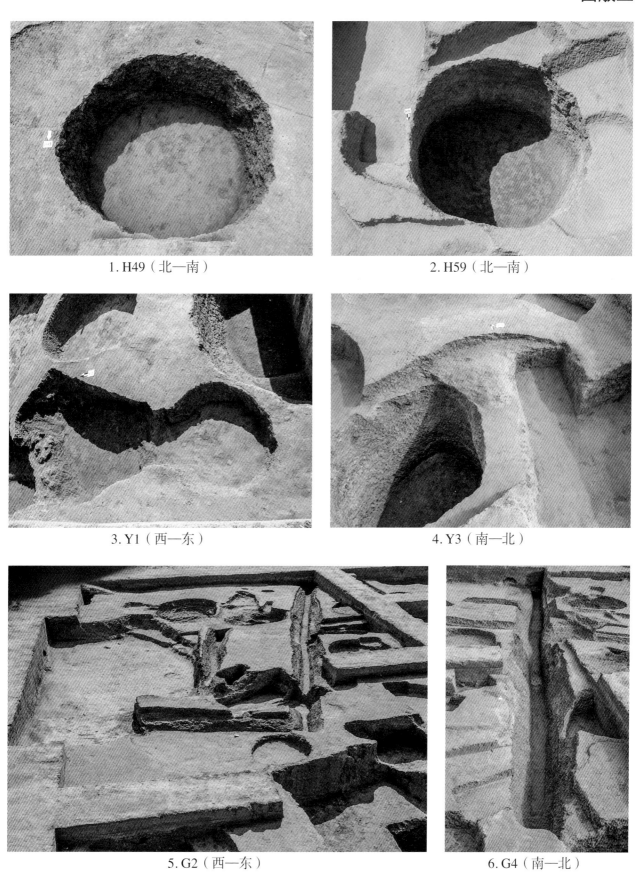

1. H49（北—南）

2. H59（北—南）

3. Y1（西—东）

4. Y3（南—北）

5. G2（西—东）

6. G4（南—北）

莱州路宿遗址发掘灰坑、灰沟和陶窑

1. M11（西—东）

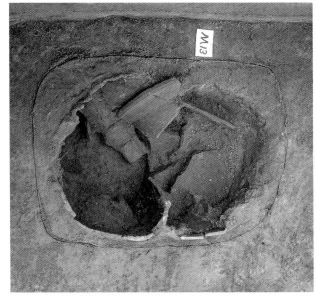

2. M13（上下）

3. M20

4. M22

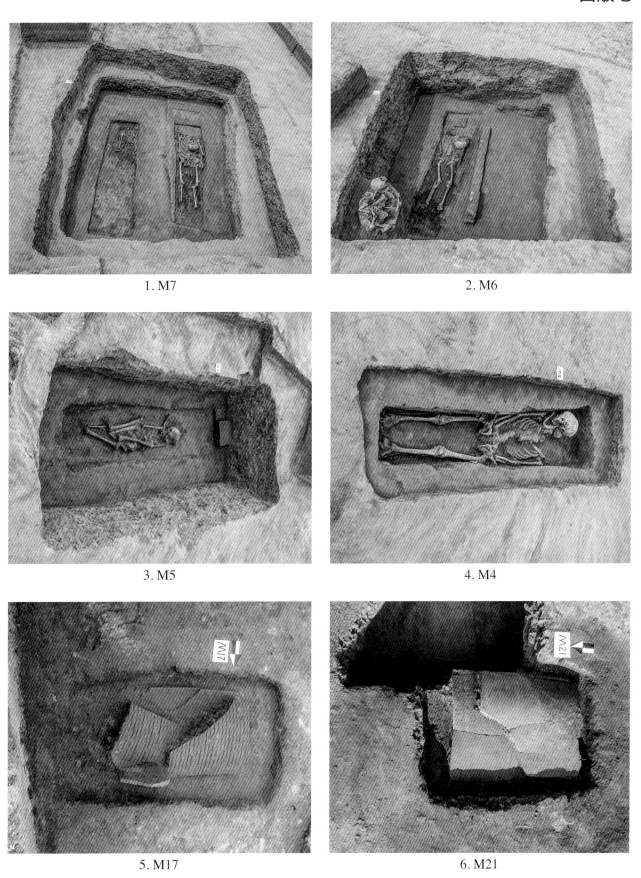

1. M7

2. M6

3. M5

4. M4

5. M17

6. M21

莱州路宿遗址发掘清代墓葬

1. 小陶罐（H78：1）

2. 陶豆盖纽（H80：2）

3. 陶网坠（H39：1-1、H39：1-3）

4. 石凿（H39：2）

5. A型陶器盖（H24：1）

6. 双孔弯刃石刀（H24：2）

莱州路宿遗址出土陶、石器

1. 遗址全景（东北—西南）

2. 遗址远景（北—南）

招远老店遗址全景

1.第六发掘区（西—东）

2.西壕沟F段（北—南）

3.西壕沟F段南断崖剖面（北—南）

招远老店遗址龙山文化环壕

1.北壕沟C段（东—西）

2.北壕沟DⅡ段（东—西）

3.北壕沟DⅠ段（西—东）

招远老店遗址龙山文化环壕

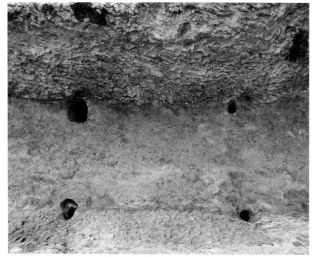

1.北壕沟栈道柱洞（北—南）

2.壕沟西北拐角（南—北）

3.H217底部

4.H202

1. A型罐形鼎（BHCⅠ⑥∶2）

2. B型罐形鼎（H217∶2）

3. C型盆形鼎（H224∶1）

4. A型盆形鼎（XHF③∶4）

招远老店遗址出土龙山文化陶器

1. B型深腹罐（BHCⅢ④：2）

2. C型深腹罐（BHDⅠ②：2）

3. C型深腹罐（T205②：1）

4. A型小罐（BHCⅠ④：1）

5. 杯（BHCⅡ③：2）

6. 碗（BHDⅠ①：9）

招远老店遗址出土龙山文化陶器

1. 陶塑（BHCⅠ③：7）　　　　　2. 陶塑（T206②：1）

3. B型陶纺轮（H207：1）　　　　4. A型陶纺轮（H221：1）

5. B型骨镞（BHCⅠ①：5）　　　　6. A型骨镞（BHCⅡ①：5）

招远老店遗址出土龙山文化陶、骨器

图版一六

1.石钺（BHCⅡ③：1）　2.石钺（BHCⅡ⑥：8）　3.A型石镞（BHCⅡ⑥：1）　4.A型石镞（BHCⅡ①：4）

5.C型石镞（BHCⅡ①：2）　6.B型石镞（BHCⅡ⑥：2）　7.A型石镞（BHCⅡ⑥：5）　8.石矛（BHCⅡ①：6）

9.BHC段出土石镞

招远老店遗址出土龙山文化石器

1.甗腹部（H202：14）

2.A型大口罐（H202：13）

3.C型钵（H202：12）

4.B型钵（H202：33）

招远老店遗址出土珍珠门文化陶器

1. B型盘（H202：8）

2. A型盘（H202：10）

3. A型盘（H202：4）

4. A型盘（H202：7）

5. B型碗（H202：23）

招远老店遗址出土珍珠门文化陶器

1.A型鼎足

2.B型鼎足

3.C型鼎足（上），D型鼎足（下）

招远老店遗址出土龙山文化陶鼎足

1. 墓地外景（西北—东南）

2. 发掘现场

莱州碾头墓地外景及发掘现场

1. M1

2. M2

3. M3

4. M4

莱州碾头墓地汉代墓葬

图版二二

1. M5

2. M7

3. M9

4. M10

莱州碾头墓地汉代墓葬

1. M11

2. M12

3. M18

4. M19

莱州碾头墓地汉代墓葬

1. M8

2. M20

3. M13

莱州碾头墓地汉代墓葬

1. 罐（M15：1）

2. 罐（M18：1）

3. 罐（M8：4）

4. A型Ⅰ式壶（M19：2）

5. A型Ⅰ式壶（M20：9）

6. A型Ⅱ式壶（M11：6）

莱州碾头墓地出土东周、汉代陶器

1. A型Ⅲ式（M10：1）

2. B型Ⅰ式（M4：3）

3. B型Ⅱ式（M5：4）

4. B型Ⅲ式（M7：3）

5. B型Ⅲ式（M7：5）

6. B型Ⅳ式（M12：9）

莱州碾头墓地出土汉代陶壶

1. B型Ⅳ式（M2：1）

2. A型盒（M11：7）

3. A型盒（M2：3）

4. B型盒（M7：7）

5. B型盒（M20：8）

6. C型Ⅱ式盒（M12：1）

莱州碾头墓地出土汉代陶器

1. C型Ⅱ式盒（M12：2）

2. A型樽（M4：1）

3. A型樽（M10：5）

4. A型樽（M19：3）

5. A型樽（M12：6）

6. B型樽（M7：1）

莱州碾头墓地出土汉代陶器

1. B型樽（M11：5）

2. Aa型耳杯（M4：2）

3. Ab型耳杯（M8：1）

4. Ba型耳杯（M20：6）

5. Bb型耳杯（M20：4）

6. Bb型耳杯（M20：5）

莱州碾头墓地出土汉代陶器

1. 扁壶（M1：1）

2. 奁（M7：14）

3. 奁（M7：15）

4. 奁（M7：13）

5. 案（M7：18）

6. 镳斗（M3：1）

莱州碾头墓地出土汉代陶器

1. A型（M5：3）

2. B型Ⅰ式（M4：4）

3. B型Ⅱ式（M10：4）

4. B型Ⅲ式（M12：8）

5. C型Ⅰ式（M7：4）

6. C型Ⅱ式（M7：11）

7. C型Ⅲ式（M20：7）

8. D型（M2：2）

莱州碾头墓地出土汉代陶盘

1. 陶碗（M8：5）

2. A型陶魁（M12：7）

3. B型陶魁（M7：12）

4. B型陶魁（M8：3）

5. 铁镬（M7：01）

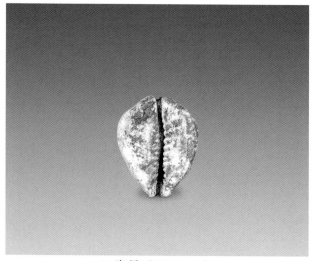

6. 齿贝（M10：9）

莱州碾头墓地出土汉代陶器、铁器、齿贝

1. M11：1

2. M5：1

3. M20：1正面

4. M20：1背面

莱州碾头墓地出土汉代铜镜

1. M16

2. M17

3. M6

4. M14

莱州碾头墓地清代墓葬

1.罐（M16：1）

2.罐（M14：1）

3.灯盏（M16：2）

4.灯盏（M14：2）

莱州碾头墓地出土清代瓷器

1.发掘现场（东北—西南，远处为埠口村）

2.发掘现场（南—北）

平度埠口遗址发掘现场

1. 罐（J1：2）

2. 壶（H6：2）

4. 碗（H6：5）

3. 壶（H21：7）

5. 碗（H6：6）

6. 碗（H6：7）

平度埠口遗址出土陶器

1. 陶碗（H17：4）

2. 陶碗（H23：1）

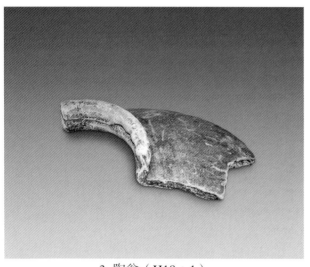

3. 陶瓷（H18：1）

4. 陶虎子（H20：1）

5. 陶纺轮（H18：2）

6. 瓷碗（H6：1）

平度埠口遗址出土陶、瓷器

1. 碗口（H19：4）

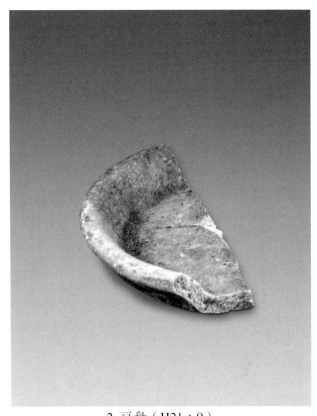

2. 豆盘（H21：9）

3. 豆柄（H19：5）

4. 房顶模型（H21：10）

平度埠口遗址出土瓷器

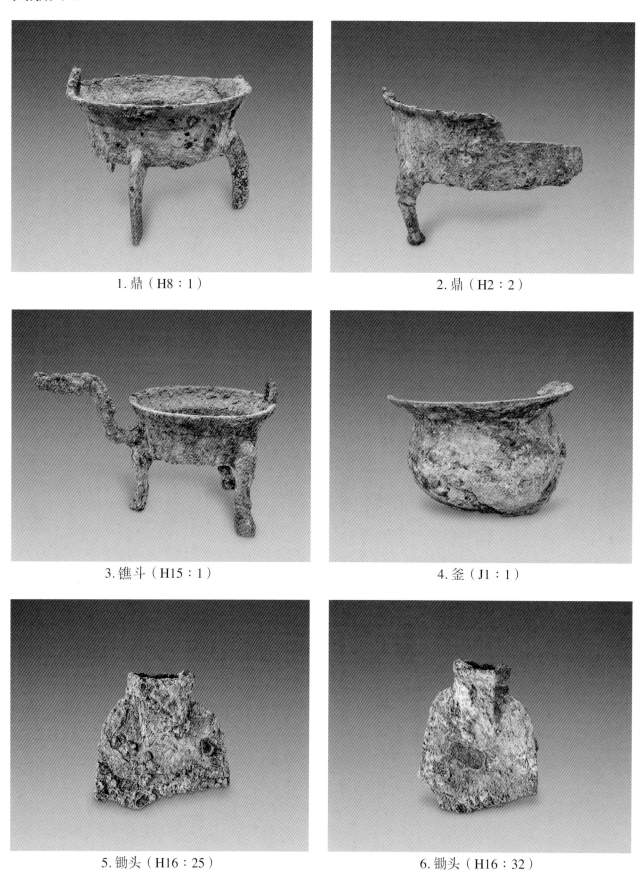

1. 鼎（H8：1）

2. 鼎（H2：2）

3. 镳斗（H15：1）

4. 釜（J1：1）

5. 锄头（H16：25）

6. 锄头（H16：32）

平度埠口遗址出土铁器

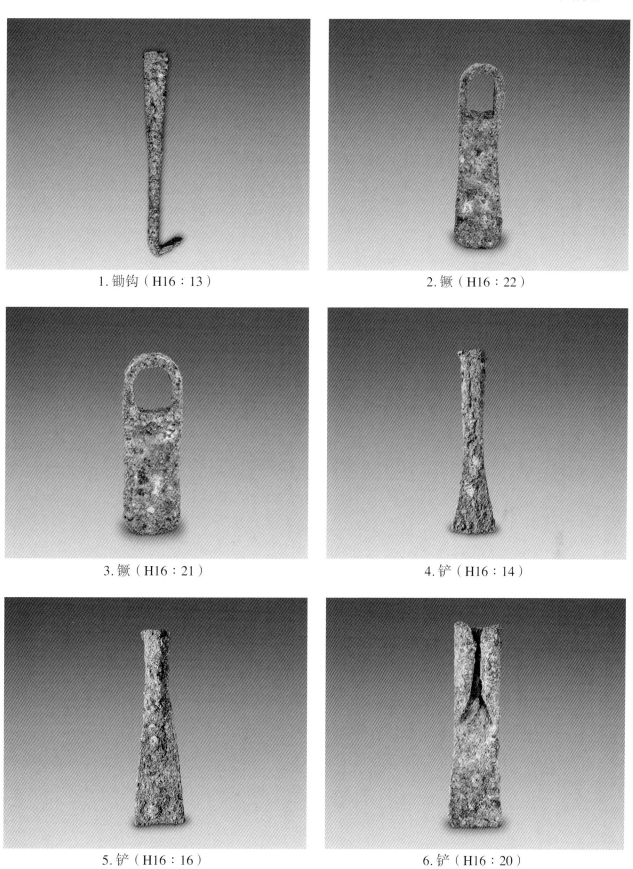

1. 锄钩（H16：13）

2. 镢（H16：22）

3. 镢（H16：21）

4. 铲（H16：14）

5. 铲（H16：16）

6. 铲（H16：20）

平度埠口遗址出土铁器

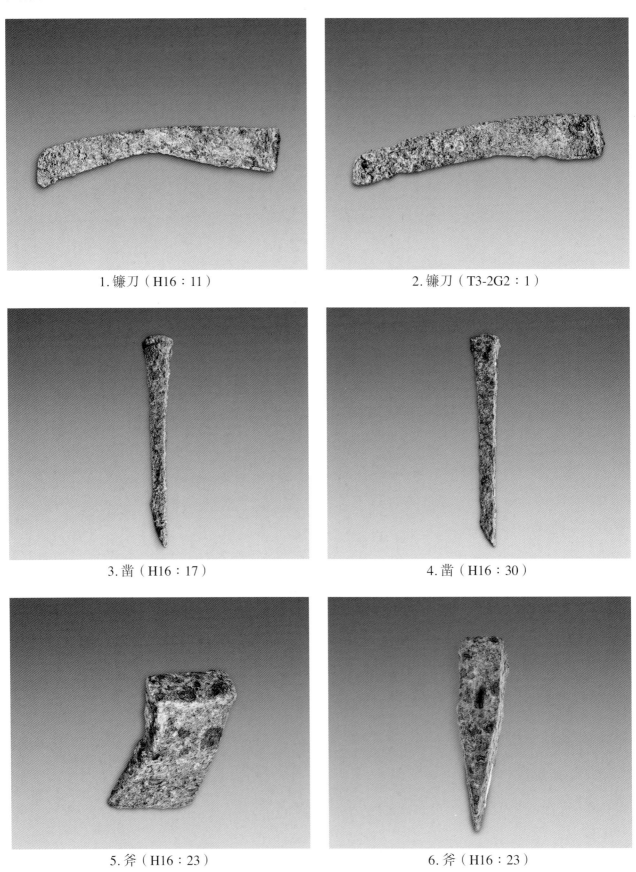

1. 镰刀（H16：11）

2. 镰刀（T3-2G2：1）

3. 凿（H16：17）

4. 凿（H16：30）

5. 斧（H16：23）

6. 斧（H16：23）

平度埠口遗址出土铁器

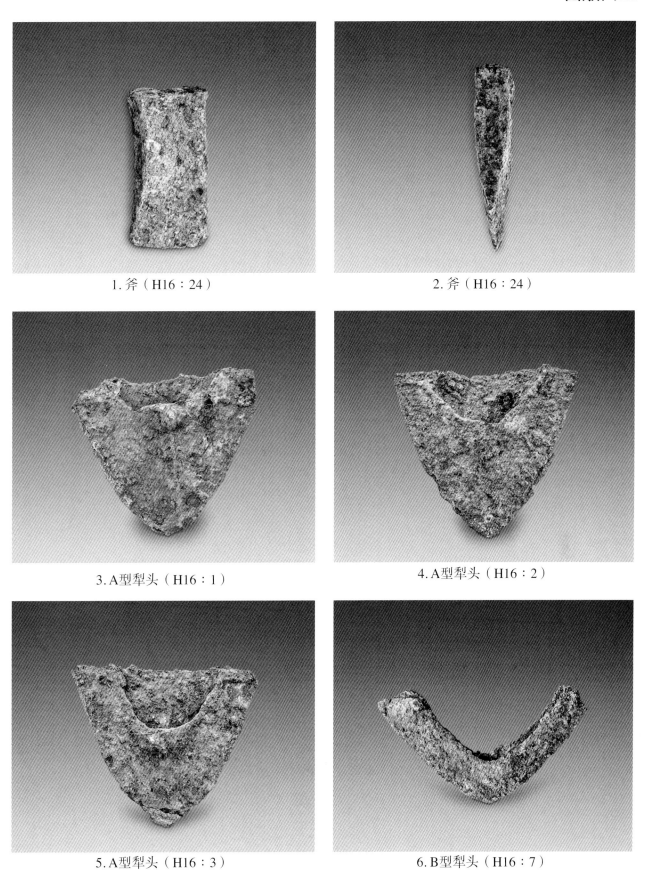

1. 斧（H16：24）

2. 斧（H16：24）

3. A型犁头（H16：1）

4. A型犁头（H16：2）

5. A型犁头（H16：3）

6. B型犁头（H16：7）

平度埠口遗址出土铁器

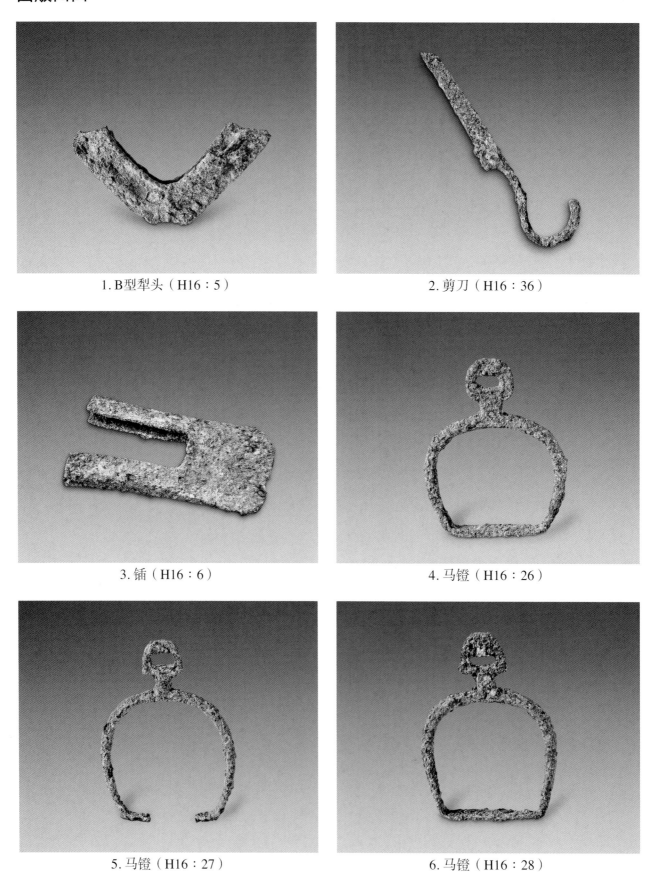

1. B型犁头（H16∶5）

2. 剪刀（H16∶36）

3. 锸（H16∶6）

4. 马镫（H16∶26）

5. 马镫（H16∶27）

6. 马镫（H16∶28）

平度埠口遗址出土铁器

1. 铁马镫（H16：29）

2. 铁齿轮（H16：8）

3. 铁带扣（H16：35）

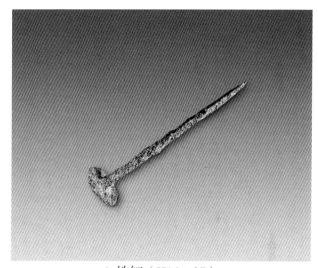

4. 铁钉（H16：37）

5. 铁刀（H1：1）

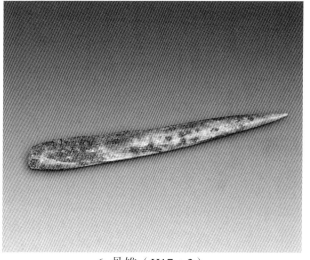

6. 骨锥（H17：2）

平度埠口遗址出土铁器、骨器

图版四六

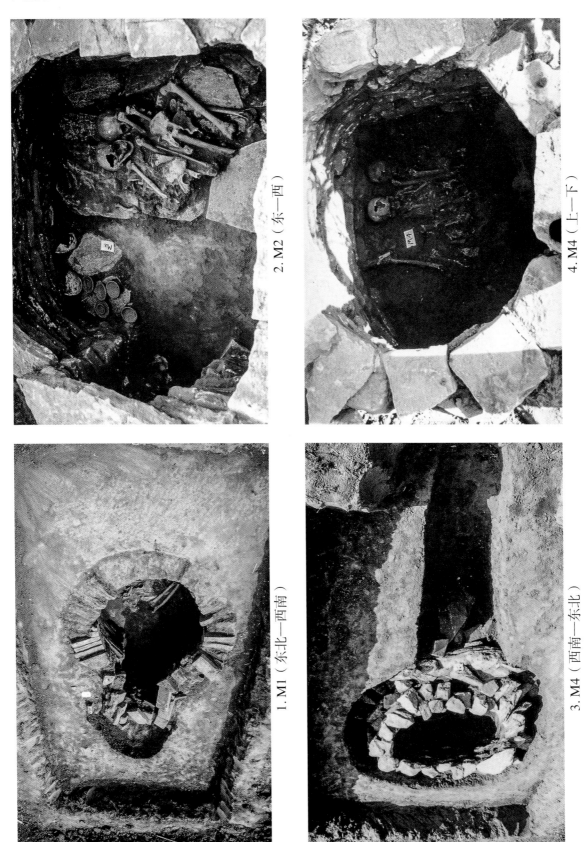

2. M2（东—西）

4. M4（上—下）

1. M1（东北—西南）

3. M4（西南—东北）

莱州后趴埠墓地发掘墓葬

1. M8（西南—东北）

2. M8（西—东）

3. M7（东南—西北）

莱州后趴埠墓地发掘墓葬

1.白瓷碗（M2：6）

2 滑石勺（M2：3）

3.滑石碗（M2：1）

4.滑石碗（M2：2）

5.滑石盏（M2：4）

6.滑石盏（M2：5）

莱州后趴埠M2出土遗物

1. 墓地全景（南—北）

2. 发掘区中部（西—东）

威海崮头集墓地环境

1. 石马

2. 石羊

3. 石兽

4. 龟趺碑座

威海固头集墓地石雕

1. M2~M5（南—北）

2. M21、M22（南—北）

3. M30（南—北）

4. M36、M11（北—南）

威海凤头集墓地典型墓例之一

1. M8（南—北）

2. M37（南—北）

3. M39（南—北）

威海崮头集墓地典型墓例之二

1. M23（南—北）

2. M31（南—北）

3. M10（西—东）

威海崮头集墓地典型墓例之三

图版五四

1. Ⅰ式碗（M12：2）

2. Ⅰ式碗（M36：1）

3. Ⅱ式碗（M30：1）

4. Ⅲ式碗（M23：1）

5. 碟（M27：1）

6. 青釉瓷罐（采集品7号）

威海崮头集墓地出土和采集瓷器

1. M103（东—西）

2. M105、M106（东—西）

3. M107（东—西）

4. M109（东—西）

5. M114、M115（西—东）

招远磁口墓地发掘墓葬

1. A型瓷罐（M111：1）

2. 陶双耳罐（M112：1）

3. A型瓷罐（M116：1）

4. 瓷瓶（M115：1）

5. A型瓷罐（M113：2）

招远磁口墓地出土陶、瓷器

1. B型（M103：1）

2. C型（M105：1）

3. B型（M106：4）

4. B型（M107：1）

5. B型（M109：1）

招远磁口墓地出土瓷罐

1. A型（M115：2）

2. A型（M112：2）

3. C型（M109：2）

招远磁口墓地出土瓷灯

1. C、D型

2. B型（M111：2）

3. D型（M105：9）

招远磁口墓地出土瓷灯

1. 银簪（M101：1）

2. 银手镯（M101：7、M101：8）

3. 金耳环（M102：4）

4. 银簪（M104：3）

招远磁口墓地出土金、银器